Verlag für Systemische Forschung
im Carl-Auer Verlag

Astrid Beermann

# Systemaufstellungen – ein Quantensprung in der Weiterbildung?

2020

Der Verlag für Systemische Forschung im Internet:
www.systemische-forschung.de

Carl-Auer im Internet: www.carl-auer.de
Bitte fordern Sie unser Gesamtverzeichnis an:

Carl-Auer Verlag
Vangerowstr. 14
69115 Heidelberg


Reihengestaltung nach Entwürfen von Uwe Göbel
Printed in Germany 2020

Erste Auflage, 2020
ISBN 978-3-8497-9037-0


Bibliografische Information der Deutschen Nationalbibliothek:
Die Deutsche Nationalbibliothek verzeichnet diese Publikation
in der Deutschen Nationalbibliografie; detaillierte bibliografische
Daten sind im Internet über http://dnb.ddb.de abrufbar.

# Dank

Bedanken möchte ich mich bei allen Lehrenden, Kollegen und Kolleginnen, durch die ich so Vieles über Systemaufstellungen vermittelt bekommen habe, lernen durfte und mit denen ich mich über das Thema Systemaufstellungen austauschen konnte. Ebenso bedanken möchte ich mich bei allen Teilnehmenden in Seminaren sowie Klientinnen und Klienten, die mir ihr Vertrauen entgegenbrachten, worüber ich viele Beispiele im Umgang mit Systemaufstellungen erleben und begleiten durfte und dabei ebenfalls Vieles gelernt habe. Ganz besonders bedanken möchte ich mich bei Joseph Rieforth für den stets anregenden und tiefreichenden Austausch über die Arbeit mit Systemaufstellungen, den Raum, meine Arbeit weiterentwickeln zu können, und auch für die zusammen durchgeführten Aufstellungsseminare, die jedes Mal sehr gute weitere Gelegenheiten zur Reflexion über die Anwendung von Systemaufstellungen in Weiterbildungsprozessen bieten. Mein Dank gilt auch den Beteiligten am „Constellation Hub“ mit denen ich weiteres Neues entdecken und lernen konnte. Bedanken möchte ich mich auch bei Thomas Sonntag, der mich bei der Erstellung und Korrektur des Manuskripts sehr hilfreich unterstützte. Ein großer Dank gilt auch meiner Familie, meinen Freundinnen und Freunden, die mich stets verlässlich und unterstützend auch in den Zeiten der Arbeit an diesem Buch begleitet haben.

# Inhalt

# Einleitung

Im Jahr 2010 gründete der Philosoph Alain de Botton in London die „School of Life“[1] als einen Ort mit einer anderen Vision von Bildung und Erziehung im Sinne eines „sinnerfüllten Lebens“ (Botton, 2019, S. 9). Dort lasse sich, so de Botton, lernen, was seiner Ansicht nach in dem abstrakten Raum von Schule und Universität nicht gelehrt werde, jedoch von immenser Bedeutung für die Entwicklung von Einzelnen und Gesellschaften sei, nämlich, wie man ein gutes und erfülltes Leben führen könne. So interessiert sich de Bottons Philosophie beispielsweise für die Frage, weshalb in unserer heutigen ergebnis- und zielorientierten Gesellschaft Erfolge zwar verstärkt darüber erklärt werden, dass sie auf der Aneignung besonders vieler Fähigkeiten und umfangreichen Wissens gründen, gleichzeitig jedoch die weitaus wichtigere Voraussetzung für ein erfülltes und gutes Leben unbeachtet bleibt, nämlich die emotionale Intelligenz.

In der emotionalen Intelligenz liegt nach de Botton der Schlüssel zu einem „guten Leben“, denn sie beeinflusst jeden Aspekt unseres Lebens und ist die überlebenswichtigste Fähigkeit in unserer modernen Welt. Auf der Basis innovativer Forschungserkenntnisse über Theorie und Praxis emotionaler Intelligenz stehen in de Bottons Philosophie fünf Hauptaspekte im Mittelpunkt: das Selbst, die Anderen, die Beziehungen, die Arbeit und die Kultur. Als moderne Kunst der Selbsterkenntnis strebe die emotionale Intelligenz ein klügeres, besseres und erfüllteres Leben an, eine menschliche und von Hoffnung geprägte Zukunft zum Wohle des Einzelnen[2] und des Gesamten (vgl. Botton, 2019).

Was verbindet diese Ideen mit dem Thema Systemaufstellungen? Können diese emotionale Intelligenz fördern und zu mehr empfundener Fülle im privaten und beruflichen Leben verhelfen oder zu einem guten Leben beitragen – sowohl individuell als auch kollektiv? Es gibt einige Hinweise, die diese Hypothese stützen. Systemaufstellungen können sinnliche Intelligenz und Kreativität im Allgemeinen und insbesondere in Problemsituationen fördern, Entwicklungs- und Veränderungsprozesse können darüber entscheidend vorankommen. Zu diesen Zusammenhängen möchte dieses Buch einen Diskursbeitrag leisten.

---

[1] Weltweit gibt es aktuell in zwölf Metropolen Standorte der „School of Life“ (vgl. Botton, 2019).

[2] Zur besseren Lesbarkeit wurde im Text an einigen Stellen nur eine Geschlechterschreibweise verwendet, es sind inhaltlich an allen Stellen ausdrücklich alle Geschlechter gemeint.

Die Idee für dieses Buch ist im Rahmen der Bearbeitung einer Pilotstudie entstanden, in der das subjektive Erleben von Faktoren, die für eine wirksame Veränderung in Professionalisierungsprozessen bedeutsam sind, am Beispiel einer Lerngruppe im Kontaktstudium „Supervision, Coaching und Organisationsentwicklung“ an der Carl von Ossietzky Universität Oldenburg untersucht wurde. Darin zeigte sich der Einfluss von Systemaufstellungen auf das subjektive Erleben persönlicher und professioneller Veränderung als ein besonders bedeutsamer und nachhaltiger Effekt. Das regte mich dazu an, diesen Aspekt im Rahmen einer Spezialauswertung des Datenmaterials aus der Pilotstudie noch einmal genauer analysieren zu wollen, woraus dieses Buch entstanden ist.

Berufsbegleitende Weiterbildung stellt ein hoch bedeutsames Bildungsangebot in unserer Gesellschaft dar, das Meilensteine im Erwachsenenleben markiert. Speziell Weiterbildungen für beratende und therapeutische Handlungsfelder repräsentieren einen Lernort, in dem der ganze Mensch im Kontext seiner Umwelt mit seinen Entwicklungswünschen und Veränderungsinteressen gesehen und gefördert wird. Die Wechselwirkungen zwischen persönlicher und professioneller Veränderungsdynamik und Qualitätssicherung und -entwicklung in den Fachgebieten erfordern eine verstärkte reflexive Beschäftigung mit der eigenen Person sowie eine Lehr- und Lernumgebung mit einer entwicklungsförderlichen Beziehungs- und Interaktionsorientierung, die zudem an Praxis und Diskurse in den Fachdisziplinen und Zielgruppenkontexten angebunden ist.

# Teil I

# Der theoretische Bezugsrahmen dieses Buches

# 1. Weiterbildung als Bestandteil der Kultur und ihre Bedeutung

Weiterbildung umfasst bedeutsame Bildungsangebote und ein breites Spektrum thematischer Ausrichtungen. „Lebenslanges Lernen“ ist zu einem etablierten Begriff geworden, der eine nahezu unerschöpfliche Möglichkeit der Anreicherung berufsbiografischer Entwicklungen bis ins hohe Lebensalter charakterisiert (vgl. Birke, 2012; Fröhlich, 2004; Hanft, Pellert, Cendon & Wolter, 2015). Weiterbildung als attraktives Entwicklungsinstrument gehört mittlerweile zum Selbstverständlichen und wirkt sich unabhängig vom Alter positiv auf Lebens- und Arbeitszufriedenheit aus. Sie steht heutzutage im Kontext individueller und selbstmotivierter Entscheidungen und Bildungsprofile und dient neben persönlichen Interessen der Potenzial- und Karriereentwicklung sowie der Arbeitsplatzsicherung auch der Sicherung und Entwicklung des nationalen und internationalen Arbeitsmarktes insgesamt.

Das Bundesministerium für Bildung und Forschung fördert innovative Ansätze zukunftsorientierter Weiterbildung und damit die Motivation von Menschen und Organisationen in der Gesellschaft für lebensbegleitendes Lernen als selbstverständlichen Bestandteil der Kultur (vgl. BMBF, 2011). Die Deutsche Gesellschaft für wissenschaftliche Weiterbildung und Fernstudium (DGWF) hält fest:

> Wissenschaftliche Weiterbildung ist keine einfache Brücke, welche die „Lücke“ zwischen Praxis und Wissenschaft elegant schließen könnte. Sie ist vielmehr ein voraussetzungsreicher und kontinuierlicher Prozess der sorgfältigen Analyse weiterbildungsrelevanter Entwicklungen in Praxis und Wissenschaft und deren Vermittlung zu forschungsgeleiteter Wissensproduktion. Wissenschaftliche Weiterbildung entsteht in Netzwerken und kooperativen Arbeitszusammenhängen. [...] Weiterbildungsinstitutionen sind dies nicht per Definition, sondern durch ihr Handeln und ihre intermediäre Vermittlung zwischen den sachlichen Ebenen des Bedarfs, der Gestaltung und des Transfers von Wissen als intermediärem Produkt und den persönlichen Ebenen der beteiligten Akteure. Ihre „Partner“ im engeren Sinne sind Wissenschaftler/innen als Wissensproduzenten und Lehrende und die Lernenden als „Suchende“ und Anwender neuen Wissens. (Hörr & Jütte, 2017, S. 251)

Personen, die sich für eine Weiterbildung entscheiden, sind Menschen, die in der Regel über umfangreiche Lern-, Lebens- und Berufserfahrungen verfügen, die sie in den Lehr- und Lernprozess einbringen. Meist stärker als in der grundständigen Lehre steht hier der direkte berufliche Bezug mit dem Wunsch nach konkreter Anwendbarkeit des Wissens im Vordergrund ihrer

Bildungsinteressen. Mit dem angestrebten Qualifizierungsziel werden anvisierte materielle und rollenbezogene neue Aufstiegschancen als Vorteile auf dem Arbeitsmarkt betrachtet und mit erwünschten Wachstumseffekten in professioneller Hinsicht und auf der Ebene der Persönlichkeitsentwicklung verbunden. „Nicht zuletzt mit der Etablierung des Konzepts lebenslangen Lernens steigt der Bedarf an empirischer Vergewisserung und konzeptioneller Schärfung. Der Blick wird stärker auf die Aneignungsseite gerichtet; Teilnehmendenforschung gewinnt an Gewicht“ (Jütte & Lobe, 2017, S. 8). Dieser Erwartungshorizont aktiviert dementsprechend vielerlei Dimensionen von Qualität im wissenschaftlichen Weiterbildungskontext. Rahmen- und Servicegestaltung des Angebots, gewinnbringende und interessante Lehrinhalte mit einer sozial-interaktiven Didaktik und individuelle Unterstützung durch Lehrende bilden das Spektrum der zu berücksichtigenden Faktoren von Weiterbildungsangeboten an Hochschulen ab.

Für den Philosophen und Autor Peter Bieri bedeutet Bildung, dass Wissen und Informationen genutzt werden, um an der eigenen Persönlichkeit zu arbeiten. Bieri hat in einer eindrucksvollen Rede[3] an der Pädagogischen Hochschule Bern im Jahr 2005 zum Thema „Wie wäre es, gebildet zu sein?“ die Frage, was Bildung ist, so beantwortet:

> Bildung ist etwas, das Menschen mit sich und für sich machen: Man bildet sich. [...] Eine Ausbildung durchlaufen wir mit dem Ziel, etwas zu können. Wenn wir uns dagegen bilden, arbeiten wir daran, etwas zu werden – wir streben danach, auf eine bestimmte Art und Weise in der Welt zu sein. Bildung beginnt mit Neugierde. Man töte in jemandem die Neugierde ab, und man stiehlt ihm die Chance, sich zu bilden. Neugierde ist der unersättliche Wunsch, zu erfahren, was es in der Welt alles gibt. [...] Stets geht es um zweierlei: zu wissen, was der Fall ist, und zu verstehen, warum es der Fall ist. Die Menge von dem, was es zu wissen und zu verstehen gibt, ist gigantisch, und sie wächst mit jedem Tag. Sich zu bilden, kann nicht heissen, ausser Atem hinter allem herzulaufen. Die Lösung ist, sich eine grobe Landkarte des Wissbaren und Verstehbaren zurechtzulegen und zu lernen, wie man über die einzelnen Provinzen mehr lernen könnte. Bildung ist also ein doppeltes Lernen: Man lernt die Welt kennen, und man lernt das Lernen kennen. [...] Das ist ein untrügliches Kennzeichen von Bildung: dass einer Wissen nicht als blosse Ansammlung von Information, als vergnüglichen Zeitvertreib oder gesellschaftliches Dekor betrachtet, sondern als etwas, das innere Veränderung und Erweiterung bedeuten kann, die handlungswirksam wird. Das gilt nicht nur, wenn es um moralisch bedeutsame Dinge geht. Der Gebildete wird auch durch Poesie ein anderer. [...]

[3] Über http://futur-iii.de/wp-content/uploads/sites/6/2015/05/Bieri-Bildung.pdf kann die vollständige Rede nachgelesen werden.

**Bildung als Selbsterkenntnis**

Es kennzeichnet Personen, dass sie sich, was ihre Meinungen, Wünsche und Emotionen anbelangt, zum Problem werden und sich um sich selbst kümmern können. Bildung ist etwas, das an diese Fähigkeit anknüpft. Es mag einer noch so gut ausgebildet sein und eine noch so grosse Orientierung haben, so dass er in der Welt erfolgreich navigieren kann – wenn er sich nicht auf diese Weise gegenüberzutreten und an sich zu arbeiten weiss, verfügt er nicht über Bildung in einem vollen, reichen Sinn des Ausdrucks. [...] Es geht darum, sich in seinem Denken, Fühlen und Wollen zu verstehen, statt diese Dinge nur geschehen zu lassen. Es geht um die Interpretation meiner Vergangenheit und das Durchleuchten meiner Entwürfe für die Zukunft, kurz: um das Schaffen und Fortschreiben von Selbstbildern. [...] Der Gebildete – so lautet meine nächste Definition – ist einer, der über sich Bescheid weiss und Bescheid weiss über die Schwierigkeiten dieses Wissens. Er ist einer, dessen Selbstbild mit skeptischer Wachheit in der Schwebe gehalten werden kann. Einer, der um die brüchige Vielfalt in seinem Inneren weiss und keine soziale Identität für bare Münze nimmt. [...] Ich kann mit der Welt meines Wollens, meiner Gedanken und Gefühle aus verschiedenen Gründen unzufrieden sein: weil es an Übersicht und innerer Stimmigkeit fehlt; weil ich mir draussen ständig Beulen hole; weil ich mir darin fremd vorkomme. Dann brauche ich im weitesten Sinne des Worts eine éducation sentimentale, diejenige Art von Bildung also, die man einst mit gutem Grund Herzensbildung nannte: Gestützt auf wachsende Einsicht in die Logik und Dynamik meines seelischen Lebens, lerne ich, dass Gedanken, Wünsche und Gefühle kein unabwendbares Schicksal sind, sondern etwas, das man bearbeiten und verändern kann. Ich erfahre, was es heisst, nicht nur in meinem Tun, sondern auch in meinem Wollen und Erleben selbstbestimmt zu werden. Diese Selbstbestimmung kann nicht darin bestehen, dass ich mich in einer inneren Festung verbarrikadiere, um jeder Beeinflussung durch andere, die das Gift der Fremdbestimmung enthalten könnte, zu entfliehen. Was ich lerne, ist etwas anderes: zu unterscheiden zwischen einer Beeinflussung, die mich von mir selbst entfremdet, und einer anderen, die mich freier macht, indem sie mich näher an mich selbst heranführt. [...]

**Bildung als poetische Erfahrung**

Ausbildung ist stets an einem Nutzen orientiert: Man erwirbt ein Know-how, um etwas zu erreichen. Dagegen ist die Bildung, von der hier die Rede ist, ein Wert in sich, wie die Liebe. (Bieri, 2005; Hervorhebungen im Original)

Auch frühere Pädagogen wie beispielsweise Humboldt waren der Ansicht, dass Bildung bedeutet, sich mit der Welt zu verbinden, sodass die Welt in einem selbst wirken könne. Seine Bildungstheorie vertritt die Auffassung, dass Wissen das Selbst beeinflusse und Identität und Persönlichkeit entwickeln lasse. Wenn Menschen intrinsisch motiviert etwas über die Welt wissen wollten, dann würden sie sich auf dem Weg der Bildung befinden (vgl. Benner, 2003; Schultheis, 2008). Nach Wolfgang Klafki hat Bildung drei

Zielrichtungen. Sie bewirke zum einen Selbstbestimmung und führe zur Frage, wie ein Mensch in seinem Leben mit sich umgehen und welche Art von Mensch er sein wolle, welche Werte ihm wichtig seien, und wie er in der Gesellschaft und Kultur, in der er lebe, wirksam sein möchte. Weiterhin ziele Bildung auf Mitbestimmung ab; indem sich ein Mensch mit sich selbst beschäftige, präge er seine Gesellschaft mit und umgekehrt. Schließlich fördere Bildung zudem die Fähigkeit, solidarisch zu sein, indem Menschen anderen Menschen helfen würden und eine Perspektive einnehmen könnten, die über sie selbst hinausgehe, worüber auch die anderen Menschen im Zusammenleben bzw. in der Kultur und ihre Beziehungsgeflechte wahrgenommen werden könnten. Gebildete Menschen sind nach Klafki kritikbereit, argumentationsbereit und empathiefähig. Die Anerkennung des Anderen in einem Beziehungsgeschehen sei dabei wesentlich (vgl. Lin-Klitzing & Arnold, 2019).

## 1.1 Wofür wird gelehrt?

Mit den individuellen Entwicklungszielen ist Bildung auch mit dem Anspruch verbunden, durch die Vermittlung von Wissen und die Förderung der Persönlichkeitsentwicklung einen gesellschaftlich wirksamen Beitrag zu leisten. Menschen, die sich bilden, fördern ihre Fähigkeiten, verantwortliche Tätigkeiten in einer sich wandelnden, arbeitsteiligen, von Vielfalt geprägten Arbeits- und Lebenswelt auszuüben und aktiv eine globale demokratische Gesellschaft mitzugestalten.

Bildungsanbieter selbst sind lernende, sich beständig weiterentwickelnde Organisationen mit kontinuierlichen Reflexions- und flexiblen Anpassungsprozessen. Dabei zielt die Kompetenzorientierung auf eine wissenschaftlich begründete und berufsfeldbezogene Selbstständigkeit im Denken, Bewerten, Handeln und Reflektieren der Lernenden ab und unterstützt und fördert diese dabei in ihrer persönlichen und professionellen Entwicklung zur Sicherung der formulierten Kompetenzen.

Ein im Jahr 2012 im Auftrag der Hochschulrektorenkonferenz veröffentlichtes Fachgutachten zur Kompetenzorientierung in Studium und Lehre evaluierte die bisherigen Erfahrungen im Umgang mit kompetenzorientierter Lehre seit der Bologna-Reform. Darin sind sowohl Definitionen und Anforderungen an eine kompetenzorientierte Ausrichtung von Studiengängen als auch Erkenntnisse aus der pädagogisch-psychologischen Lehr- und Lernforschung eingeflossen. Als Zwischenfazit des Bologna-Reformprozesses halten die Autoren unter anderem fest:

> Eine kompetenzorientierte Lehr-/Lernkonzeption erfordert weiterhin eine veränderte Sicht auf die Rollen von Lehrenden und Lernenden im Lernprozess bzw. beim Kompetenzerwerb. Wie schon oben beschrieben muss der

> Lernende eine deutlich aktivere und selbstbestimmtere Rolle beim Lernen einnehmen, während der Lehrende sich stärker als Bereitsteller und Arrangeur von Lerngelegenheiten sowie Begleiter und Berater des Lernenden im Lernprozess verstehen sollte. [...] Entscheidend ist in diesem Zusammenhang vor allem, dass es dem Lehrenden gelingt einen Sichtwechsel auf den Lehr-/Lernprozess zu vollziehen, der als „Shift from Teaching to Learning" [...] beschrieben wird; d. h. das Lehren muss vom Lernen her gesehen und von den Anforderungen des Lernprozesses her konzipiert werden. Der Lehrende muss verstehen lernen, wie der Kompetenzerwerb aus der Sicht des Lernenden sich darstellt und welche Hinweise sowie Unterstützung dieser benötigt, um sich Fähigkeiten für die Aufgaben- und Anforderungsbewältigung in einer Domäne anzueignen. (HRK, 2012, S. 57)

## 1.2 Kompetenzorientiertes Lehren und Lernen in Bildungsprozessen

Vor dem Hintergrund der hohen Bedeutung berufsbegleitender Weiterbildung allgemein und in dem speziellen Kontext beratender Arbeitsfelder – sowie auch im Hinblick auf die Entwicklungen in klinischen Ausbildungs- und Arbeitsfeldern (Psychotherapiestudium) – stehen die Wechselwirkungen zwischen den individuellen Entwicklungswünschen Einzelner und der Gewährleistung von Qualitätssicherung und Qualitätsentwicklung in den Fachgebieten mit ihren professionellen Handlungsbereichen im Mittelpunkt. Dies erfordert eine verstärkte reflexive Beschäftigung mit der eigenen Person im Kontext ihres Umfeldes, eine entwicklungsfördernde Beziehungs- und Interaktionsorientierung sowie die kontinuierliche Anbindung an die Diskurse in den Fachdisziplinen und ihrer Zielgruppen.

Im Zusammenhang mit Bildungs- bzw. Professionalisierungsprozessen ist durch den Bologna-Prozess eine durchgreifende Umstellung mit der Implementierung eines neuen kompetenzorientierten Konzeptes und entsprechender formaler Anforderungen erfolgt.[4] Diese in erster Linie an Universitäten und Hochschulen gestellte Aufgabe hat im gesamten Bildungswesen an Bedeutung gewonnen. Ihre Ausrichtung betont verstärkter die Ebene der Selbst- und Kontext-Reflexion bezogen auf Vergangenheit, Gegenwart und Zukunft in Verbindung mit den angestrebten Professionalisierungszielen. Wesentliche Aufgabe dabei ist die Ausrichtung des Lehr- und Lernangebo-

---

[4] Die Bologna-Reform beabsichtigt einen europaweiten einheitlichen Hochschulraum mit synchronen Studiengängen in „gleicher Währung" in Form von wechselseitig anrechenbaren ECTS-Punkten. Dies soll unter anderem die Mobilität Studierender sowie arbeitsmarktbezogene Wettbewerbs- und Beschäftigungsfaktoren fördern. Die Praxis sieht jedoch vielfach anders aus und hat auch nachteilige Auswirkungen auf Hochschulen, Lehrende und Studierende hervorgebracht (vgl. Hericks, 2018).

tes auf die Ermöglichung der Entwicklung einer fachgerechten und erfolgreichen Handlungsfähigkeit im angestrebten beruflichen Praxisfeld und die Schaffung der dafür notwendigen Voraussetzungen.[5] Der Dreisprung vom Wollen über das Können zum Machen bildet hierbei den Trainingsparcours im Bildungsprozess.

Abb. 1: Dreisprung: Wollen – Können – Machen (eigene Darstellung)

Die didaktischen Konzepte inklusive ihrer praxisbezogenen Gestaltungsformen des Lehrens, Lernens und Prüfens bedürfen einer entsprechend darauf ausgerichteten Abstimmung. Nicht nur die wissenschaftliche Befähigung, sondern auch die Vorbereitung auf ein berufliches Tätigkeitsfeld ist demnach im Kontext kompetenzorientierter Lehre zentral. Ein Lernender erhält darüber potenziell die Möglichkeit, auf der Ebene theoretischer und methodischer Kompetenzen spezifische Problemdefinitionen und -lösungen bearbeiten und eine professionelle Identität im Handlungsfeld entwickeln zu kön-

[5] So entwickelt z. B. aktuell auch das Institut für medizinische und pharmazeutische Prüfungsfragen (IMPP) für die schriftlichen Prüfungen in den Fächern Medizin, Pharmazie und Psychotherapie auf der Basis des Gegenstandskataloges die zu erarbeitenden Prüfungsfragen in kompetenzorientierter Strukturausrichtung weiter, mit der Absicht, die Absolventen auf die Herausforderungen im Gesundheitssystem fachlich und persönlich bestmöglich vorzubereiten (siehe dazu auch unter https://www.impp.de/informationen/kompetenzorientierte-gegenstandskataloge.html).

nen. So widmet sich kompetenzorientierte Hochschulbildung auch der Aufgabe, einen Beitrag zur Persönlichkeitsbildung der Lernenden und zu ihrer Befähigung erfolgreicher Teilhabe am gesellschaftlichen Leben zu leisten, wofür eine didaktische Ausrichtung zur Ausbildung und Förderung sogenannter sozialer und personaler Schlüsselkompetenzen gebraucht wird.

Auf diese Weise gestaltete Lehrangebote bzw. Curricula basieren auf einem veränderten Verständnis von Lehr- und Lernprozessen mit sowohl inhaltlichen als auch methodisch-didaktisch dafür geeigneten Vorgehensweisen. Sowohl bestimmte Lernziele als auch in hohem Maße die Förderung und die Begleitung der Entwicklungsprozesse der Lernenden sind darin integrale Bestandteile, um neben fachlichen Kompetenzen auch Fähigkeiten zu einem verantwortungsbewussten und reflektierten Umgang mit sich selbst und Anderen und dem Treffen sinnvoller Entscheidungen in komplexen beruflichen und lebensweltlichen Kontexten auszubilden und zu fördern.

Kompetenzorientierte Bildungsangebote folgen dem Schema, erreichbare Lernziele in einer bestimmten Zeit zu definieren, die am Ende überprüft werden können. Dies wirft die Fragen auf, wie Lernzuwachs stattfindet und was in Bildungsprozessen als Ergebnisqualität feststellbar und wahrnehmbar ist. Zum Beispiel kann der Transfer des bisher Gelernten anzeigen, was schon gelernt wurde und wo der einzelne Lernende, durch Selbst- und Fremdbeobachtung ermittelbar, in seinem Prozess zu stehen scheint. Aktuelle lernergebnisorientierte curriculare Beschreibungen im Feld von Beratung und Therapie beziehen sich auf moderne Kompetenzmatrices sowie eine vermittlungs- und handlungsorientierte Didaktik mit der Reflexion des Verhältnisses von Wissen und Praxis (vgl. Erpenbeck, Rosenstiel, Grote & Sauter, 2017; Katsarov, Schiersmann, Schmidtpott, Schober & Weber, 2014; Krathwohl, Bloom & Masia, 1978; Miller, 2011; Petersen, Schiersmann & Weber, 2014; Pfäffli, 2015).

Benjamin Bloom entwickelte in den 1950er- und 1960er-Jahren eines der ersten Klassifikationsschemata für auf erwünschte Bildungsziele ausgerichtete Kategorien kognitiver und affektiver Lernziele (vgl. Krathwohl et al., 1978). In seinem Modell bilden aufeinander aufbauende Stufen eine Taxonomie, bei der jede höhere Stufe als Voraussetzung auch immer diejenigen Fähigkeiten der vorhergehenden Stufen umfasst. Für die Analyse und Charakterisierung von Lernzielen werden die drei Dimensionen Kognition, Affekte und Psychomotorik hervorgehoben, die den Prozesscharakter ganzheitlichen handlungsorientierten Lernens verdeutlichen.

Das sich auf die Kognition beziehende Lernstufenschema umfasst eine sechsstufige hierarchische Anordnung von Lernzielen mit zunehmenden Schwierigkeits- und Komplexitätsgraden. An der Basis des Schemas befindet sich das Wissen von Fakten, Methoden und Theorien aus der jeweiligen

Fachdisziplin. Die nächsthöhere Stufe ist die des Verstehens von Zusammenhängen, des Erkennens von Bedeutungen und des Treffens von Voraussagen. Darüber liegt die Stufe des Anwendens von Wissen auf konkrete, bis dahin unbekannte Aufgaben und Problemstellungen, gefolgt von der Stufe der Analyse von Sachverhalten und Problemstellungen. Auf der nächsthöheren Ebene befindet sich das Lernziel der Synthese, womit die kreative Kombination bekannter Informationen gemeint ist. Die höchste Ebene bildet schließlich an der Spitze der Lernziele die Evaluation mit dem Bildungsziel des Bewertens von Ergebnissen.

Die affektive Lernzieldimension befasst sich mit dem inneren Wachstum im Bildungsprozess und bezieht sich auf die Entwicklungsebenen von Interessen, Einstellungen, Werten, Vorlieben oder emotionalen Haltungen. Hierbei bildet die höchste erreichbare Stufe die Ebene einer selbst entwickelten Lebensphilosophie, die mit einer hohen Stufe der Persönlichkeitsentwicklung einhergeht. Affektive Lernziele beziehen sich auf Niveauebenen der Persönlichkeitsentwicklung und der damit einhergehenden Bewusstseinsentwicklung. Dazu gehören Bestandteile wie das Aufmerksam-Werden, Beachten, Reagieren, Werten, der strukturierte Aufbau eines Wertesystems, das Verinnerlichen von Werten oder einer Wertestruktur.

Die weitere Dimension in Blooms Lernzielemodell bildet die psychomotorische Ebene von Lernzielen, die sich in seinem Modell auf den Umgang mit Materialien, Gegenständen oder koordinationserfordernden neuromuskulären Handlungen bezieht. Diese Form der Betrachtung berücksichtigt die Gleichzeitigkeit von kognitiven, affektiven und körperlich-sensorischen Elementen sowie deren Beachtung in Bildungsprozessen.

Abb. 2: Kognitive, affektive und körperlich-sensorische Elemente in Bildungsprozessen (eigene Darstellung)

Erpenbeck und Sauter definieren in ihrem handlungsorientierten Kompetenzforschungsansatz Kompetenzen als „Fähigkeiten, in offenen, unüberschaubaren, komplexen, dynamischen und zuweilen chaotischen Situationen kreativ und selbst organisiert zu handeln (Selbstorganisationsdispositionen)" (Erpenbeck & Rosenstiel, 2007, zitiert nach Erpenbeck & Sauter, 2013, S. 32). Und weiter konstatieren sie: „Es gibt keine Kompetenzen ohne Fertigkeiten, ohne Wissen, ohne Qualifikationen. Aber Fertigkeiten, Wissen, Qualifikationen ‚sind' keine Kompetenzen, sondern nur Grundbestandteile da-von. Sonst gäbe es nicht so viele hochqualifizierte Inkompetente" (ebd.).

In Erpenbecks Kompetenzmodell wird die Verbindung dreier Kreise von innen nach außen als sich erweiternde Kompetenzmatrix dargestellt: Um das Wissen im Sinne einer Fertigkeit legt sich der Kreis der Qualifikation und darum der Kreis der Kompetenzen. In die Kompetenzen fließen aus der Umwelt kommende Regeln, Normen und Werte ein, die im Individuum auf dem Wege „emotionaler Labilisierung" zu eigenen Emotionen und Motivationen umgewandelt werden. Nach Erpenbeck braucht Kompetenzentwicklung die Verbindung zu spürbaren Erfahrungen. Emotionales Erleben schaffe Austauschvorgänge zwischen Lernenden, Lehrenden und Wissen. Wenn sowohl positive als auch negative Emotionen involviert seien, fänden wirkliche Kompetenzentwicklungsprozesse statt, die sich auf der Ebene des Handelns beobachten ließen. Wissen bahne sich somit über die persönliche Berührung seine Wege zur Kompetenzentwicklung (vgl. Arnold & Erpenbeck, 2014).

Erpenbeck weist erneut darauf hin, dass das Verfügen über Wissen und Qualifikationen nicht gleichzeitig das Vorhandensein von Kompetenzen bedeutet, und entwickelte eine Kompetenzmatrix mit vier Basiskompetenzen: 1) personale Kompetenz (verstanden als Fähigkeit, reflexiv in Bezug auf die eigene Person handeln zu können), 2) Aktivitäts- und Handlungskompetenz (verstanden als Fähigkeit, Wissen umsetzen und aktiv handeln zu können), 3) fachlich-methodische Kompetenz (verstanden als Fähigkeit, in Bezug auf Sachverhalte fachlich-methodisch handeln zu können), 4) sozial-kommunikative Kompetenz (verstanden als Fähigkeit, sozial und kommunikativ in Bezug auf Andere handeln zu können). Diese Basiskategorien gelten als Schlüsselkompetenzen in Verbindung mit Querschnittkompetenzen wie interkulturelle, Führungs- und Medienkompetenzen (vgl. Arnold & Erpenbeck, 2014). Auch im Kontext von Weiterbildung für Beratungs- und Therapieberufe findet dieses Modell Beachtung (vgl. Erpenbeck et al., 2017).

Der Europäische Qualifikationsrahmen für lebenslanges Lernen (EQR) ermöglicht eine europaweite Verständlichkeit nationaler Qualifikationen und dient damit als Meta-Referenzrahmen für Vergleiche nationaler Qualifikationssysteme. Er beschreibt ein mit acht Referenzniveaus versehenes

Kompetenzschema, das auf den drei Säulen Wissen, Fertigkeit und Kompetenz aufbaut. Die Referenzniveaus beschreiben für jede Niveaustufe, was Lernende wissen und verstehen und wozu sie in der Lage sein sollten.

Der Deutsche Qualifikationsrahmen (DQR) unterscheidet sich vom EQR in der Definition von Kompetenz, indem er die Summe aller Lernergebnisse insgesamt betrachtet (vgl. Amtsblatt der Europäischen Union, 2017). In der DQR-Matrix beinhaltet die Kategorie Fachkompetenz die Unterkategorien Wissen und Fertigkeiten und die Kategorie Personale Kompetenz die Unterkategorien Sozialkompetenz und Selbstständigkeit (vgl. Arbeitskreis Deutscher Qualifikationsrahmen, 2011). „Kompetenz bezeichnet im DQR die Fähigkeit und Bereitschaft des Einzelnen, Kenntnisse und Fertigkeiten sowie persönliche, soziale und methodische Fähigkeiten zu nutzen und sich durchdacht sowie individuell und sozial verantwortlich zu verhalten. Kompetenz wird in diesem Sinne als umfassende Handlungskompetenz verstanden" (ebd., S. 8).

Vonseiten der Europäischen Union sind die Regierungen der Länder aufgefordert, acht für Einzelpersonen in einer wissensbasierten Gesellschaft relevante Schlüsselkompetenzen in die Angebote lebensbegleitenden Lernens zu integrieren. Dabei wird der Kompetenzbegriff auf der Ebene der Europäischen Union folgendermaßen definiert: „Kompetenzen stellen die dynamische Kombination aus kognitiven und metakognitiven Fähigkeiten, Wissen und Verstehen, zwischenmenschlichen, intellektuellen und praktischen Fähigkeiten sowie ethischen Werten dar" (Europäische Kommission, 2006, S. 9).

Die Organisation für wirtschaftliche Zusammenarbeit und Entwicklung (OECD) versteht unter Kompetenz „mehr als nur Wissen und kognitive Fähigkeiten. Es geht um die Fähigkeit der Bewältigung komplexer Anforderungen, indem in einem bestimmten Kontext psychosoziale Ressourcen (einschließlich kognitiver Fähigkeiten, Einstellungen und Verhaltensweisen) herangezogen und eingesetzt werden" (OECD, 2005, S. 6). Angesichts einer von schnellen Veränderungen geprägten Welt befürwortet die OECD die Orientierung der unterschiedlichen Bildungssysteme an einem global ausgerichteten Kompetenzbegriff: „Global competence is a multidimensional capacity. Globally competent individuals can examine local, global and intercultural issues, understand and appreciate different perspectives and world views, interact successfully and respectfully with others, and take responsible action toward sustainability and collective well-being" (OEDC, 2018, S. 4). Die globale Kompetenz ist dabei auf den Ebenen von „Value", „Attitudes", „Knowledge" und „Skills" erkennbar (ebd., S. 11).

Die diese Ideen begleitende Leitfrage ist: Welche Kompetenzen sind in einer globalen Gesellschaft für ein „gutes Leben" wichtig? In einer beständig vielfältiger und vernetzter werdenden Welt braucht es entsprechende Fähigkeiten, damit sich ihre Mitglieder in ihr orientieren und sie angemessen mitgestalten können. Kompetenzdefinition, -entwicklung und -förderung benötigen daher Reflexion, damit sie stets eine möglichst sinnstiftende Anschlussfähigkeit an lokale und globale Veränderungsprozesse bieten können. Dabei geht es auch um die geteilte Verantwortung und kollektive Aufgabe, verfügbare Informationen angemessen zu interpretieren und sinnvoll in gemeinschaftlich förderliche Handlungsformen umzusetzen. Themen wie wirtschaftliches Wachstum, nachhaltige Entwicklung, Wohlstand, sozialer Ausgleich und Gesundheit stehen damit in Verbindung und sind miteinander so zu entwickeln, dass die Weltbevölkerung überlebensfähig bleiben und ein ausreichend friedvolles und gutes Leben führen kann.

Dieser Überblick skizzierter Kompetenzdefinitionen und Kompetenzschemata bildet Anhaltspunkte für die Operationalisierbarkeit von Qualifikations- und Bildungsprozessen im Sinne einer Vergleichbarkeit und Standardisierung. Bezogen auf den speziellen Kontext von Qualifizierungen für Aus- und Weiterbildungen in beratenden und therapeutischen Berufsfeldern, beschreiben sie die als lernrelevant anzusehenden und zur beruflichen Identität zugehörigen Merkmale des „Könnens und Wissens". Sie repräsentieren gültige Bezugsgrößen für Bildungssysteme und Maßstäbe für Angebotsbeschreibungen sowie ihrer Zugangs- und Abschlussniveaus und fließen in curriculare Beschreibungen, Prüfungs- und Zertifizierungsverfahren ein. Der aktuelle Kompetenzdiskurs setzt sich auch kritisch mit den bestehenden Kompetenzschemata auseinander. In einem gemeinsamen fachlichen Suchprozess geht es darum, alles Wesentliche zu erfassen und zu verstehen, um für Prozesse der Professionalisierung im Allgemeinen und im Speziellen – wie zum Beispiel im Handlungsfeld Supervision, Coaching und Organisationsentwicklung – die sinn- und wirkungsvollsten Definitionen und Größen zu identifizieren, um weder zu verkürzt noch zu komplex Lehr- und Lernkulturen und relevante Inhalte für Professionalisierungsprozesse und professionelles Handeln zu entwickeln und umzusetzen.

## 1.3 Kompetenzorientierte Weiterbildung im Kontext von Supervision, Coaching und Organisationsentwicklung

In Bezug auf das in diesem Buch beispielhaft untersuchte Gebiet von Professionalisierungsprozessen für Beratungstätigkeiten in Supervision, Coaching und Organisationsentwicklung sind insbesondere solche Kompetenzbereiche von hoher Bedeutung, bei denen es um professionelles Handeln im Beziehungsgeschehen zwischen Berater und Klient(en) geht, um erwünschte

Veränderungen im Zusammenspiel mit der Klärung unterschiedlicher Anliegen zu bewirken. Bei Klienten, die Supervision, Coaching oder ähnliche Beratungsangebote nachfragen und nutzen, handelt es sich um Personen in spezifischen Rollen aus vielerlei Arbeitskontexten. Hierfür sind insbesondere Reflexions- und Beziehungskompetenzen eines Beraters, der gleichzeitig fachliche und interaktionelle Inhalte professionell handhaben muss, von immenser Bedeutung. „Die Reflexionsfunktion in ihrer entwickeltesten Form beinhaltet Denken über das Fühlen und Fühlen über das Denken" (Target, persönliche Mitteilung zitiert nach Wallin, 2016, S. 67).

Im Kontext von Beratungsberufen haben Christiane Schiersmann und Monica Haas mit Unterstützung des Bundesministeriums für Bildung und Forschung (BMBF) und in Kooperation mit dem Nationalen Forum Beratung in Bildung, Beruf und Beschäftigung (nfb) ein Rahmenmodell für ein Kompetenzprofil professioneller Beratung erarbeitet. Die Autorinnen definieren darin Kompetenz als die *„umfassende Fähigkeit* einer Person

- durch die Aktivierung von *Fachwissen*, *Erfahrungen*, *Gefühlen*, *Werten*, *Interessen* oder *Motivationen* situationsadäquat und selbstorganisiert zu handeln;
- die eigenen Handlungen und Resultate *(selbst)kritisch professionell* zu *reflektieren* und zu *bewerten*;
- bewusst *Verantwortung für das eigene Handeln* zu übernehmen" (Schiersmann & Haas, 2012, o. S.; Hervorhebungen im Original).

Dieses auch als kontextorientiert bezeichnete Kompetenzprofil betrachtet Kompetenzentwicklung als ein rekursives, prozessuales Geschehen und Beratungskompetenz als das, was benötigt wird, um in der Lage zu sein, Beratung erfolgreich durchführen zu können. Der in diesem Zusammenhang von den Autorinnen verwendete Begriff der Performanz bezeichnet die wahrnehmbare oder sich zeigende Kompetenz eines Beraters in einer professionellen Handlungssituation. Aktualisierung, als weiterer Prozessbestandteil im Kompetenzentwicklungsprozess, umfasst alle für die Ausführung benötigten Voraussetzungen, wie zum Beispiel Wissen, Motivation, bestimmte Fähigkeiten und Ähnliches, die in einem reflexiven Prozess aktiviert werden. Hinzu kommt der Aspekt der Potenziale, welcher die persönlichen Ressourcen eines Beraters meint und sich auf seine persönlichen Quellen an Wissen und Fähigkeiten bezieht (vgl. Schiersmann & Weber, 2013; s. Abb. 3).

Ein von der Europäischen Kommission gefördertes und entwickeltes europäisches Kompetenzprofil für Supervision und Coaching wurde im Jahr 2015 unter Beteiligung internationaler Vertreter aus Bildungsinstitutionen, Dach- und Fachverbänden und von Wissenschaftlern veröffentlicht (vgl. Ajdukovic et al., 2015). Als konzeptioneller Bezug diente bei der Entwicklung dieses Kompetenzprofils das oben beschriebene theoretische Modell von Bloom sowie der Europäische Qualifikationsrahmen (EQR) (vgl. Europäische Kommission, 2008). Das ECVision-Kompetenzmodell wurde im Verbund mit Vertretern europäischer Aus- und Weiterbildungseinrichtungen, Hochschulen sowie Fachverbänden entwickelt und stellt als die bedeutungsvollsten Lernziele in Supervisions- und Coachingweiterbildungen die Reflexions- und Beziehungskompetenzen heraus (vgl. Ajdukovic et al., 2015; Judy & Knopf, 2016). Auch die schon angesprochene Perspektive der OECD (2005) ist auf ein Kompetenzmodell ausgerichtet, in dem reflexives Denken und Handeln einen hohen Stellenwert einnehmen, was den Umgang mit Veränderungen, das Lernen aus Erfahrung sowie kritisches Denken und Handeln mit der Fähigkeit zur Interaktion in heterogenen Gruppen einschließt. Integriert sind darin Fähigkeiten wie Empathie und Selbstreflexion, ebenso Selbst-Bewusstheit und die Fähigkeit, sich selbst fühlen, verstehen und mit den eigenen Emotionen reflektiert umgehen sowie mit anderen Menschen konstruktive Formen des Miteinanders gestalten zu können.

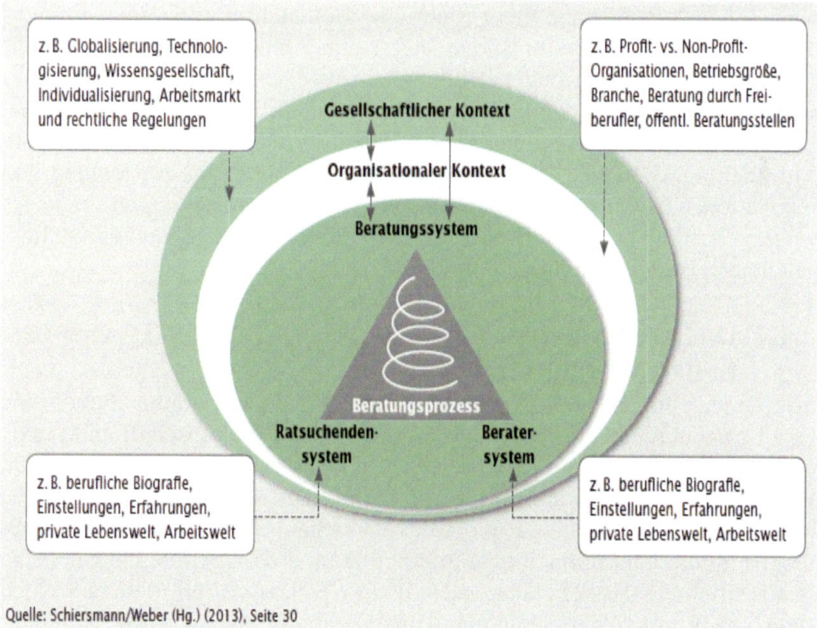


Abb. 3: Systemisches Kompetenzmodell (Quelle: Schiersmann & Weber, 2013, S. 30)

Weinhardt (2018) weist bei der Kompetenzentwicklung im Kontext von Weiterbildungsprozessen der subjektorientierten Professionalisierung am Beispiel systemischer Beratung einen besonderen Stellenwert zu. Demnach erfolge therapeutisch-beraterischer Kompetenzerwerb nicht nur innerhalb von Weiterbildungszusammenhängen, sondern auch auf informellen Wegen und werde von unterschiedlichen Wechselwirkungsdynamiken beeinflusst. Dabei bilden individuelle Entwicklungsaufgaben die Basis im Prozess subjektorientierter Professionalisierung. Möglicherweise eröffne dafür eine auf der Grundlage des systemischen Modells entwickelte Professionalisierungskultur gute Voraussetzungen, was sich wissenschaftlich untersuchen lasse. Vor dem Hintergrund einer Zunahme der Akademisierung von Beratungs- und Therapieaus- und -weiterbildungen fördere diese Entwicklung eine weiter ansteigende Etablierung systemischer Theorie und Praxis und damit auch Anlässe für eine Zunahme an Forschungsstudien in diesem Bereich (vgl. Weinhardt, 2018, 2020).

In einer Kultur dynamisch und kooperativ ausgerichteter Bildungsprozesse sind die Lernenden die aktiven Mitgestalter im jeweiligen Lernfeld mit seinen kontextspezifischen Anforderungen. Begrifflichkeiten wie Ermöglichungsdidaktik und kompetenzförderliche Lehr- und Lernarrangements gewinnen dementsprechend mehr Raum und Betonung mit innovativen interdisziplinären Konzepten im Bildungswesen und stellen auch spezifische Anforderungen an die Lehrenden. Bildungsprozesse benötigen eine Prozessführung durch Lehrende, damit sie zum (wissenschaftlichen) Arbeiten mit den Bestandteilen der Anwendung wissenschaftlicher Konzepte auf komplexe Anforderungskontexte, ihrer Analyse und Reflexion, der Entwicklung von Innovationen bzw. Konzepten zur Lösung von Problemstellungen sowie des wissenschaftlich und sozial angemessenen problemlösungs- und erkenntnisgeleiteten Handelns befähigen (vgl. Schaper et al., 2012).

## 1.4 Die Aufgabe des Wissenschafts-Praxis-Transfers in der Weiterbildung

Insbesondere in dem Kontext berufsbegleitender Weiterbildung können eine gute Beziehung und ein reger Austausch zwischen Wissenschaft und Praxis wechselseitig Leistungen potenzieren. Der Transfer und die Integration von Wissen und Erfahrung stehen im Mittelpunkt der Kooperationen zwischen Universitäten, Hochschulen und weiteren Organisationen im Bildungswesen. Dafür ein kommunikationsförderndes Klima zu schaffen und Curricula so auszurichten, dass ein Wissenschafts-Praxis-Transfer ermöglicht werden kann, gehört mit zu den wichtigen Aufgaben im Rahmen wissenschaftlicher Weiterbildung. Diese Verbindungen stärken, wie zahlreiche Beispiele belegen, regionale, überregionale und internationale Erfolgschancen sowohl im

Bereich der klassischen berufsvorbereitenden als auch in postgradualen Bildungsangeboten, die meist nach einigen Jahren Berufserfahrung absolviert werden. Im Rahmen berufsbegleitender wissenschaftlicher Weiterbildungsangebote begegnen sich in besonderem Maße Wissenschaft und Praxis. Konkrete Situationen in der beruflichen Praxis kommen dabei in direktem Kontakt mit wissenschaftlicher Expertise und Forschungsprojekten. So entsteht ein sinnvoller Wissenstransfer mit der Möglichkeit interdisziplinärer, stets aktueller und innovationsausgerichteter Kommunikationsformen zwischen Wissenschaft und Gesellschaft.

Die Deutsche Gesellschaft für wissenschaftliche Weiterbildung und Fernstudium (DGWF) richtete im Jahr 2018 ihre Jahrestagung mit Vertretern von Universitäten, Hochschulen, Weiterbildungseinrichtungen und Unternehmen zum Thema „Transferorientierung in der wissenschaftlichen Weiterbildung – Wissen gesellschaftlich wirksam machen" aus. Auch auf der Grundlage der Empfehlung des Wissenschaftsrates erfährt die Bedeutung des Transfers von Wissen, Ideen und innovativen Verfahren eine besondere Aufmerksamkeit: „Denn durch Interaktion wissenschaftlicher Akteure mit Partnern/-innen aus der Praxis können gesellschaftliche Herausforderungen und Zukunftsaufgaben auf Augenhöhe in den Blick genommen und gemeinsam tragfähige Lösungen entwickelt werden".[6]

Die Frage der Praxisrelevanz ist vor allem im Kontext wissenschaftlicher Weiterbildung von zentraler Bedeutung. Die Integration der Prozessevaluationen und Erkenntnisse aus Input-, Prozess- und Outcome-Analysen ermöglichen die Entwicklung von Strategien und die Förderung praxis- und wissenschaftsrelevanter Bestandteile von Professionalisierungsangeboten an Hochschulen. „Das brüchige Verhältnis aus Theorie und Praxis erfordert ein verändertes Wissenschaftsverständnis, in dem deutende Rekonstruktion genauso anerkannt ist wie die statistische Prognose. Die Erfahrungen der Praxis, die Fallkonstellationen, die Misserfolge, die Verlaufskurven und Interaktionsprozesse sind wichtige Quellen des Lernens und der Professionsentwicklung" (Dick, 2016, S. 21).

Der Wissens- und Erfahrungstransfer zwischen Wissenschaft und Praxis bezeichnet die Austauschbeziehung zwischen Hochschulen und den mit ihnen in Verbindung stehenden unterschiedlichen Organisationen. Dabei durchläuft der Wissenstransfer die folgenden Phasen: Initiierung (als Einleitung des Wissenstransfers), Wissensfluss (als tatsächliche Transaktion des Wissens) und Integration (als Phase der Evaluation und der Integration in die Wissensbasis) (vgl. Pircher, 2014). Durch den gesellschaftlichen Wandel hat sich die Bedeutung der traditionellen Produktivfaktoren, wie beispielsweise

---

[6] Siehe Tagungsthema der DGWF-Jahrestagung von 2018 unter https://www.dgwf.net/id-2018.html.

Land, Arbeit und Kapital, verändert. Wissen ist zu einer wertvollen weiteren Ressource geworden, weshalb auch ihr Transfer stark an Bedeutung zugenommen hat. Mit der wachsenden Relevanz von Wissen und Expertise als Grundlage erfolgreicher Bildungsangebote, Produkte und Dienstleistungen braucht eine Wissensgesellschaft wie die unsrige auch und vor allem gut qualifizierte, lernbereite und lernfähige Menschen (vgl. Willke, 2011).

Anhand des dargestellten Spektrums von Kompetenzmodellen und kompetenzbasierter Lehre und Weiterbildung werden die aktuell bedeutsamen Dimensionen in Bildungsprozessen aus verschiedenen Perspektiven erkennbar. Die persönliche Entwicklungsförderung des Lernenden im Kontext mit seiner Umwelt ist dabei als Hauptfaktor im Prozess professioneller Weiterentwicklung von besonderer Wichtigkeit.

## 2. Erkenntnisse der psychologischen und pädagogischen Lehr- und Lernforschung

Ergebnisse aus der psychologischen und pädagogischen Lehr- und Lernforschung bieten für die Beschäftigung mit den Inhalten dieser Forschungsthematik weitere interessante Hinweise. Sie zeigen, so Reinmann und Mandl (2006), dass insbesondere in Weiterbildungsprozessen der Erwachsenenbildung das darin bedeutsame Anwendungswissen ein aktives, selbstgesteuertes und konstruktives Lernen erfordert. Die Autoren benennen aus der pädagogisch-psychologischen Perspektive fünf Merkmale für die Gestaltung erfolgreicher Erwachsenenbildungsprozesse (vgl. Reinmann & Mandl, 2006):

1. Lernen wird als aktiver Konstruktionsprozess verstanden, wonach Wissen nur über selbstständiges, eigenaktives und beteiligtes Lernen im Bildungsprozess erworben werden kann.
2. Lernen wird als konstruktiver Prozess verstanden, wonach neues Wissen nur verstanden und genutzt werden kann, wenn es an bereits vorhandene Wissensbestände anhand individueller Erfahrungen ankoppeln kann.
3. Lernen wird als ein emotionaler Prozess verstanden, wonach es von großer Bedeutung beim Lernen ist, dass während des Lernprozesses positive Emotionen wie zum Beispiel Freude und Humor empfunden werden können. Negative Emotionen wie beispielsweise Angst und Stress behindern dagegen Lernprozesse.
4. Lernen wird als ein selbstgesteuerter Prozess verstanden, wobei der Lernende beim Lernen das Gefühl und die Gewissheit braucht, selbst die Steuerung seines eigenen Lernprozesses in der Hand zu haben und ihn kontrollieren zu können.
5. Lernen wird als ein sozialer und situativer Prozess verstanden, bei dem der Erwerb von Wissen in der Interaktion mit Anderen geschieht. Da Wissen in Beziehung mit bestimmten Situationen und Kontexten steht, findet Lernen im Rahmen einer spezifischen Lernumgebung statt, die für die Herausbildung zentraler Kompetenzen relevant ist.

Gute Lernumgebungen machen den Einbezug authentischer Situationen und realer Problemstellungen im Anwendungsgebiet des jeweiligen Bildungsangebotes erforderlich, um darüber praxisbezogenes Wissen zu fördern und den Lernenden die direkte Auseinandersetzung mit den Aufgaben im jeweiligen Handlungsfeld aus unterschiedlichen Perspektiven zu ermöglichen. Verschiedene situative Bedingungen schaffen den flexiblen Umgang mit

Wissen und seiner Weiterentwicklung sowie die Fähigkeit, dieses je nach Lage der Situation einsetzen zu können.

Weiterhin benötigen gute Lernumgebungen das Angebot sozialer Lernarrangements, worüber die Fähigkeiten zur Kooperation und zur Lösung von Problemstellungen sowie die Anregung von Prozessen gefördert und stimuliert werden. Lou, Abrami und d'Apollonia (2001) zeigten in einer Metastudie, bei der die Lernerfolge von Gruppen und im Einzelsetting Lernenden verglichen wurden, dass Gruppenarbeit einen deutlich positiveren Effekt auf kognitive, emotionale und prozessorientierte Aspekte des Lernerfolges aufwies als individuelles Lernen. Dabei erzielten die Gruppen sowohl bessere Ergebnisse als Gruppe insgesamt als auch bezogen auf individuelle Lernerfolge Einzelner in der Gruppe. Eine gute Anleitung und Unterstützung des Lernprozesses durch sinnvolle Aufgabenstellungen und die Begleitung des Gruppenprozesses anhand guter Regeln und einer Feedbackkultur gelten ebenfalls als wichtige Bestandteile einer guten Lernumgebung. Für den Lehrenden leitet sich daraus ein dynamisches flexibles Vorgehen ab.

Im Zeitalter des lebenslangen Lernens brauchen Lernumgebungen ein Arrangement, durch das die Lernenden auf der Basis ihres bereits erworbenen Vorwissens das neue Wissen so erfahren und integrieren können, dass es für ihren persönlichen und berufsbezogenen Bildungsprozess als hilfreich wahrgenommen wird. „Die Initiierung von Lernprozessen und die Aufrechterhaltung der Motivation stellen in diesem Kontext zentrale Herausforderungen an den Lehrenden dar" (Mandl & Kopp, 2006, S. 126).

Bei der Frage, wie ein Lehr- und Lernarrangement gestaltet sein könnte, um bestmögliche Impulse für fachliche und persönliche Entwicklungsprozesse anzubieten, steht potenziell ein großes Repertoire an methodischen und interaktiven Möglichkeiten zur Verfügung. Erziehungswissenschaftliche und fachdidaktische Erkenntnisse aus der Lehr- und Lernforschung sowie aus der psychologischen Interventionsforschung beschäftigen sich mit der Beschreibung, Erklärung und Optimierung von Lehr-Lern-Prozessen, genauer gesagt: mit Fragen, ob eine bestimmte Intervention und auf welche Weise sie zu einer relevanten Veränderung führt. Arnold (2018) hat „29 Regeln für eine kluge Lehre" in Schule und Erwachsenenbildung entworfen, die dem systemischen Modell folgen und sich als Türöffner für ein offenes experimentierfreudiges Vorgehen zur guten Gestaltung von Bildungsprozessen verstehen. Sein entwickeltes Lernmodell „LENA" steht für Lebendigkeit und Nachhaltigkeit.

Bei Lehr- und Lerninteraktionen handelt es sich um intersubjektive Austauschprozesse. Die Berücksichtigung von Vielfalt und Unterschieden von Personen und ihrer jeweiligen Perspektiven und Kontexte eröffnet einen Raum, diese als Bereicherung und Zugewinn an Möglichkeiten zu nutzen.

Pestalozzis dreidimensionales Theoriemodell des dynamischen Zusammenspiels von Kopf, Herz und Hand steht bis heute im Zentrum ganzheitlicher Bildung, das sich an individuellen Lernprozessen orientiert (vgl. Vogel & Pestalozzi, 2016). Dabei werden kognitiv-intellektuelle, körperliche und affektiv-emotionale Aspekte berücksichtigt. Ebenso ist der pädagogische Ansatz von Montessori bis heute ein angewandtes Bildungskonzept, in dem der Lernende als „Baumeister seines Selbst" beschrieben wird und der Lehrende auf der Grundlage seiner Beobachtung des Lernenden prozesshaft geeignete didaktische Methoden anbietet, um seinen individuellen Lernprozess zu fördern (vgl. Schumacher, 2016). Auch die moderne pädagogische Lehr- und Lernforschung wie etwa die humanistische Pädagogik beschäftigt sich mit der Bedeutung und den Formen entwicklungsförderlicher Interaktionsgestaltung in Bildungsprozessen. Professionalisierungskonzepte, ihre jeweilige Handlungspraxis sowie die besondere Relevanz der Beziehungsebene stehen innerhalb von Lehr- und Lernprozessen transformativer Ausrichtung in einem sich wechselseitig bedingenden Zusammenhang (vgl. Bohnsack, 2008; Fuhr & Gremmler-Fuhr, 1988; Graf & Iwers, 2019; Skiera, 2011).

Die humanistische Pädagogik macht Bildungsprozesse persönlich und setzt unter anderem an den Bedürfnissen des Lernenden an und gestaltet den Bildungsprozess mit Erfahrungsmöglichkeiten, wodurch Potenziale der Beteiligten berücksichtigt und freigesetzt werden können. In einem wertschätzend gestalteten Lernklima, welches das Selbstwertgefühl und persönliches Wachstum fördert, wird der Bildungsprozess von den Lernenden als interessant, verstehend und unterstützend empfunden. Die humanistische Pädagogik erkennt die wichtige Rolle von Gefühlen an und verwendet persönliche Werte und Wahrnehmungen als integrierte Teile des persönlichen und professionellen Entwicklungsprozesses. Darüber eröffnet sich ein Raum, in dem der Einbezug und die persönliche Beteiligung des Lernenden mit seinen Wünschen, Potenzialen und auch Konflikten im Fokus stehen. So entwickeln sich Hand in Hand professionelle und persönliche Entwicklungsvorhaben auf der Basis mitmenschlichen Respekts und eines guten Umgangs mit Konflikten.

Sogenanntes ganzheitliches Lernen (vgl. Fatzer, 2011) betrachtet sowohl die einzelne Person als auch die Gruppe, das inhaltliche Thema und das Umfeld oder den Kontext, in dem das Bildungsangebot stattfindet. Erkenntnisse aus den Neurowissenschaften belegen ebenfalls die Sinnhaftigkeit des ganzheitlichen Lernens. Der Neurobiologe Gerald Hüther betont, dass nachhaltiges Lernen gelingt, wenn die Lerninhalte als bedeutsam erachtet werden und der Lernprozess emotionale Situationen beinhaltet und unter die Haut geht (vgl. Heinrich, Hüther & Senf, 2020; Hüther, 2020). Embodimentansätze, die sich mit der Wechselwirkung von Körper und Psyche befassen, beschreiben ebenfalls ausführlich Tschacher, Storch, Hüther und Cantieni (2017) und Hauke und Lohr (2020) sowie im Kontext des Kompetenzdiskurses Erpenbeck, Rosenstiel, Grote und Sauter (2017).

## 2.1 Lerntheoretische Ansätze in Professionalisierungsprozessen – Verbindung von allgemein Gültigem mit individuell Gültigem

Wie Wissen generiert, validiert und kommuniziert wird und wie man etwas wissen kann, versuchen unterschiedliche Modelle zu erklären. Aus der Perspektive des interaktionistischen Konstruktivismus[7] betrachtet, ist Wissen ein relativer konstituierter Beitrag von mehreren Möglichkeiten. So bildet demnach ein Wissensbeitrag stets einen intersubjektiv hervorgehobenen Ausschnitt, der als ein Theoriemodell der Generierung von Wissen mit dem Ansatz evidenzbasierter Praxis vereinbar erscheint (vgl. Mandl & Reinmann-Rothmeier, 2016; Reich, 1998; Willke, 2011).

Dieser unter anderem der Psychotherapieforschung zugeordnete Ansatz geht von der wechselseitigen Abhängigkeit mehrerer Wissensquellen aus: dem theoretischen sowie erfahrungsgestützten Wissen, dem forschungsbasierten Wissen und der Selbsterkenntnis der Person im Einzelnen (vgl. APA, 2006). Letztere umfasst sämtliche Erfahrungen einer Person im Umgang mit bisherigen Entwicklungsaufgaben und Problemstellungen sowie ihr individuelles Verständnis von Veränderung einschließlich dem eigenen „Veränderungs-Code" im Kontext subjektspezifischer Innen- und Außenwelten.

Dieses Modell folgt dem Paradigma einer klientenzentrierten Forschung und Wissensgenerierung (vgl. Howard, Moras, Brill, Martinovich & Lutz, 1996). Es verbindet damit drei Evidenzebenen der Psychotherapieprozessforschung: das Wirkungsvermögen („efficacy"), die Effektivität im naturalistischen Setting („effectiveness") und das Wirksamkeitserleben im Einzelfall, auch als ideografische Wissensebene bezeichnet. Diese Kombination evidenzbasierter Praxis, bei der sowohl wissenschaftliche Erkenntnisse mit

[7] Der insbesondere in der Pädagogik und Didaktik eingeführte Begriff des interaktionistischen Konstruktivismus bezeichnet Lernprozesse mit authentischen Situationen. Einem Wissenserwerb als „träges Wissen" wird dadurch vorgebeugt – der Lernende kann seinen jeweiligen Kontext mit dem erworbenen Wissen verbinden, was als situiertes Wissen bezeichnet wird. Erfahrung, Reflexivität und die daraus resultierenden Perspektiverweiterungen bilden dabei fachspezifische Elemente und werden in der auch als „Ermöglichungsdidaktik" bezeichneten Lehr- und Lernform mit den Prinzipien der Selbstorganisation und Selbststeuerung angewandt (vgl. Arnold, 2018).

daraus abgeleiteten Gesetzmäßigkeiten oder Standardisierungen in Form einer einzelfallunabhängigen „empfohlenen Behandlungsweise“ als auch die Ebene des einzelfallabhängigen subjektiven Erlebens von Wirksamkeit miteinander kombiniert werden, verbindet auf diese Weise Allgemeingültiges mit individuell Gültigem. Dieser Ansatz folgt der Idee, Anliegen und Prozesse zirkulär zu betrachten, intra- und interpersonelle Hypothesen zu generieren und damit in Zusammenhang stehende Interventionsangebote als entwicklungsförderliche Impulse zur Verfügung zu stellen. Auf diese Weise können sich über neue Erfahrungen neues Wissen und Erkenntnisse entwickeln, die auf der Ebene der Person in ihrem Umfeld als subjektiv attraktiv und sinnvoll empfunden werden und als evident wirksam zum Ausdruck kommen können.

Der Frage, wie Beratung gelehrt werden kann, wird zum Beispiel in Form von Erfahrungen, Geschichten und Reflexionen aus der Praxis nachgegangen – wie die Veröffentlichung „Beratung lehren“ zeigt, in der 30 Lehrende aus unterschiedlichen Theorie-, Verfahrens- und Praxisbezügen heraus ihr Verständnis der professionellen Identität im Beratungsberuf darlegen (vgl. Rohr, Hummelheim & Höcker, 2016). In dieser Zusammenschau spiegelt sich auch die Vielschichtigkeit der Beratungsberufe auf dem Feld der Lehre und Weiterbildung wider.

Auf der Ebene angemessener lerntheoretischer Modelle in Professionalisierungscurricula für Beratungs- und Therapieberufe erscheinen die im Folgenden genannten Ansätze erwähnenswert. Bandura und Walters entwickelten ein Lernmodell mit vier Phasen. Darin bezeichnet die erste Phase die „unbewusste Inkompetenz“ (ich weiß nicht, dass ich etwas nicht weiß oder kann) und die darauf aufbauende zweite Phase die „bewusste Inkompetenz“ (mir wird bewusst, dass ich etwas nicht kann). Es folgt Phase drei, bezeichnet als „bewusste Kompetenz“ (ich weiß, was ich kann), an die sich Phase vier anschließt, die „unbewusste Kompetenz“ (ich mache etwas, ohne noch darüber nachzudenken, wie es geht). Bandura hebt zudem die starke Relevanz des Modelllernens in seiner Theorie und seinen Forschungsergebnissen hervor (vgl. Bandura, 1976, 1979). Dabei werden vor allem vier lernförderliche Fähigkeiten aktiviert: 1) als Beobachter einem Lernmodell Aufmerksamkeit entgegenzubringen, 2) das Beobachtete aktiv im Gedächtnis zu behalten oder abzuspeichern, 3) das Beobachtete selbst zu wiederholen, das heißt nachzuahmen, und dabei 4) Erfolge zu erleben, die als Verstärker und Motivator wirken. Eine lerntheoretische Veröffentlichung von Glasersfeld (2016) hebt drei bedeutsame Typisierungen von Lernen hervor: Lernen durch Wiederholung, Lernen durch Imitation und Lernen durch Begreifen. Auch in diesen genannten Lerntheorien und empirischen Lernbefunden gilt die Qualität der

Beziehung zwischen Lehrendem und Lernendem, bezogen auf den Lernerfolg, als einflussreich. Dabei empfiehlt sich, auch den Aspekt zu beachten, inwieweit das jeweils Gelernte oder das Modell zur eigenen Person, zum individuellen Profil und der Performanzleistung passt, um sich gegebenenfalls davon auch wieder zu verabschieden und sich an anderen Möglichkeiten zu orientieren (vgl. Lieb, 2016).

Banduras und Glasersfelds Lerntheorien, wonach sich Lernen über den Verlauf von unbewussten zu bewussten Kompetenzen sowie durch Wahrnehmung, Erfahrung, Modelle und Reflexion vollzieht, finden in den Curricula bzw. Lehr- und Lernkulturen von Professionalisierungsprozessen für beratende und therapeutische Handlungsfelder vielfache Beachtung und Anwendung. Die Person des Lernenden als angehender Berater oder Therapeut ist auf der professionellen Handlungsebene Mitgestalter der Beziehung zwischen ihm und seinen Klienten bzw. Patienten und stellt darüber selbst von Anfang bis Ende einen zentralen Wirkfaktor im Veränderungsprozess dar. Dies wird durch den in zahlreichen Studien nachgewiesenen Zusammenhang zwischen der Beratungs- oder therapeutischen Beziehung und dem Beratungs- bzw. Therapieerfolg belegt (vgl. Flückiger, 2018; Kaimer & Preß, 2016; Wampold, 2018). Gleichzeitig gilt dieses wechselwirkungsdynamische Geschehen auch in Bezug auf die Beziehung zwischen Lernendem und der Lerngruppe bzw. den Lehrenden sowie allen weiteren Beteiligten und Einflussgrößen während des gesamten Professionalisierungsprozesses.

Die große Relevanz der Beziehungsqualität im Kontext von Therapie- und Beratungstätigkeiten legt nahe, dass die Person des Beraters bzw. Therapeuten selbst über umfassende Erfahrungen mit sich als Person und ihrer Kontextdynamik benötigt und Reflexions- und Beziehungskompetenzen erlernen sollte. Zum Zusammenspiel von inneren und äußeren Verhältnissen im Menschen formuliert Schulz von Thun folgende Leitfrage: „Wie kann der Mensch, der mit sich selbst nie ein Herz und eine Seele ist, wie kann dieser plurale Mensch mit sich selbst so klarkommen, dass er nach außen deutlich und kraftvoll kommunizieren und nach innen im harmonischen Einklang mit sich selbst sein kann“ (Schulz von Thun, 2013, S. 20). Die Erkenntnisse, die eine Person über sich selbst durch Bewusstwerdungs- und Reflexionsprozesse hinzugewinnt, gelten als Grundlage und Voraussetzung für das Verstehen von Anderen. Die Timeline aus Rückblick, Gegenwartssicht und Ausblick, die Reflexion der persönlichen Geschichte und kontinuierlichen Entwicklung gehören demnach als wichtiges Element zum zu erlernenden Repertoire und Training eines Beraters und Therapeuten. Auch Maturana und Varela weisen in ihrem Werk „Der Baum der Erkenntnis“ über die Entwicklung des Lebens darauf hin: „Jedes Tun ist Erkennen, und jedes Erkennen ist Tun“ (Maturana & Varela, 1987, S. 31).

## 2.2 Transformation durch subjektiv bedeutsame Fragen

Betrachtet man Veränderung als Wandlungs- bzw. Transformationsprozess, führt dies im Kontext der hier behandelten Thematik auch zum Begriffspaar des „transformativen Lernens“ (vgl. Eschenbacher, 2018; Singer-Brodowski, 2016). Es wird auf Mezirow, einen US-amerikanischen Lehr- und Lernforscher, zurückgeführt, der in den 1970er-Jahren die sogenannte transformative Lerntheorie entwickelt hat (vgl. Mezirow, 1997). Mezirow vertritt mit seiner Theorie den Ansatz, dass durch kritische (Selbst-)Reflexion eigene Annahmen und Bedeutungszuschreibungen verändert und erweitert werden. Dies geschehe vor allem durch Wechselwirkungsprozesse in Form der Beteiligung an Diskursen mit Anderen oder durch grundsätzlich als interessant empfundene Anregungen, wie zum Beispiel die Betrachtung eines Gemäldes, das Hören eines Musikstückes oder das Lesen eines Gedichtes. Impulse jeglicher Art können eigene Annahmen verändern bzw. erweitern. Insbesondere werden Veränderungen vor allem durch solche Phasen bewirkt, in denen sich ein Mensch durch krisenhafte Lebensereignisse als instabil und damit als suchend erlebt.

Die transformative Lerntheorie basiert auf den Theorien des Konstruktivismus, Humanismus, der Kritischen Theorie und der dynamischen Systemtheorie. Subjektive Bedeutungszuschreibungen bestimmen Wahrnehmung und Verstehen mit und beeinflussen die Interpretation einer Erfahrung. Dieser auch als „frame of reference“ bezeichnete Ausschnitt wird Mezirows Theorie nach durch Sozialisationsprozesse erworben und im Laufe des Lebens durch unterschiedlichste Einflüsse ständig modifiziert.

Beim transformativen Lernprozess handelt es sich um einen bewussten Prozess, der mit einer Komplikation beginnt und durch kritische Reflexion weiterentwickelt wird. Danach versuchen Menschen für ihre Erfahrungen sinnvolle Bedeutungen zu entwickeln, die sich in ihrem Denken, Fühlen und Handeln widerspiegeln; aus dieser Perspektive betrachten sie sich und ihre Umwelt. Dieser Prozess des Wechsels zwischen stabilen und instabilen Bedeutungsschemata ist Bestandteil des gesamten menschlichen Entwicklungsverlaufs. In der theoretischen Weiterentwicklung dieses Ansatzes wird von einer prozessorientierten Theorie gesprochen und dabei stärker die Bedeutung des Unterbewussten und der Emotionen oder auch gesellschaftlicher Komponenten reflektiert und betont (vgl. Mezirow, 1997; Mezirow & Taylor, 2009; O’Sullivan, 1999, 2004; O’Sullivan, Morrell & O’Connor, 2002; Taylor & Cranton, 2012).

Die Beschäftigung und Auseinandersetzung mit subjektiv bedeutsamen Fragen und persönlichen Entwicklungsaufgaben ist im Professionalisierungsprozess speziell für Tätigkeiten in Beratung und Therapie von hoher

Bedeutung. Die Lehrenden und die Lerngruppe sind hier Ansprechpartner und Modell als Beteiligte im Entwicklungsfeld. Daran angekoppelt bietet der direkte Kontakt mit Klienten im professionellen Handlungsfeld weitere konkrete Erfahrungen unterschiedlichster Ausprägung, aus denen sich subjektiv bedeutsame Fragen und Themen entwickeln können. Ein rein methodischer Wissenserwerb, der lediglich „Tools" demonstriert, würde für diese Aufgaben zu kurz greifen und das Erlernen der Hauptkomponenten professioneller Veränderungsprozessgestaltung vernachlässigen. „Es wird begierig nach leicht zu lernenden Techniken gegriffen. Das hilft eine Zeit lang, aber wenn man sich davon nicht lösen kann, stagniert die persönliche Entwicklung. Der Wert des eigenen Könnens wird noch extern, durch Beurteilungen anderer reguliert. […] Auch die empirische Forschung visiert mit Manualen und Leitlinien die Optimierung leicht zu lernender Technik an – und wo sie sich darauf fixiert, stagniert ihre Entwicklung. Sie hält auf dem Level des Zauberlehrlings fest. Er kann die Geister rufen, aber was macht er mit ihnen?" (Buchholz & Gödde, 2006, S. 438).

Die personale Interaktion gilt als Qualitätskriterium von Interventionen. Die als Berater oder Therapeut tätige Person ist selbst gleichsam Intervention, die sich im Rahmen der Beziehungsgestaltung auswirkt (vgl. Grunwald & Thiersch, 2016; Zwicker-Pelzer, 2010). Ihre wahrgenommene Qualität bildet den Nährboden für das Zusammenspiel aller Wirkfaktoren im Veränderungsprozess. Dafür braucht es im Vorfeld bzw. parallel selbst erfahrene intrapersonell und interpersonell bedeutsame Interventionserfahrungen mit Reflexionsprozessen und daraus resultierendem Erleben von Entwicklung und Wandel.

Buchholz und Gödde sprechen hier von „professionellen Reifephasen" und knüpfen damit an die Theorie der sozialen Systeme von Luhmann (2002) an, der von einer „therapeutischen Autopoiesis" oder „Selbst-Generierung" ausgeht, die auf drei Ebenen abläuft. Verstanden als systemische Selbstreferenz, interagieren die basale, prozessuale und reflexive Ebene im Sinne der „Wiederherstellung des therapeutischen Selbst" (Buchholz & Gödde, 2006, S. 438). Basal meint in diesem Zusammenhang die Sicherstellung der grundlegenden Einheit im Sinne der Befriedigung existenzieller Bedürfnisse, wie zum Beispiel Schlaf und Nahrung. Die prozessuale Ebene als Handlungsebene des therapeutischen Selbst mit ihren konzeptabhängigen Ausdrucks- und Gestaltungsformen und die reflexive Ebene in ihrer Wechselwirkungsdynamik mit der professionellen Praxis stellen die beiden weiteren interagierenden Ebenen systemischer Selbstreferenz dar. „Es ist vielleicht ausreichend zu sagen, dass wir uns nicht vorstellen können, dass Leitlinien, wie ausgereift auch immer, klinische Konsequenz und Erfahrung je ersetzen können werden, genauso wenig wie die Straßenverkehrsordnung geschicktes Fahren ersetzen kann“ (Fonagy & Roth, 2004, S. 312).

Aus dieser Perspektive sollte ein Professionalisierungsprozess im Kontext von Therapie und Beratung vor allem Gelegenheiten für umfassende Möglichkeiten personaler Interaktion bieten, wobei der Lernende mit seiner individuellen Persönlichkeit und seinen Möglichkeiten und Fähigkeiten zur professionellen Beziehungsgestaltung im Fokus steht und für sich selbst bedeutsame Fragen und Anliegen entwickeln kann.

## 2.3 Der Einzelne und die Anderen als Interaktionspartner für Veränderung

Insbesondere im Mehrpersonensetting, wie zum Beispiel bei einer Lerngruppe, inszeniert sich das Unbewusste[8], wie es dem Einzelnen ohne ein Gegenüber nicht ersichtlich werden kann. Dies gilt vor allem für das Interaktions- und Beziehungsverhalten und -erleben, also die Art und Weise, wie sich ein Einzelner in der Beziehung mit Anderen und umgekehrt: die Anderen in ihrer Beziehung zum Einzelnen erleben und damit umgehen.

Nach Sigmund Freud kommt im Seelenleben des Einzelnen immer der Andere als Helfer vor (vgl. Freud, 1890). Wilfred Bions Auffassung nach hat ein Individuum das Bedürfnis, sich sozial zugehörig zu fühlen; es möchte Teil einer Gruppe sein. Die Gruppe erlebe und handele wie jedes Individuum auf unterschiedlichen Ebenen als eine Art personenähnliche Einheit (vgl. Bion & Beland, 2018). Der Religionsphilosoph Martin Buber beschreibt, dass der Mensch am Du zum Ich werde und unterstreicht damit ebenfalls die Bedeutung persönlicher Entwicklung in der Beziehung mit Anderen. Erst durch die Begegnung mit dem Anderen, einem „Du“, entstehe das „Ich“ in Abgrenzung zu seiner Umwelt (vgl. Bohnsack, 2008). Nach Irvin Yalom ermöglicht die Teilnahme an einer Gruppe, in der es um Themen der persönlichen Entwicklung und Klärung individueller Themen geht, vor allem, dass interpersonelles Verhalten durch die Einbindung von Außenperspektiven anderer Gruppenmitglieder einer weiterführenden Reflexion zugänglich gemacht werden kann (vgl. Yalom & Geuter, 2010). Darüber können die verschiedenen individuellen Interaktionsmuster vertiefter verstanden werden

[8] Die Tiefenpsychologie geht davon aus, dass bei jedem Menschen in allen Lebensphasen unbewusste psychische Prozesse das Handeln, Denken und Fühlen entscheidend beeinflussen. Die Bewusstmachung und Anerkennung unbewusster Vorgänge könne Menschen in ihrer Persönlichkeitsentwicklung unterstützen (vgl. Wirtz, 2017). Neurobiologische Forschungsergebnisse und Erkenntnisse aus der Hirnforschung haben durch die Möglichkeit bildgebender Verfahren die Annahme des Unbewussten bestätigt (vgl. Damasio, 2013).

und sich auch in Verbindung mit der jeweiligen persönlichen Geschichte und ihrer Entwicklung erklären lassen. So werden neue Informationen für die eigene Person zugänglich und Möglichkeiten für bewusstere Gestaltungsformen von Beziehungen und Veränderungen gegeben. Für das professionelle Handeln in beratenden und therapeutischen Tätigkeitsfeldern gilt diese Selbsterfahrung als wichtiges Qualitätsmerkmal. Durch die Wahrnehmungen und Fragen Anderer an die einzelne Person können die „blinden Flecke“ sichtbarer gemacht werden, und die Bewusstheit des eigenen Selbst kann sich erweitern. Dies bezieht sich sowohl auf als „Störung“ wahrgenommene Aspekte als auch auf Potenziale bzw. Ressourcen (vgl. Janssen & Sachs, 2018).

Nach diesen Vorstellungen und Annahmen ermöglicht eine Lerngruppe in Professionalisierungsprozessen intra- und interpersonelles Lernen. Die Gruppe als Intervention für Wandlungsprozesse dient als Beratungsinstrument und Resonanzraum. Sie bietet eine gute Umgebung für Selbstorganisations- und Selbststeuerungsprozesse in der Beziehung mit Anderen, für Prozesse des Wahrnehmens, der Bewusstwerdung, des Verstehens und der Entwicklung, die eine Person allein mit sich selbst in dieser vielfältigen Form nicht in diesem Ausmaß erwirken kann (vgl. Edding & Schattenhofer, 2015; Janssen & Sachs, 2018). In der Äußerung Kurt Lewins (1982), dass das Ganze mehr als die Summe seiner Teile ist, zeigt sich ebenfalls diese Perspektive und der Gedanke, aus Erkenntnispotenzialen des Zusammenspiels für den Einzelnen und für das Gesamte reichlich schöpfen zu können.[9] In therapie- und beratungsbezogenen Professionalisierungsprozessen sind somit Lehr- und Lerngelegenheiten im Gruppensetting unter der Berücksichtigung gruppendynamischer Prozesse und ihrer Reflexionsebenen für die persönliche und professionelle Entwicklung förderlich. Gleichzeitig dienen sie als Modell und starker Fundus an fachlichem Repertoire für praxisrelevante Situationen. Weiterbildung, verstanden als kommunikatives System, fördert so gesehen die professionelle Entwicklung durch die persönliche Entwicklung. Auf diesem Weg entwickelt sich eine Art Erwerb von „Wissen, das nicht ‚über etwas‘ verfügt, sondern ein Wissen, das nur gekannt werden kann, wenn die eigene Person sich entwickelt, ohne den Kontakt zu den eigenen Verwundungen zu verlieren“ (Buchholz & Gödde, 2006, S. 448).

---

[9] Zur Bedeutung von neurowissenschaftlichen Erkenntnissen in Verbindung mit der Bindungstheorie und den allgemeinen Wirkfaktoren der Psychotherapieprozessforschung in Gruppen vergleiche auch die Veröffentlichungen von Janssen und Sachs (2018) und Forsyth (2019).

## 2.4 Implizites Wissen durch implizites Lernen

Implizites Wissen als Kompetenz-Dimension im Professionalisierungsprozess wird in der Regel durch implizites Lernen erworben. Unter „embodied knowledge“ werden weitreichendere Formen und Inhalte impliziten Wissens – auch stilles Wissen (tacit knowledge) genannt – beschrieben. Der Begriff des impliziten Wissens kommt dem, was Bandura mit unbewusster Kompetenz oder was in der Soziologie mit Praxeologie gemeint ist, sehr nahe. Es meint alltägliches praktisches Handeln und wird auch als Körperwissen bezeichnet (vgl. Keller & Meuser, 2011). Ein Beispiel hierfür ist die Fähigkeit, auf dem Fahrrad das Gleichgewicht halten zu können, ohne darüber nachdenken zu müssen, wie man das macht. Dabei wirken stark verinnerlichte physische und psychische Prozesse. Neben „tacit knowledge“ wird auch der Begriff „tacit knowing“ verwendet, der die Prozesse des Könnens bzw. die Performanzregulation meint, mit dem dabei sich zeigenden Wahrnehmungs-, Entscheidungs- und Handlungsvermögen. Diese Idee folgt der Annahme, dass theoretisches Wissen niemals vollständig praktisches Können einholen kann, was Polanyi zu der Feststellung veranlasst: „Wir wissen mehr, als wir zu sagen wissen“ (Polanyi, 1985, S. 15).[10]

Praxiseinbeziehendes Lernen innerhalb eines gruppendynamischen Geschehens unterstützt fachliches und vor allem implizites Lernen, was neurodidaktische Erkenntnisse bestätigen.[11] Eine pädagogisch orientierte Neurophysiologie des Lernens befasst sich mit den Zusammenhängen von Lernen und Physis. Dabei wird davon ausgegangen, dass Lernprozesse neben kognitiven Gedächtnisleistungen auch physischen körperlichen Vorgängen entsprechen. Bereits Maturana und Varela haben eine biologische Theorie der Kognition mit dem Konzept der Autopoiese entwickelt und sprechen sich

[10] Aufbauend auf Polanyis Modell haben Nonaka und Takeuchi (2012) auf dem Gebiet der Organisationsforschung ein weiterführendes Modell (SECI-Modell) entwickelt, bei dem sie die Erzeugung einer kontinuierlichen Transformation zwischen implizitem und explizitem Wissen veranschaulichen. Dabei führen aufeinander aufbauende, in Wechselwirkung befindliche Prozesse von implizit zu explizit (Externalisierung), explizit zu explizit (Kombination), explizit zu implizit (Internalisierung) und implizit zu implizit (Sozialisation) zu sich spiralförmig nach oben entwickelnden individuellen und organisationalen Wissensstufen. In der Organisationstheorie haben Don Beck und Christopher Cowan das Modell der „Spiral Dynamics“ entwickelt, welches auf den Grundideen des Psychologen Graves basiert. Es nimmt ähnlich wie bei Maslow eine bedürfnisorientierte menschliche Entwicklungsdynamik an und teilt dabei Stufen der Bedürfnisbefriedigung mit sogenannten „Wert-Memen“ ein, wobei mit „Mem“ das kulturelle Pendant zum biologischen Gen gemeint ist (vgl. Beck & Cowan, 2014).

[11] Neurodidaktik gilt als Oberbegriff für unterschiedliche praxisorientierte didaktische und pädagogische Ansätze, die insbesondere Erkenntnisse aus den Neurowissenschaften und aus der Hirnforschung einbeziehen (vgl. Arnold, 2002).

in ihrem Werk „Baum der Erkenntnis“ für die Idee der physischen und kognitiven Verbundenheit in Bildungsprozessen aus (vgl. Maturana & Varela, 1987). Lernen wird demnach nicht nur auf kommunikativer Ebene, bezogen auf soziale Beziehungen und kognitive Leistungen, reflektiert, sondern auch auf der physischen Ebene des Nervensystems und neuronaler Verbindungen. Erkenntnisse aus der biologischen Psychologie zeigen, dass beim Lernen morphologische Veränderungen in Form einer Erhöhung synaptischer Kopplungen zwischen sensorischen und motorischen Nervenzellen im neuronalen Zusammenspiel stattfinden (vgl. Pritzel & Markowitsch, 2017; Schandry, 2016).

Die beschriebene prozessuale Ebene des impliziten Wissens und personalen Könnens spielt in Professionalisierungsprozessen für beratende und therapeutische Handlungsfelder eine besondere Rolle und betont die Bedeutung einer Verbindung persönlicher und fachlicher Aspekte in Professionalisierungsprozessen. Zentrale Aufgabe in diesen beruflichen Handlungsfeldern ist das Herstellen und Aufrechterhalten einer guten Beziehung mit dem Klienten bzw. Patienten, auf deren Ebene die Gestaltung und Führung eines veränderungswirksamen Prozesses erfolgt (vgl. Grunwald & Thiersch, 2016; Otto, Thiersch, Treptow & Ziegler, 2018; Wampold, 2018, 2020; Wampold & Imel, 2015). „Menschliche Lern- und Entwicklungsprozesse, die auf der Funktionsweise komplexer nichtlinearer Systeme beruhen, sind nur sehr begrenzt vorhersehbar […], sie reagieren nicht proportional auf noch so gut gemeinten Input […] und sind konsequenterweise linear nicht steuerbar“ (Schiepek, 2020, S. 39).

## 2.5 Affektive Lernerfahrungen in Professionalisierungsprozessen

Es spricht viel dafür, Lerninhalte in Professionalisierungsprozessen mit Erfahrungen von emotionaler Berührung, die Lernende sowohl ins Wanken geraten als auch wieder in den stabilen Stand finden lassen, zu verbinden und darüber intensive persönliche Entwicklungsprozesse zu ermöglichen (vgl. Erpenbeck et al., 2017; Krapp, 2005; Roth, 2015).

Kognitiv-emotionale Wechselwirkungen spielen im Rahmen der Kompetenzentwicklung eine entscheidende Rolle und haben Einfluss auf die Art und Weise, wie Lehr- und Lernangebote die persönliche und professionelle Entwicklung anregen oder zum erwünschten Erfolg führen können. Die dynamische Energetisierung von Personen und Prozessen, auch im Kontext von Professionalisierung, regt Selbstorganisationsprozesse an und fördert darüber auch Konfliktbearbeitungen (vgl. Ballreich, Ciompi, Glasl & Schlippe, 2016). Kognition, verstanden als psychische Fähigkeit der Informationsaufnahme, -verarbeitung und -speicherung in Verbindung mit Motivation, als unsichtbare Antriebskraft zur Aufrechterhaltung von Ausdauer und Intensität benötigt die Berücksichtigung von Emotionen als Befindlichkeiten, die Körper, Psyche und Verhalten umfassen.[12]

Die Annahme der Bindungstheorie, dass Menschen ein angeborenes Bedürfnis nach Bindung und dem Erleben von Sicherheit, Zugehörigkeit, Anerkennung und Identitätsentwicklung haben, findet ihren Nachweis in mehreren Studien, die zeigen, dass eine gute soziale Anbindung mit einem guten Immunsystem korreliert. Positive Gefühle wie Freude, Begeisterung, Stolz, Dankbarkeit wirken sich begünstigend auf die Heilung von Verletzungen beispielsweise nach Operationen und auf die Effektivität und Regulierung des Immunsystems aus. Auch haben Studien belegt, dass die Fähigkeit, Emotionen differenzieren zu können, einen positiven Einfluss auf die Gesundheit hat, was sich durch weniger entzündliche Zustände im Körper zeigt. Dabei ist es laut Studienergebnissen unerheblich, ob es sich um als angenehm oder unangenehm empfundene emotionale Zustände handelt (vgl. Ong, Benson, Zautra & Ram, 2017).

Für ein Lehr-Lern-Design im Kontext von Professionalisierungsprozessen für therapeutische und beratende Handlungsfelder erscheint es daher wichtig, dass die Wechselwirkungen bzw. Interaktionen zwischen kognitiven, motivationalen und emotionalen Regulations- und Interaktionsmechanismen in selbstregulierten Lernprozessen Berücksichtigung finden. Dies lässt sich auch als Beitrag verstehen, der Bildungsangebote zur Entwicklung qualitativ angemessenen professionellen Handelns mit einem Wirkungsspektrum ausstattet, das in persönlichen und professionellen Entwicklungsprozessen Motivationsfaktoren und Befähigungen zum lebenslangen Lernen herausbildet.

Als Modell einer ganzheitlichen Betrachtungsweise des Wechselspiels von Psyche und Körper kommt dem subjektiven Erleben im Entwicklungsprozess eine zentrale Bedeutung zu. Dabei erhält auch die Selbstverantwortung für den individuellen Bildungsprozess einen Wert. Lernen mit Freude und Erfolg orientiert sich mit an der Frage, wie sich emotionale Berührung, Selbststeuerung und Selbstorganisation in einem Curriculum berücksichtigen lassen.

[12] Im Forschungsgebiet der Psychoneuroimmunologie und Psychoneuroendokrinologie wurden vielfältige Zusammenhänge und Wirkungsweisen zwischen körperlichen und seelischen Prozessen in Form neurobiologischer Verbindungen des limbischen Systems, des Thalamus als sensorisches System und des vegetativen Nervensystems bestätigt, das wiederum Impulse an die endokrinen Drüsen sendet, um Neurotransmitter und Hormone auszuschütten (vgl. Ehlert & Känel, 2011; Schubert, 2015; Schubert & Amberger, 2016).

## 2.6 Reflexionsfähigkeit in Verbindung mit Affekten

Das Mentalisierungskonzept bzw. Konzept der mentalisierten Affektivität von Fonagy integriert bindungstheoretische, psychodynamische und interaktionell systemische Konzepte (vgl. Asen & Fonagy, 2014; Taubner, 2016). Demnach leitet sich aus dem Erleben von Affekten die Fähigkeit ab, eigenes Verhalten und dasjenige anderer Menschen durch die Zuschreibung mentaler Zustände zu interpretieren, was als Mentalisierung bezeichnet wird (vgl. Fonagy, Gergely, Jurist & Target, 2018). Sinnliche einprägsame affektive Erfahrungen ermöglichen tiefergehende Verstehensprozesse. Mentalisierte Affektivität bedeutet die Transformation der Regulation von Affekten, die eine starke Bedeutung für Interaktions- und Selbstregulationsprozesse haben. Sie „hilft uns dabei, in ein und demselben Affekt neue Bedeutungen wahrzunehmen, statt lediglich neue Affekte zu erzeugen. Eine solche Affektivität hat das Ziel, den positiven Affekt zu stärken; sie sollte uns jedoch auch helfen zu lernen, negative Affekte zu akzeptieren und zu versuchen, sie zu bewältigen. Letztlich ist die mentalisierte Affektivität ein Charakteristikum des Bedürfnisses, die eigenen Affekte zu ergründen und zu reinterpretieren" (Asen & Fonagy, 2014, S. 437).

Dies verweist auf die Bedeutung dialogischer sowie metalogischer Prozesse oder Feedbackerfahrungen. Eine mentalisierte Rückmeldung verhilft zur Entwicklung stabiler Gefühle und zur Klarheit darüber, wie im Selbst die Anderen abgebildet sind bzw. wie im Selbst das Fremde erlebt wird, was nach Fonagy eine interaktive Funktion erfüllt und als Spiegelung des Affektverhaltens bezeichnet wird (vgl. Fonagy et al., 2018). In einem Beziehungsgeschehen kann sich die Beziehung zu den eigenen Affekten verändern, indem über neue Erfahrungen und Erkenntnisse ein Kompetenzzuwachs im Umgang mit ihnen entsteht. Darüber entwickelt sich die persönliche Beziehungsfähigkeit, bezogen auf sich selbst und andere, weiter.

Auch Bauer beschreibt unter Bezugnahme auf neurowissenschaftliche Erkenntnisse, wie sich ein Mensch zu einem Individuum entwickelt und dass dabei das „wahre Selbst" ein über die Zeit prozessuales Konstrukt von Resonanzen[13] im Sinne geteilter Erfahrungen mit Anderen darstellt (vgl. Bauer,

[13] Resonanz meint physikalisch die natürliche Schwingung eines Objektes mit seiner spezifischen Frequenz. Durch das Mitschwingen eines Körpers mit einem anderen Körper wird Resonanz erzeugt. Impulse erzeugen unterschiedliche Reaktionen, woraus Resonanzen, ein gemeinsames Mitschwingen und Verbindungen entstehen. Dies bezieht sich auch auf verbale und nonverbale Kommunikationsprozesse. Worte sind Sprache und Sprache ist Klang. Mit „Entrainment" – eine Unterkategorie von Resonanz – wird der Zustand bezeichnet, wenn sich Herz- und Atemfrequenz auf die Hirnwellenaktivität einstimmen (vgl. Hürler, 2009).

2019). In Luhmanns Systemtheorie bezeichnet Resonanz die Qualität der Fähigkeit eines Systems, auf der Grundlage seiner jeweiligen Struktur auf Umwelteinflüsse reagieren zu können. Je ausdifferenzierter ein System sei, so Luhmann, desto höher sei seine Resonanzfähigkeit. Ein nicht oder nur unzureichend resonanzfähiges System gelte in einer dynamischen Umwelt existenziell als gefährdet (vgl. Luhmann, 2017). „Gegebenheiten und Veränderungen unserer Umwelt haben permanent Wirkung auf uns, sie haben Aufforderungscharakter und erzeugen Annäherungs- und Vermeidungsgradienten“ (Schiepek, Eckert & Kravanja, 2013, S. 38).

In Professionalisierungsprozessen im Kontext von Beratungs- und Therapietätigkeiten stärken daher insbesondere Reflexionsprozesse ein tiefergehendes Verstehen der eigenen Person und ihrer inneren Interaktionsprozesse wie auch derjenigen im Austausch mit anderen. Neue Erkenntnisse über sich selbst sowie gewachsene Kompetenzen im Umgang mit sich selbst sind sinnvolle Transferbeiträge für die professionelle Rollenentwicklung im professionellen Interaktionsgeschehen mit Klienten.

# 3. Persönliche und professionelle Veränderungsprozesse – Erkenntnisse aus der Forschung

Psychologische Definitionen erklären, dass Veränderungen mit auf die Zukunft ausgerichteten Interessen und Wünschen in Verbindung stehen. Ferner gibt es die Unterscheidung zwischen quantitativen und qualitativen Veränderungen. Mit qualitativen Veränderungen sind Entwicklungsprozesse gemeint, die sich auf das Erreichen eines neuen weiterführenden Niveaus oder Reifegrades beziehen, wie zum Beispiel die Entwicklung von Individuen durch Sozialisations- und Lernprozesse. Die Impulse als Auslöser für Veränderungen kommen dabei aufgrund vielfältiger Ursachen zustande. Immer erfolgt bei einer Veränderung ein Wechsel von einem Zustand in einen anderen. Entwicklungspsychologische Definitionen von Veränderung befassen sich mit den psychologischen Veränderungen im Lebenslauf. Dabei wird davon ausgegangen, dass die individuelle Entwicklung sowohl durch soziokulturelle als auch soziale Erfahrungen, wie zum Beispiel in der Familie, im Freundeskreis oder am Arbeitsplatz, beeinflusst wird (vgl. Lang, Martin & Pinquart, 2011; Trautner, 2003; Zimprich, 2017). Eine therapeutisch bewirkte Veränderung ist nach Rosenbaum und Lutz (2018) ein nonlinearer, dynamischer und zielgerichteter Prozess, der auf psychologischen, physiologischen und sozialen Ebenen Veränderungen bewirken kann. Als Merkmale einer wirksamen Qualität von Veränderung gelten dabei das Eintreten oder die Steigerung von Wohlbefinden, positiven Erwartungen und Hoffnungen sowie das Wiedererlangen oder Entwickeln eines neuen Vermögens im Denken, Fühlen und Handeln. Dabei stehen die Interventionsbestandteile sowohl innerhalb therapeutischer Sitzungen als auch im Zeitraum zwischen den Sitzungen auf Mikro- und Mesoebene in Verbindung. Frühe und schnelle Veränderungen sowie unerwartete Veränderungssprünge können auf der Makroebene betrachtet werden (vgl. Lutz, 2017).

Der Aspekt der persönlichen und professionellen Entwicklung ist in diesem Buch zentral. Das dafür unterlegte Verständnis basiert auf dem humanistischen Modell und dem interaktionistischen Konstruktivismus (vgl. Boeckh et al., 2019; Kriz, 2011, 2014; Reich, 1998; Revenstorf, 2014). Aus dieser Perspektive wird persönliche Entwicklung als Entfaltung menschlichen Potenzials betrachtet, mit dem physisches und psychisches Wachstum und Wohlbefinden einhergehen (vgl. Kriz, 2001). Jeder Mensch erlebt aus seiner subjektiven Sicht kontinuierliche Veränderungen durch Erfahrungen und Einflüsse in seiner Umwelt einschließlich der Herausbildung von Annahmen über die eigene Person, das Selbstkonzept. Das in dieser Tradition stehende Fachgebiet der positiven Psychologie richtet bei der Definition von persönlicher Entwicklung den Fokus auf die Beachtung von Merkmalen wie reifere Bewältigungsformen von Stress- und Krisensituationen etwa durch Optimismus, Humor, Weisheit, Verzeihen, Spiritualität als Charakteristika für psychisches Wohlbefinden (vgl. Peseschkian, 2015, 2018; Rashid & Seligman, 2018; Streit & Wohlkönig, 2014).

Rogers (2018) führte aus Maslows Theoriemodell abgeleitete Begriffe wie Aktualisierungstendenzen (anstelle von Motiven) und Selbstaktualisierungstendenz (anstelle von Selbstverwirklichung) ein. Mit Selbstaktualisierungstendenz meint Rogers, dass der Mensch die Tendenz habe, positive Erfahrungen zu suchen und negative zu meiden. Dieses Vorgehen stabilisiere und halte sein positives Selbstkonzept aufrecht und schöpfe immer weiter das Potenzial zur Entfaltung seines Selbst aus. Dabei werden die Bedürfnisse erworben, die Rogers positive Wertschätzung und positive Selbstachtung nennt. Aus der subjektiven Wahrnehmung der eigenen Persönlichkeit, welche das Selbstkonzept definiere, entwickele sich im Verlauf dieses Prozesses auch das Ideal-Selbst, das heißt ein Wunschbild der eigenen Persönlichkeit. Rogers schloss aus einer hohen Übereinstimmung von Real- und Ideal-Selbst eine starke psychische Gesundheit. Humanistische Persönlichkeitstheorien und die sogenannte Positive Psychologie weisen die Beachtung dieser potenzial- und wachstumsorientierten persönlichkeitsentwickelnden Merkmale auf ähnliche Weise aus (vgl. Rashid & Seligman, 2018; Seligman & Csikszentmihalyi, 2000). Satir entwickelte auf der Grundlage systemischer Prämissen eigene Konzepte und Methoden zur Unterstützung und Förderung von Veränderungsprozessen und hat dabei die Bedeutung systemdynamischer Phasenverläufe in Veränderungsprozessen vom „Status quo" über „das Chaos" zum neuen Gleichgewicht bzw. neuen Status quo in Theorie und Praxis herausgearbeitet und insbesondere die Steigerung des Selbstwertgefühls als Schlüssel für Veränderung betont (vgl. Moskau, 1992; Satir, 2016; Satir & Baldwin, 1988).

Beständige Veränderung und Wachstum stellen, eingebunden in eine komplexe Dynamik, einen immerwährenden Prozess im gesamten Lebensverlauf eines Menschen bzw. sozialer Systeme dar. Die dynamische Systemtheorie betont die nichtlineare Dynamik und die Einzigartigkeit komplexer Systeme. Sie spricht sich für eine Prozessorientierung mit dynamischer Anpassungsfähigkeit an das Prozessgeschehen im Vorgehen aus. Dieser Ansatz repräsentiert ein transdisziplinäres Forschungsfeld, in dessen Zentrum die Erforschung und Beschäftigung mit sich durch Selbstorganisation verändernden Systemen steht (vgl. Gelo, Pritz & Rieken, 2016; Haken & Schiepek, 2010). Die mathematisch-physikalische Theorie nichtlinearer dynamischer Systeme – als sogenannte Chaostheorie bekannt – floss vor allem seit den 1980er-Jahren in die allgemeine Systemtheorie ein. Sie beschäftigt sich mit Ordnungen in dynamischen Systemen, vor allem bezogen auf das Verhältnis zwischen Unvorhersagbarem und Determinismus. In ihr finden unter anderem Ideen und Beobachtungen Beachtung, bei denen kleine Einflüsse eine große Wirkung entfalten. Bekannt geworden ist dieser Ansatz durch den sogenannten Schmetterlingseffekt und Erkenntnisse, wonach sich das Wetter nur ungewiss für längere Zeit voraussagen lässt, denn gleiche Anfangsbedingungen können zu ganz unterschiedlichen Ergebnissen führen. „Trotz aller Fortschritte der Komplexitätswissenschaften bleibt es ein Wesenskern des Komplexen, dass es nicht im Detail gekannt werden kann, dass es in seinem Verhalten nicht exakt vorhergesagt werden, dass es sich in ähnlichen Situationen unterschiedlich und in unterschiedlichen Situationen ähnlich verhalten und dass es nicht gezielt gesteuert werden kann“ (Strunk & Schiepek, 2014, S. 9).

Die Theorie komplexer Systeme gilt als die im Moment bedeutsamste Forschungsrichtung in der Systemtheorie im Kontext der Veränderungsprozessforschung. Mit herkömmlicher Mathematik nicht nachvollziehbare systemdynamische Veränderungen, die durch Prozesse der spontanen Selbstorganisation entstehen, stehen dabei im erkenntnistheoretischen Fokus. Die Komplexitätstheorie versucht Abläufe in lebenden, anpassungsfähigen und veränderlichen Systemen zu erklären. Insbesondere die Forschungsarbeiten von Holland und Gell-Mann sind im Kontext weiterer Studien zur Thematik komplexer adaptiver Systeme (CAS) hier hervorzuheben (vgl. Gell-Mann, 2000; Holland, 2014). Forschungsergebnisse in diesem Fachgebiet zeigen, dass komplexe Systeme aus mehreren miteinander in Verbindung stehenden Einzelelementen bestehen, die sich an die sie umgebende Umwelt „lernend“ anpassen, das heißt Erfahrungen integrieren. Die infolge des Zusammenspiels entstehenden neuen Eigenschaften oder Strukturen eines Systems, was auch als Emergenz bezeichnet wird, und das Prinzip der Selbstorganisation sind in diesen Analysen von Entwicklungs- und Veränderungsprozessen zentral (vgl. Greve, 2011).

In den Sozialwissenschaften wird mit professionellem Lernen ein Gebiet bezeichnet, das sich mit der Entwicklung professionellen Wissens und Handelns im beruflichen Kontext befasst. Es versucht Entwicklungsverläufe in Professionalisierungsprozessen besser zu verstehen, indem Wissenserwerb und Fähigkeiten, Lernprozesse sowie berufsbezogenes und berufliches Handeln in der schulischen Ausbildung und am Arbeitsplatz analysiert werden. Fragen, wie Menschen sich professionell entwickeln und wie diese Entwicklung unterstützt werden kann, stehen dabei im Mittelpunkt. Die in einem professionellen Feld Arbeitenden eignen sich professionelles Wissen, prozedurales Wissen, Fertigkeiten sowie Erfahrungswissen an und sind an seiner Fortentwicklung und Weitergabe beteiligt. Professionelles Lernen bzw. professionelle Entwicklung zeichnet sich demnach dadurch aus, dass es den Professionellen gelingt, professionell zu handeln, das heißt, erworbenes Wissen in die Praxis zu übertragen. Der Forschungsfokus zu Fragen professioneller Entwicklung liegt daher einerseits auf der Analyse individueller kognitiver, motivationaler und metakognitiver Verarbeitungsprozesse, andererseits auf der Untersuchung sozialer und organisationaler Merkmale, die individuelle Prozesse unterstützen oder hemmen können (vgl. Jossberger & Gruber, 2009).

Der „Kairos" – als nicht planbarer, einzig subjektiv stets stimmiger „kohärenter Zeitpunkt" für Veränderung – findet ebenfalls im Rahmen von Professionalisierungsprozessen seine Gültigkeit. Es geht dabei um „die qualifizierte Zeit, d. h. Momente, die z. B. in einer Therapie bestimmte Chancen bieten und Innovationen möglich machen. Man muss sie gewissermaßen beim Schopf packen" (Schiepek et al., 2013, S. 45). Dies betont die starke Bedeutung der Qualität in der Prozessgestaltung, die als „zentraler Punkt der therapeutischen Kunst und des Expertentums" (ebd.) gelten kann.

Dieser Überblick über Erkenntnisse der interdisziplinären Lehr- und Lernforschung sowie dynamischer Veränderungsprozesse kann das Verständnis der im Folgenden beschriebenen Verortung und des Wirkungspotenzials von Systemaufstellungen mit den darin liegenden Chancen für Bildungsprozesse unterstützen.

# 4. Der eigene Forschungsprozess – ein Überblick

Die Ausführungen in diesem Buch knüpfen an eine Pilotstudie an, die das subjektive Erleben von Veränderungen in Professionalisierungsprozessen am Beispiel von Supervisoren, Coaches und Organisationsentwicklern untersucht hat. Diese Pilotstudie erforschte in einem Zeitraum von drei Jahren Wirkfaktoren und Wirkungsweisen, die von Weiterbildungsteilnehmern und -teilnehmerinnen hinsichtlich ihres subjektiven Erlebens von persönlicher und professioneller Veränderung als einflussreich und wirksam beschrieben wurden.[14]

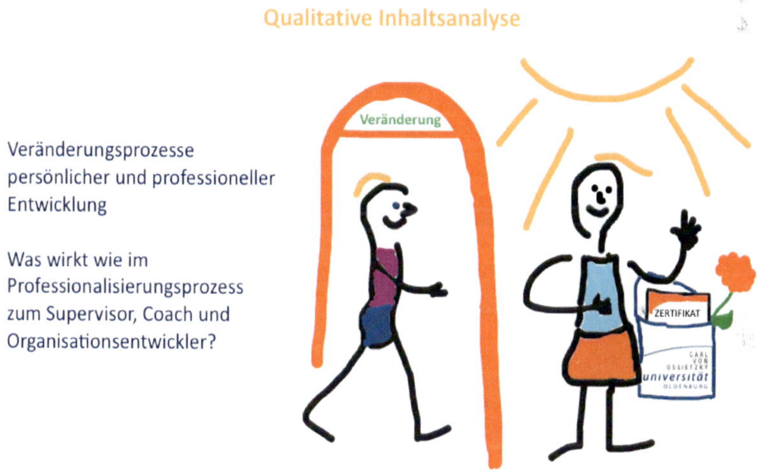


Abb. 4: Das Erkenntnisinteresse (eigene Darstellung)

Den Kern der Pilotstudie bildete eine multiperspektivische Betrachtung der Forschungsfrage: Mithilfe von drei wissenschaftlich fundierten Konzepten, die für die wissenschaftliche Aus- und Weiterbildung in Beratungs- und Therapieberufen mit ihren Handlungsfeldern von Bedeutung sind – systemische, psychodynamische und Bindungstheorie –, wurde auf den zentralen Aspekt

[14] Die vollständige Pilotstudie ist unter dem Titel „Veränderungsprozesse professioneller und persönlicher Entwicklung. Wirkfaktoren und Wirkungsweisen in Professionalisierungsprozessen am Beispiel von Supervisoren, Coaches und Organisationsentwicklern" im Verlag Vandenhoeck & Ruprecht unipress erschienen.

der Frage fokussiert, wie und wodurch Veränderungen in psychischen und sozialen Systemen geschehen und beeinflusst werden könnten.

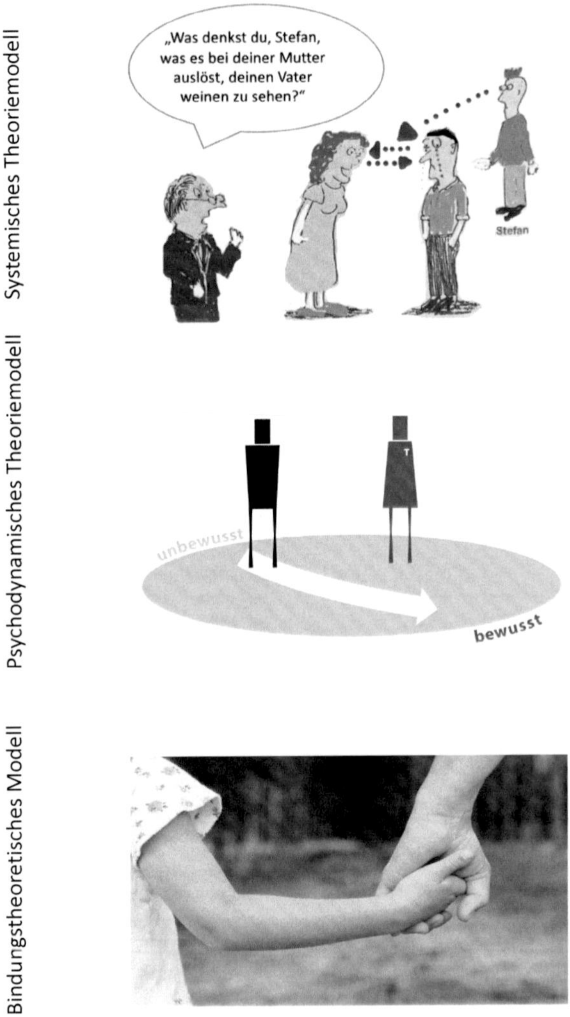


Abb. 5: Multiperspektivische Theoriezugänge (Quellen: Schlippe & Schweitzer, 2012, S. 254 [oben]; Rieforth & Graf, 2014, S. 170 [Mitte]; shutterstock 100800745 [unten])

Auf dieser theoretischen Grundlage wurden Erkenntnisse aus der Psychotherapieprozessforschung über die sich in Veränderungsprozessen als evident herausgestellten Wirkfaktoren sowie die generischen Veränderungsindikatoren in das Forschungsdesign einbezogen. Ihre Beschreibung wie auch die Analyse ihrer Wechselwirkungsdynamik bildeten eine weitere Komponente der theoretischen Herleitung. Hieran schloss sich eine detaillierte Betrachtung und Analyse der Übertragbarkeit dieses Verständnisses von Entwicklungs- und Veränderungsdynamik auf Professionalisierungsprozesse allgemein und speziell auf solche auf dem Gebiet von Supervision, Coaching und Organisationsentwicklung an.

In dem sich anschließenden empirischen Teil der Pilotstudie wurden mithilfe einer qualitativen Inhaltsanalyse in einem Zeitraum von drei Jahren mehrfach Datenerhebungen durchgeführt, um die von den angehenden Supervisoren, Coaches und Organisationsentwicklern subjektiv erlebten professionellen und persönlichen Veränderungen und die ihnen zugeschriebenen Wirkfaktoren und Wirkungsweisen personennah, reflexiv und kontextsensibel zu erforschen.[15] Bei der Analyse und Interpretation der Daten wurde die gesamte erhobene Sprache der Befragten berücksichtigt. Ebenso erfolgte eine prozessuale Reflexion der empirischen Bearbeitung in unterschiedlichen Settings und Formen.

Als Forschungsergebnis sind die folgenden neun Faktoren für eine wirksame Veränderung in Professionalisierungsprozessen von Supervisoren, Coaches und Organisationsentwicklern identifiziert worden, die in der veröffentlichten Pilotstudie ausführlich erläutert werden:

- Motivation, Sinn und Wunschbezug
- Ressourceninteresse und Ressourcenorientierung
- vertrauensvolle Beziehungen und Zugehörigkeit
- vielfältige Anregungs- und Aktionsebenen
- Transfer, Exploration, Autonomie
- Verstörungen, Heraus- und Anforderungen
- Reflexionsvielfalt und Reflexionsintensität
- Selbsterfahrung – Veränderungsprozesse sinnlich erleben
- Zeit für Entwicklung.

---

[15] Zwei Jahre nach dem Ende der Weiterbildung erfolgte im Dezember 2019 eine Nachbefragung der Absolventen sowie eine kommunikative Validierung der Forschungsergebnisse mit den Beforschten selbst, deren erste Ergebnisse in diesem Buch vorgestellt werden (s. Teil III). Ihre Auswertung lässt die Annahme einer deutlichen Bestätigung der Ergebnisse der Pilotstudie zu. Darüber hinaus beinhaltet das weitere erhobene Datenmaterial zusätzliche neue Informationen, die in den weiteren Forschungsprozess einfließen werden.

Den Systemaufstellungen als angewandte Selbsterfahrung für persönliche und professionelle Entwicklungen kommt in den in diesem Buch untersuchten Professionalisierungsprozessen ein besonderer Stellenwert zu. Das subjektive Erleben von Systemaufstellungen und ihre Auswirkungen nehmen einen oberen Platz in der Rangliste der bedeutsamen Ereignisse innerhalb der Professionalisierungsprozesse ein. Dieser Einfluss und seine Bedeutung werden in Teil III ausführlich dargestellt.

In Zeiten kompetenzorientierten Lehrens und Lernens gewinnt die reflexive Beschäftigung mit der eigenen Person im Kontext ihrer Geschichte, ihrer aktuellen Situation und ihrer angestrebten Professionalisierungsziele weiter an Bedeutung. Systemaufstellungen bieten dafür eine innovative didaktische und erkenntnisleitende Möglichkeit, um neue Erkenntnisse für Forschung, Lehre und Weiterbildung zu gewinnen. Dieses Verfahren gilt als innovative Interventionsform in Therapie, Beratung, Forschung und Lehre und ermöglicht das Erkennen sowie die lösungsorientierte Bearbeitung dysfunktionaler Beziehungsmuster und Konflikte sowie die Entfaltung von Potenzialen, wie in den folgenden Kapiteln noch ausführlich dargestellt wird.

# Teil II

# Ermöglichungsdidaktik mit Systemaufstellungen im Diskurs

# 5. Bildungskultur mit Systemaufstellungen

Eine wesentliche Leitidee gelingender Lehr- und Lernkultur ist es, Räume für persönliche und professionelle Entwicklungsprozesse und Innovationen zu gestalten und Lernende darin zu fördern und zu begleiten. Darüber können Selbstentwicklung und gesellschaftliche Entwicklung im Sinne individueller und berufsbezogener Reifungsprozesse sowie in Form aktiver und verantwortungsbewusster sozialer Beiträge Hand in Hand gehen. Gute Lehre speist sich aus vielerlei Quellen, ist anspruchsvoll und besonders ertragreich, wenn sie in einen lebendigen Diskurs eingebettet ist. Sie genießt einen hohen Stellenwert, und ihre beständige Evaluation und Reflexion sind Förderer ihrer Qualitätsentwicklung und -sicherung.

Welche guten lehr- und lernbezogenen Möglichkeiten bietet die Anwendung von Systemaufstellungen in Bildungsprozessen? Systemaufstellungen eröffnen eine innovative didaktische und erkenntnisleitende Entwicklungskultur, um Problemstellungen zu bearbeiten sowie neue Erkenntnisse zu gewinnen. Bei ihrer Anwendung ist es möglich, intra- und interpersonelle Wechselwirkungsdynamiken in unterschiedlichen sozialen Kontexten erfahrbar zu machen und für Entwicklungs- bzw. Veränderungsprozesse zu nutzen. Sie stellen ein transpersonales Verfahren dar, welches sowohl den intrapsychischen Raum als auch interpersonelle Beziehungskonstellationen szenisch darstellt und erleben lässt. Die natürliche menschliche Fähigkeit, körperlich und emotional Erfahrungen anderer Menschen wahrnehmen und ihnen Bedeutung beimessen zu können, gilt als zentrales Arbeitsmittel in Systemaufstellungen.

Die Durchführung einer Systemaufstellung wird von einer dafür qualifizierten Person geleitet. Sie lädt im Allgemeinen im Gruppensetting dazu ein, persönliche Anliegen aufzustellen und diesen Prozess zu begleiten.[16] Dabei werden von einer Person, die ein Anliegen hat, für die Elemente, die mit ihrem Anliegen in Verbindung stehen, zu Beginn anwesende Personen als Repräsentanten (auch Stellvertreter genannt) ausgewählt und im Raum so positioniert (aufgestellt), bis ihre räumliche Anordnung von der Person, die das Anliegen eingebracht hat, als passend und stimmig erlebt wird.[17] Systemaufstellungen können ebenso in der Weise beginnen oder phasenweise verlaufen, dass sich alle benannten Repräsentanten gleichzeitig einen als

---

[16] Auch im Einzelsetting sind Systemaufstellungen anwendbar. Hierbei werden anstelle von Personen als Repräsentanten Materialien wie zum Beispiel Figuren oder Bodenanker für die einzelnen Elemente des Systems verwendet (vgl. Franke, 2017).

[17] In der Arbeit mit Systemaufstellungen gibt es darüber hinaus auch andere Vorgehensweisen, wie zum Beispiel das „Systeme lesen" von Müller-Christ & Pijetlovic (2018).

stimmig empfundenen Platz selbstorganisiert wählen, wobei sie sich jeweilig an ihrem Gefühl, bezogen auf sich selbst und in Beziehung zu den Anderen, orientieren. Im weiteren Prozess können durch verschiedene Interventionen Veränderungen im aufgestellten Bild angeregt werden, um so einen sich am Anliegen der Person orientierenden Transformationsprozess zu gestalten. Darüber entstehen Informationen und räumliche Bilder, die wiederum auf die Person mit dem Anliegen zurückwirken, woraus sich neue Gefühle, Gedanken und Handlungsimpulse entwickeln können. Diese Resonanzen wirken nicht nur bezogen auf die Person, die das Anliegen einbringt, das heißt, ihr Thema bearbeitet, sondern auch bei den weiteren an der Systemaufstellung Beteiligten wie Repräsentanten und Beobachter auf der Ebene persönlicher und fachlicher Themen, wie die inhaltsanalytische Bearbeitung in dieser Spezialauswertung zeigt.[18]

[18] Es gibt Schilderungen von Wirkungen durch Systemaufstellungen auf nichtanwesende Personen des aufgestellten sozialen Systems (vgl. Weber, 2001).

# 6. Emotionsfokussierung in Systemaufstellungen und emotionale Intelligenz

Bildungsprozesse sind Veränderungsprozesse, in denen sich Personen persönlich und in ihrem professionellen Handeln weiterentwickeln. Wie beschrieben haben Lernforschung und Sozialpsychologie Erkenntnisse gewonnen, die darauf hinweisen, dass die gefühlte Wirklichkeit das Handeln stark beeinflusst. Bildungsprozesse mit Systemaufstellungen zu unterstützen, bedeutet vor allem auch, emotionsfokussiert zu arbeiten. Mit der Frage, wie Gefühl und Bildung zusammenhängen, hat sich unter anderem Ute Frevert, Direktorin des Forschungsbereichs „Geschichte der Gefühle" am Max-Planck-Institut für Bildungsforschung, in ihrer wissenschaftlichen Tätigkeit beschäftigt. Aus sozial-, kultur- und politikgeschichtlicher Perspektive erkundete sie die Geschichte der Gefühle im europäischen und internationalen Raum (vgl. Frevert & Frevert, 2019). Emotionshistorische Forschungsergebnisse zeigen, dass Fühlen mehr ist als eine andere Form des Denkens und wichtig ist, dabei den Körper als historisch bedeutungsvoll zu berücksichtigen. Um einer Dichotomie von Emotion und Körper zu entgehen, wird eine Anbindung an Bourdieus Begriff des emotionalen Habitus befürwortet, da dieser Emotion und Körper verbindet. Die sich in diesem Zusammenhang in Forschungsstudien als bedeutsam herausgestellte Verbindung von Mensch und Lebensraum im Sinne einer kulturell geformten Umgebung führt zu weiterführenden Fragen, welche Rolle der Raum bei der Entstehung von Gefühlen spielt und ob der Raum, in dem ein Mensch sich bewegt, darüber entscheidet, welcher emotionale Habitus aktiviert wird oder ob jeder Raum eine ganz eigene emotionale Wirkung mit spezifischen Gefühlsqualitäten erzeugt (vgl. Hitzer, 2011). Dieser Ansatz lässt sich auch auf Bildungsräume beziehen.

Wie lassen sich aber Emotionen oder gar ein Herz bilden? Was würde Bildung in diesem Zusammenhang heißen und was könnte sie bewirken? In der Pädagogik sind diese Fragen im kulturgeschichtlichen Verlauf immer wieder in unterschiedlichen Konzepten berücksichtigt worden und spielen auch weiterhin im pädagogischen Diskurs eine Rolle. Speziell im heilpädagogischen Kontext ist die Thematik einer ganzheitlichen Förderung der emotionalen Entwicklung bzw. emotionalen Intelligenz ein wesentlicher Inhalt und Anspruch (vgl. Liebertz, 2004). Emotional intelligent zu sein meint vor allem, die eigenen Emotionen zu kennen, mit ihnen umgehen zu können, empathiefähig und sozial kompetent zu sein.

Die Art und Weise des Erlebens in Systemaufstellungen ermöglicht eine sehr elegante Umsetzung des Gedankens, in Bildungsprozessen nicht nur

Körper und Geist, sondern auch „das Herz und seine Gefühle“ (Frevert & Wulf, 2012, S. 5) einzubeziehen. Diese Überlegung würde auch unser noch vorherrschendes Bildungsparadigma von Höchstleistung und Konkurrenz verändern, nämlich von der Maxime, stets der Beste sein zu müssen, zu dem Leit- und Vorbild, das Beste aus sich zu machen. Auf diesem Entwicklungsweg unterwegs zu sein – womit nicht die Ausrichtung auf bestimmte Ideale einer normierten Selbstoptimierung gemeint ist – geht oftmals mit einem Zuwachs an Sicherheit, Authentizität, an zu der eigenen Person passendem Erfolgserleben und Zufriedenheit einher, wie auch die Ergebnisse der in diesem Buch beschriebenen Spezialauswertung zur Wirksamkeit von Systemaufstellungen in Weiterbildungsprozessen zeigen.

Mit emotionaler Intelligenz ist die Fähigkeit gemeint, eigene und fremde Gefühle wahrnehmen, verstehen und beeinflussen zu können. Sie ist quasi das I-Tüpfelchen oder Sahnehäubchen auf dem kognitiven Wissen. Denn die Ebene der Intelligenz allein erscheint schal, wenn sich mit ihr nicht auch eine auch emotional kompetente Persönlichkeit verbindet, die in der Lage ist, sich mit anderen Menschen erfolgreich in Beziehung zu setzen. „Never underestimate the power of emotions for good, nor their potential to harm. And always strive to make emotions work for you, instead of against you“ (Bariso, 2018, o. S.).

Im Managementkontext hat sich die Terminologie der emotionalen Intelligenz ins Trainingsset eingereiht, im Allgemeinen mit einer Ausrichtung auf Selbststrategien, worüber die eigenen Gefühle kontrolliert und sinnvoller eingesetzt werden können, was aus einem Menschen einen erfolgreicheren Menschen mache (vgl. Bariso, 2019; Brackett, 2019; Goleman, 2017; Salovey, Brackett & Mayer, 2004). Dass Emotionen oder die Wechselwirkungen zwischen Fühlen, Denken und Handeln von immenser Bedeutung sind, hat auch Luc Ciompi in seinem Modell der Affektlogik herausgestellt (vgl. Ciompi, 2019). Im Kontext der allgemeinen und dynamischen Systemtheorie und auf der Basis transdisziplinärer Erkenntnisse und Praxiskontexte hat er in seinem Theoriemodell der Affektlogik zirkulär wirksame Zusammenhänge von Emotion, Kognition und Aktion als Gesamtkonzept für Theorie und Praxis erkannt. Leslie Greenberg wird als Begründerin der emotionsfokussierten Psychotherapie beschrieben. In ihrer psychotherapeutischen Prozessforschung beschäftigt sie sich mit Fragen, welche Bedeutung Emotionen für Veränderung und Wandel haben und welche Vorgehensweisen eine Person darin unterstützen können, um einen gesünderen Umgang mit dem jeweiligen emotionalen Erleben zu entwickeln (vgl. Greenberg, 2016; Wagner & Russinger, 2016). Emotionen durchspülen den gesamten Körper, haben eine physiologische Basis, eine Geschichte, einen Kontext und sind dynamisch. Sie sind immer da, und auch wenn es Redensarten gibt, die auf eine rein sachliche Auseinandersetzung zielen, so scheint diese Vorstellung eher ein Mythos zu sein.

Ohne diese idealisieren zu wollen, beschreiben die zahlreichen Veröffentlichungen über Systemaufstellungen an vielen Stellen doch ein aus ihnen resultierendes besonderes Wachstums- und Gesundheitspotenzial, welches in der Regel auf Beobachtungen und den subjektiven Beschreibungen ihrer Nutzer basiert (vgl. Peyton, 2015). Als angewandte Methode lassen sie sich als ganzheitlich wirksames Verfahren betrachten. Potenziell von der „Wurzel bis zur Krone" eines Menschen wirksam, stimulieren und integrieren sie physische, psychische und soziale Dimensionen hin zu einem neuen Status. Der Wandel von schweren zu leichten Emotionen ist darin ein Teil des Prozesses, der sich dabei in der Tiefe verstehen lässt und berührt. Erleichterung, Klärung, Frieden, Wohlbefinden und Erkenntnis stellen sich vielfach dabei ein, und neue Konstellationen bilden eine positive Beziehung zu sich selbst und im Kontakt mit anderen heraus.

# 7. Zum Platz von Systemaufstellungen in Wissenschaft und Praxis

Die Arbeit mit Systemaufstellungen eröffnet ein neues Verständnis für Dynamiken und Phänomene in Beratungs-, Therapie- und Organisationsentwicklungsprozessen. Ihr integratives Konzept fordert zur wissenschaftsübergreifenden Reflexion und Forschung auf. Beim Thema Systemaufstellungen scheint sich in besonderer Weise zu zeigen, dass keine Wissenschaftsdisziplin für sich allein in der Lage ist, ihre Charakteristik vollständig erfassen und erklären zu können, sondern vielmehr eine trans- und interdisziplinäre Zusammenschau unterschiedlicher wissenschaftlicher Bereiche weiterführt. Interdisziplinarität ist schon seit jeher auch ein Anspruch von Hochschullehre und -bildung. Dass Fragestellungen nur dann sinnvoll bearbeitet werden können, wenn ein fächerübergreifender Diskurs geführt wird, stellt zwar häufig eine Herausforderung dar, doch wenn eine interdisziplinäre Wissenschaftsarbeit in Konzeption, Forschung und Lehre gelingt, eröffnen sich immense Chancen für wertvolle Erkenntnisse.

Erkenntnisse aus Psychologie, Soziologie, Quantenphysik, Biologie und Neurowissenschaften liefern Beiträge, um Antworten auf die Frage zu finden, was in Systemaufstellungen auf welche Weise wirkt. Das wissenschaftliche Engagement, Geschehnisse in sozialen Systemen bzw. menschlichen Interaktionsprozessen verstehen zu wollen, ist dem vielfach noch Unerklärlichen auf der Spur (vgl. Gehlert & Klein, 2016).

Wissenschaftler versuchen, die Ereignisse in Systemaufstellungen anhand von Theoriemodellen zu erklären; dafür haben sie aus unterschiedlichen Perspektiven Merkmale interdisziplinärer Forschungsergebnisse identifiziert. So wird ein theoretischer Rahmen gebildet, in dem verschiedene Traditionen Platz haben. Erkenntnisse aus der Soziologie und Psychologie mit ihren Bezügen zur Hermeneutik, zum Konstruktivismus, zur Kybernetik und zu physikalischen Theorien über die Dynamik in Systemen helfen dabei, weitere Antworten darauf zu finden, wie soziale Systeme im Umgang mit Informationen interagieren, wie es dabei zu subjektiven Interpretationen kommt und was das für das Gesamte bedeuten kann. Quantenfeldtheorie, Quantenmechanik, Biologie und Quantenbiologie können in Teilen wahrnehmbare und beobachtbare Phänomene in Systemaufstellungen erklären, zum Beispiel, indem sie beschreiben können, wie Quantenprozesse in biologischen Systemen wirken. Zudem liefern Erkenntnisse aus den Neurowissenschaften in der Form Anhaltspunkte, dass sie erklären können, wie elektromagnetische Impulse und Informationen menschliche Reaktionen stimulieren können, so wie am Beispiel der Spiegelneuronen erkannt wurde, dass diese im Gehirn beim Beobachten einer Aktivität eines anderen Menschen das gleiche Aktivitätsmuster zeigen, das gemessen wird, wenn der Beobachtende selbst diese Aktivität ausführt (vgl. Bauer, 2011; Callsen-Bracker, 2018; Gehlert, 2020).

Die folgende hierarchische Gliederung bildet diese Perspektive der wissenschaftstheoretischen Vernetzung ab, wobei ihre pyramidenartige Anordnung die Entstehung beständig neuer, emergenter Phänomene veranschaulichen soll.

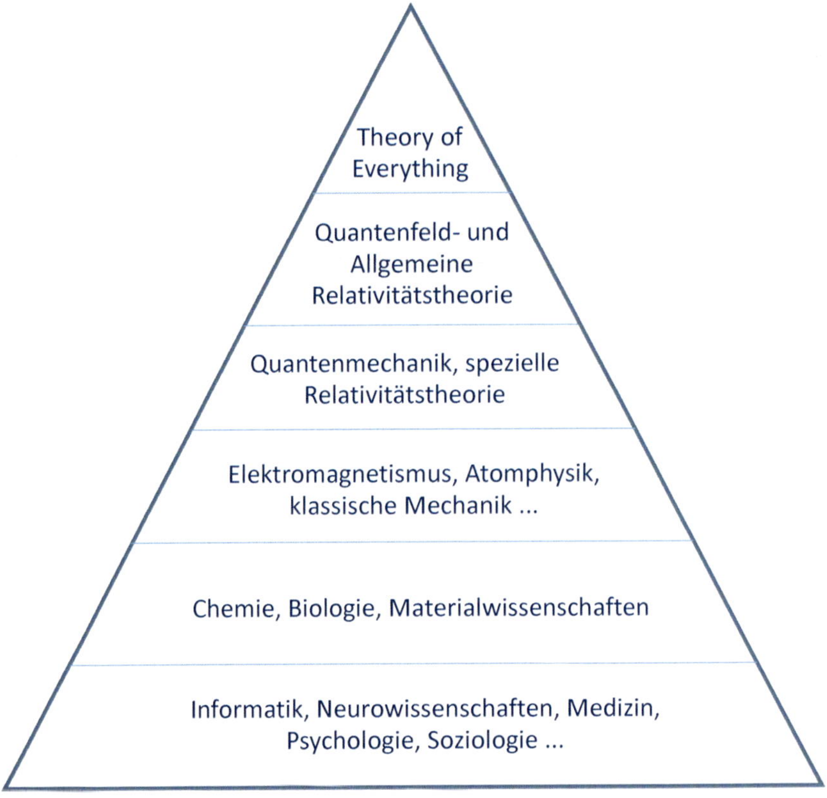


Abb. 6: Emergenz in der Hierarchie der Wissenschaftstheorien (Quelle: Gehlert, 2020, S. 277)

Jede Disziplin hat etwas zur Erklärung bestimmter Phänomene anzubieten und beruht wiederum auf bestimmten weiteren Wissenschaftskategorien.

Die Veröffentlichungen und die Varianten zum Thema Systemaufstellungen sind vielfältig und zahlreich geworden. Ursprünglich aus dem familientherapeutischen bzw. psychiatrisch-klinischen Kontext kommend, erstreckt sich das heutige Anwendungsgebiet der Systemaufstellungen – und damit auch die Bandbreite der Veröffentlichungen – von dort über die Soziale Arbeit, Medizin, Beratungsformen wie Supervision, Coaching, Organisationsentwicklung und Mediation, Pädagogik, Politik[19], Kultur[20] bis zur Managementlehre und -praxis.[21]

Umfassende Fachbücher und Ratgeber sowie Audio- und Videodokumentationen, die in den letzten gut 25 Jahren zum Thema Systemaufstellungen erschienen sind, stehen zur Verfügung.[22] Ein Ausschnitt von speziell im Wissenschaftskontext realisierten Beiträgen zur Theorieentwicklung sowie empirischen Studien in Form von allgemeinen Forschungsstudien, Dissertationen, Master-, Diplom- oder Bachelorarbeiten, auf die ich während einer Recherche gestoßen bin, ist in der folgenden nach Jahreszahlen geordneten Aufzählung dargestellt (s. Tab. 1).[23]

---

[19] Vergleiche unter anderem Ruth Sanders Ansatz „Politik im Raum" (abrufbar z. B. unter https://www.acatech.de/allgemein/acatech-am-dienstag-aufstellung-macht-emotionen-beim-thema-kuenstliche-intelligenz-sichtbar/). Acatech steht für die Deutsche Akademie der Technikwissenschaften, eine von Bund und Ländern geförderte nationale Akademie und Sprachrohr der Technikwissenschaften im In- und Ausland. Die Organisation berät Politik und Gesellschaft in technikwissenschaftlichen und technologiepolitischen Zukunftsfragen und steht unter der Schirmherrschaft des Bundespräsidenten.

[20] Vgl. u. a. Drehbuch- und Theaterstück-Aufstellungen.

[21] Vgl. u. a. Weber (2017, 2013); Weinhold, Bornhäuser, Hunger & Schweitzer (2014); Schlötter (2016); Müller-Christ & Pijetlovic (2018); Rippel (2019); Mahr (2003); Ruppert (2018); Mayer & Hausner (2015); Cierpka (2008); Gehlert (2020); Kleve (2011); Nazarkiewicz, Bourquin & Wagner (2019); Daimler, Sparrer & Varga von Kibéd (2016); Varga von Kibéd & Sparrer (2018); Ulsamer (1999, 2020); Schneider (2016); Franke (1997, 2005); Baxa (2004); Groth & Stey (2007); Klein & Limberg-Strohmaier (2012); Hartung & Spitta (2020); Langlotz (2015); Philipp (2018); Sparrer (2014); Hausner (2017); Rosner (2007); Boring & Offermanns (2009); Konir (2012); Hellinger (2015); Schäfer (2016); Sautter & Sautter (2020); Horn (2019); Kohlhauser & Assländer (2005); Wiest & Varga von Kibéd (2003); Bourquin & Nazarkiewicz (2018); Rauscher (2003); Döring-Meijer (2004); Rössl (2009); Ruhnau (2012); Essen (2015); Weber & Rosselet (2016); Lockert (2018); Kumbier (2016); Weber, Schmidt, Simon & Varga von Kibéd (2016); Alex (2016); Neuhauser & Hellinger (2004); Michel (2019); Heucke (2018); Tillmanns (2019).

[22] Den Auftakt zu einem ersten Grundlagenwerk über das damals neue Verfahren der Familienaufstellung machte im Jahr 1993 Gunthard Webers Veröffentlichung „Zweierlei Glück. Das Familienstellen Bert Hellingers", das inzwischen in der 18. Auflage erschienen ist (s. Weber, 2017).

[23] Vermutlich gibt es weltweit noch weitere wissenschaftliche Arbeiten über Systemaufstellungen neben denen, die ich entdecken konnte.

| Titel | Autor(in) | Erscheinungsjahr |
|---|---|---|
| Systemische Familienaufstellung. Eine Studie zu systemischer Verstrickung und unterbrochener Hinbewegung unter besonderer Berücksichtigung von Angstpatienten (Dissertation) | Franke, U. | 1997 |
| Heilt Demut, wo Schicksal wirkt? Evaluationsstudie zu Effekten des Familien-Stellens nach Bert Hellinger (Dissertation) | Höppner, G. | 2001 |
| Systemaufstellungen zur Konfliktlösung als Instrument der Organisationsberatung (Diplomarbeit) | Knörenschild, S. | 2004 |
| Les Constellations Familiales: une nouvelle approche thérapeutique. Effets générés par la mise en place d'une Constellation Familiale à court et moyen terme (Dissertation) | Brun, E. | 2005 |
| Vertraute Sprache und ihre Entdeckung. Systemaufstellungen sind kein Zufallsprodukt – der empirische Nachweis (beruhend auf der Dissertation „Empirische Studie zur Semantik in Systemischen Aufstellungen") | Schlötter, P. | 2005 |
| Nachhaltigkeitsstrategien systemisch umsetzen. Eine qualitative Exploration der Organisationsaufstellung als Managementmethode (Dissertation) | Gminder, C. U. | 2006 |
| Aufstellungen im Kontext systemischer Organisationsberatung (Diplomarbeit) | Faulstich, J. | 2007 |
| Organisationsaufstellungen – eine Ressource der lernenden Organisation (Diplomarbeit) | Kalb, R. | 2007 |
| Zur Wirkungsweise von „Standort-Aufstellungen" als pädagogisch-therapeutische Interventionstechnik. Eine katamnestische Studie aus einer ambulanten Psychotherapiegruppe (Dissertation) | Köth, A. | 2007 |
| Kommunikationstheoretische Aspekte in der systemischen Aufstellungsarbeit. Eine Fallstudie zum Prozess der subjektiven Wirklichkeitswahrnehmung und -konstruktion sowie deren nachhaltiger Veränderung beim Klienten mittels Familien-aufstellung und Brettaufstellung (Diplomarbeit) | Stefanic, K. | 2007 |
| Möglichkeiten und Grenzen systemischer Aufstellungen in der Sozialen Arbeit (Diplomarbeit) | Bauer-Bäck, S. | 2008 |
| Systemic Family Constellations and their Use with Prisoners serving long-term sentences for Murder or Rape (Dissertation) | Cohen, D. B. | 2008 |

| | | |
|---|---|---|
| Organisationsaufstellungen als Beratungsinstrument für Führungskräfte. Eine empirische Analyse (Diplomarbeit) | Gleich, M. | 2008 |
| Organisationsaufstellung und Management (Dissertation) | Berreth, A. | 2009 |
| Nachhaltigkeitsfördernde Faktoren bei systemischen Aufstellungsverfahren. ExpertInnen- und KlientInnensicht insbesondere am Beispiel von klassischen Systemaufstellungen und Dialogisch-Systemischer Aufstellungsarbeit (Dissertation) | Raich, K. | 2009 |
| Phänomen, Konstruktion, oder einfach egal? Theorie und Praxis der Aufstellungsarbeit in Österreich (Studie) | Schneidhofer, T.; Fasching, C. | 2009 |
| Aufgestellte Unterschiede. Systemische Aufstellung und Tetralemma in der Sozialen Arbeit (Studie) | Kleve, H. | 2011 |
| Begehrtes Wissen – eine systemtheoretische Reflexion zu Wissens- und Entscheidungskulturen in Organisationen (Dissertation) | Stingl de Vasconcelos Guedes, T. | 2011 |
| Die Kommunikation im Familienstellen: Über die Interaktion der Beteiligten in Theorie und Praxis (Masterarbeit) | Helmrich, C. | 2013 |
| Systemische Aufstellungen im organisationalen Kontext. Eine empirische Untersuchung zur Wirksamkeit von Organisationsaufstellungen (Dissertation) | Gutmark, B. | 2014 |
| Systemische Arbeit mit Familien: Ein kritischer Vergleich zwischen Bert Hellinger und Virginia Satir (Bachelorarbeit) | Thielbörger, R. | 2014 |
| Dreierlei Wirksamkeit. Die Heidelberger Studie zu Systemaufstellungen (Studie) | Weinhold, J.; Bornhäuser, A.; Hunger, C.; Schweitzer, J. | 2014 |
| Der Einsatz von Aufstellungsarbeit in der Mediation: Eine qualitative Studie über Anwendungsbeispiele aus der Praxis (Studie) | Brackwehr, L.; Mayer, C.-H. | 2015 |
| Ursachenforschung in der Therapie durch verdeckte Aufstellungsarbeit (Masterarbeit) | Achtleitner, K. | 2017 |
| Das Potenzial einer Work-Family-Balance für die Entwicklung von Unternehmen – eine innovative Analyse mithilfe von Systemaufstellungen (Dissertation) | Buhr, F. | 2017 |
| Sinnstrukturen und Muster nachhaltiger Unternehmen im Kontext der Wachstumskritik. Eine Untersuchung unter Einsatz einer Systemaufstellung (Dissertation) | Deimling, D. | 2017 |

| | | |
|---|---|---|
| Personalmarketing für die Generation Z. Eine systemische Analyse unter Anwendung einer Systemaufstellung (Bachelorarbeit) | Breuer, H. | 2018 |
| Sind Sie gut aufgestellt? Aktuelle Entwicklungen in der Systemischen Organisationsberatung unter besonderer Berücksichtigung von Systemaufstellungen (Masterarbeit) | Kroyer, A. | 2018 |
| Komplexe Systeme lesen. Das Potenzial von Systemaufstellungen in Wissenschaft und Praxis (Studie) | Müller-Christ, G.; Pijetlovic, D. | 2018 |
| Transformationspotenziale der Textil- und Bekleidungsindustrie innerhalb einer Ressourcenbetrachtung: Eine Anwendung von Systemaufstellungen für die Forschung im Entdeckungszusammenhang (Dissertation) | Woithe, A. | 2018 |
| Stakeholderbasierte Ermittlung und Auswahl von Nachhaltigkeitsindikatoren – Fallstudie und Systemaufstellung in einem Unternehmen der Bio-Lebensmittelbranche (Dissertation) | Bestermann, J. | 2019 |
| The Systems Constellation as an Instrument for Change Agents: A Case Study, General Conceptual Model and Exploration of Intervention Effects (Dissertation) | Bulling, K. | 2019 |
| Systemische Kreativität – der inspirierende Zugang zur Innovation: Oder die Wiederentdeckung der Intuition in der Wirtschaft durch Systemaufstellungen (Dissertation) | Rippel, J. | 2019 |
| System-Aufstellungen und ihre naturwissenschaftliche Begründung (Dissertation) | Gehlert, T. | 2020 |

Tab. 1: Forschungsstudien über Systemaufstellungen 1997–2020 (eigene Darstellung)

Universitäten und Hochschulen haben bislang überwiegend einen Bogen um Systemaufstellungen in Anwendung und Erforschung gemacht. Die Szenerie erschien lange Zeit zu unübersichtlich oder tut es noch, auch wenn sich so mancher Wissenschaftler mit dem Thema persönlich und fachlich durch die Teilnahme an Kongressen und Seminaren oder deren Organisation beschäftigt hat. Im Wissenschaftskontext blieben vorwiegend Vorbehalte und Unsicherheiten bestehen, sodass das Thema Systemaufstellungen als Forschungsgegenstand und angewandte Methode hier selten einen Platz bekommen konnte. Der Diskurs und die Anwendung von Systemaufstellungen vollzogen sich daher eher im Stillen und außeruniversitären Feld sowie in der praktischen Anwendung wie im Kontext von Therapie, Beratung, Aus- und Weiterbildung. Es brauchte Zeit, bis den Systemaufstellungen eine Anerkennung als wissenschaftliche Innovation zugesprochen wurde, was ihr bisher insbesondere in der Philosophie und Wissenschaftstheorie sowie in den Natur- und Wirtschaftswissenschaften verstärkt widerfuhr.[24] Die dortigen Wissenschaftskulturen ermöglichen vielleicht eine unverfänglichere Ankopplung an „das Phänomen Systemaufstellungen". Speziell die ausgeprägtere Tradition der Leichtigkeit des kreativen Umgangs mit „Tools" in den Wirtschaftswissenschaften ist möglicherweise eine weitere Erklärung dafür, während im psychologischen, psychotherapeutischen und pädagogischen Kontext der Blick auf die Bewertung von Verfahren und Methoden traditionell anders gewichtet ist und mehr Differenzierung und Validierung beansprucht, bis sie anerkannt sind und gewährt werden.

Unabhängig davon entwickelte sich an einigen Orten die Arbeit mit Systemaufstellungen im klinischen bzw. therapeutischen Kontext und in der Aus- und Weiterbildung von Therapeuten und Beratern weiter. Dies hat – neben der allgemein für viele Menschen quer durch die Gesellschaft relativ hohen Attraktivität von Systemaufstellungen – möglicherweise auch damit zu tun, dass Personen mit einem anerkannten klinischen Profil selbst sowohl therapeutisch als auch auf dem Gebiet von Beratung und Organisationsentwicklung sowie anderen Feldern tätig gewesen sind. So bildeten sich interdisziplinäre Brücken zwischen den Disziplinen und Kulturen, über die sich die Arbeit mit Systemaufstellungen weiter ausbreitete. Auf diese Weise konnte ein steter multiperspektivischer Diskurs wachsen und sich über einen wechselseitigen Erfahrungsaustausch mit weiteren Ideen zur Theorie- und Praxisentwicklung anreichern und weiter ausdifferenzieren.

Bert Hellinger gilt als Gründervater der nach ihm benannten Form der Familienaufstellung, die er Ende der 1970er-Jahre entwickelt hat (vgl. Hellinger, 2015). Er knüpfte dabei an bestehende Theorien und Methoden der systemischen Familientherapie und weiterer therapeutischer Verfahren an.

[24] Beispiele sind der Lehrstuhl für Wissenschaftstheorie am Institut für Philosophie, Wissenschaftstheorie und Religionswissenschaft an der Universität München mit dem Lehrstuhlinhaber Professor Dr. Matthias Varga von Kibéd (gemeinsam mit seiner Frau, der Psychologin und Psychotherapeutin Insa Sparrer, gründete und führt er das Institut „SySt-Institut für systemische Ausbildung, Fortbildung und Forschung") und der Lehrstuhl für Allgemeine Betriebswirtschaftslehre und Nachhaltiges Management an der Universität Bremen mit dem Lehrstuhlinhaber Professor Dr. Georg Müller-Christ. Ebenso: Professor Dr. Heiko Kleve am Stiftungs-Lehrstuhl für Organisation und Entwicklung von Unternehmerfamilien an der privaten Universität Witten-Herdecke und Professorin Dr. Kirsten Nazarkiewicz am Lehrstuhl für Interkulturelle Kommunikation an der Hochschule Fulda.

Berufsbiografisch durch das Studium von Philosophie, Theologie und Pädagogik mit weiteren Aus- und Weiterbildungen zum Psychoanalytiker und systemischen Familientherapeuten selbst interdisziplinär aufgestellt, schuf er ein auf große Resonanz stoßendes emergentes Modell der Familienaufstellung. Als Person und hinsichtlich seines therapeutischen Stils auch umstritten,[25] zeigt die differenzierte inhaltliche Beschäftigung mit seinem Ansatz, dass dieser eine bis dahin auf solche Weise noch nicht existierende Form des Umgangs mit dynamischen Zusammenhängen des Menschseins und sozialen Zusammenlebens eröffnet hat. Sie gilt in vielen Fällen sowohl aus der Perspektive von Fachleuten als auch von Personen, die eine Systemaufstellung für ein eigenes Anliegen angewendet haben, sowie vor dem Hintergrund der oben genannten Studien als sehr erfolgreich.

Wie so oft in Pionierphasen brauchen Innovationen Zeit, bis sie angemessene Resonanz- und Reflexionsräume finden. So hat sich das Renommee von Systemaufstellungen im Laufe der Zeit verändert. Im Jahr 2014 ist an der Universität Heidelberg die erste Studie über die Wirksamkeit von Systemaufstellungen erschienen. Eine Forschergruppe mit Jochen Schweitzer, Annette Bornhäuser, Christina Hunger und Jan Weinhold führte die weltweit erste RCT-Studie (randomisierte kontrollierte Studie) durch (vgl. Weinhold, Bornhäuser, Hunger & Schweitzer, 2014), bei der 208 Teilnehmende von Aufstellungsseminaren am Heidelberger Institut für Medizinische Psychologie befragt wurden. Die Seminare wurden von den sehr erfahrenen Aufstellungsleitern Gunthard Weber und Diana Drexler geleitet. Insgesamt bescheinigte diese Studie den Systemaufstellungen psychotherapeutisches Potenzial, auch wenn die empirische Bearbeitung eine vorwiegend kleine Effektstärke auswies. Die Studie lässt aus wissenschaftlicher Erkenntnisperspektive die Schlussfolgerung zu, dass die Einbettung von Systemaufstellungen in psychotherapeutische Prozesse bzw. klinische Behandlungsprozesse als hilfreiches Instrument gelten kann. Die Forschergruppe empfiehlt dabei auch die Reintegration von Systemaufstellungen in das Modell der Systemischen Therapie (und Beratung), aus der bereits in der Entstehungsphase der Systemaufstellungen geschöpft worden sei. Die Studienergebnisse belegen bei den Teilnehmenden kurz- und längerfristige (2 Wochen bis 12 Monate) „positive Veränderungen der psychischen Gesundheit [...] im Erleben der ihnen wichtigen sozialen Systeme (Familie oder Paarbeziehung)“ und hinsichtlich der Bearbeitung ihrer in die Aufstellungsseminare eingebrachten Themen bzw. Anliegen (Weinhold et al., 2014, S. 197).

---

[25] Vergleiche u. a. die Potsdamer Erklärung zur Systemischen Aufstellungsarbeit (Systemische Gesellschaft, 2004).

Eine weitere, mit großem Interesse von einer breiteren Öffentlichkeit wahrgenommene wissenschaftliche Studie zur Charakteristik und zu den Effekten von Systemaufstellungen ist die von Peter Schlötter (2005, 2016), die sowohl theoretisch als auch empirisch sehr fein kristallisiert und komplex den Forschungsgegenstand Systemaufstellung bearbeitet. Sie wurde 2004/2005 an der privaten Universität Witten-Herdecke unter der wissenschaftlichen Betreuung von Fritz Simon durchgeführt, der zu dieser Zeit an der wirtschaftswissenschaftlichen Fakultät im Institut für Familienunternehmen Lehrstuhlinhaber für Führung und Organisation war. Die Studie von Schlötter belegt, dass in Systemaufstellungen eine Art symbolische, nonverbale Sprache wirksam ist, da von unterschiedlichen Personen Stellvertreterpositionen in Form lebensgroßer Figurenmodelle einheitliche Sinnzuschreibungen innerhalb bestimmter räumlicher Konstellationen zugewiesen werden. Dies wurde auch im interkulturellen Kontext – in China – erprobt mit der Erkenntnis, dass es eine kulturunabhängige oder universelle Raumsprache zu geben scheint, die Menschen weltweit „verstehen“ und woraus sich ableiten ließe, dass sich in der Arbeit mit Systemaufstellungen quasi „Basis-Codes“ des sozialen Lebens und menschlichen Seins zeigen (vgl. Schlötter, 2015).

Neben den wissenschaftlichen Studien im Hochschulkontext besteht seit dem Jahr 2017 ein Kreis von Wissenschaftlern aus Universitäten und Hochschulen, die zu einem regelmäßig stattfindenden „Constellation Hub“ zusammenkommen, bei dem ein reger Diskurs geführt und die Anwendung von Systemaufstellungen in Forschung und Lehre erprobt und reflektiert wird, um Neues zu entdecken. Nicht nur die Reflexion dieser Intervention und ihrer Implementierung in Universitäten und Hochschulen stehen dabei im Mittelpunkt, sondern auch ihre Anwendung mit der Absicht, darüber weitere kreative Impulse für die Gestaltung von Transformationsprozessen an Hochschulen zu entwickeln.[26]

Auch berufsübergreifende Fachverbände aus dem Bereich der Arbeit mit Systemaufstellungen unterstützen die Weiterentwicklung von Systemaufstellungen in Wissenschaft und Praxis und setzen sich für die Sicherung fachlicher Standards, guter Qualität und ethischer Grundsätze in der Aufstellungsarbeit ein. Als berufsübergreifender Fachverband und gemeinnütziger

---

[26] Der „Constellation Hub“ wurde von Professor Dr. Georg Müller-Christ am Lehrstuhl für Allgemeine Betriebswirtschaftslehre und Nachhaltiges Management an der Universität Bremen initiiert. Seitdem trifft sich regelmäßig ein bundesweit zusammenkommender offener Kreis von Wissenschaftlern zu einem zweitägigen Austausch, der bisher an der Universität Bremen (2017), Universität Witten-Herdecke (2018), Universität Oldenburg (2018), Hochschule Ansbach (2019), Universität Hamburg (2019) und an der Hochschule Fulda (2020) stattfand.

Verein bietet die Deutsche Gesellschaft für Systemaufstellungen (DGfS)[27], deren Wurzeln bis in das Jahr 1995 zurückreichen, eine unterstützende Plattform für Organisation, Austausch und Beratung zum Thema Systemaufstellungen an und fördert die berufsübergreifende Arbeit mit Systemaufstellungen in unterschiedlichen Arbeitsfeldern. Speziell für den Bereich der Organisationsaufstellungen engagiert sich seit 2004 ein Internationales Forum für Systemaufstellungen in Organisationen (Infosyon), welches sich ähnlichen Zielen verpflichtet sieht.[28] Auch in den führenden berufsübergreifenden systemischen Fachverbänden wie der Deutschen Gesellschaft für Systemische Therapie, Beratung und Familientherapie (DGSF) und der Systemischen Gesellschaft (SG) – Deutscher Verband für systemische Forschung, Therapie, Supervision und Beratung – haben Systemaufstellungen einen Stellenwert, zum Beispiel in Form von Mitglieder- und Institutsprofilen, Fachgruppen, Veröffentlichungen, Veranstaltungen und Ähnlichem mehr.[29] Dabei findet eine differenzierte Auseinandersetzung mit unterschiedlichen Positionen sowie Erkenntnissen auf diesem Gebiet statt.[30] Auch weitere Verbände im Kontext von Therapie und Beratung beschäftigen sich mit dem Thema Systemaufstellungen.

Neben der Praxis in Beratung und Therapie werden Systemaufstellungen auch in Aus- und Weiterbildungsprozessen als angewandte Methode eingesetzt. Lehrende bzw. Dozenten bieten ihren Teilnehmenden diese Möglichkeit vor allem im Rahmen curricularer Selbsterfahrungs- und Supervisionsveranstaltungen oder in Form mehrtägiger Fortbildungsseminare an. Forschungsstudien speziell zur Frage der Wirksamkeit und Wirkungsweise von Systemaufstellungen in Aus- und Weiterbildungsprozessen liegen bislang nicht vor. Mit den Forschungserkenntnissen aus der hier vorgestellten Spezialauswertung sowohl des Datenmaterials aus der Pilotstudie als auch der Nachbefragung mit dem Fokus auf die Wirksamkeit von Systemaufstellungen in Weiterbildungsprozessen soll diese Forschungslücke geschlossen werden. Im nächsten Abschnitt gebe ich einen kurzen Überblick zur Entwicklungsgeschichte und zum Begriff der Systemaufstellungen.

[27] Vgl. https://www.systemaufstellung.com.

[28] Vgl. https://www.infosyon.com.

[29] So gab zum Beispiel die DGSF im Jahr 2015 mit ihrer Mitgliederzeitschrift „Kontext" ein Schwerpunktheft zum Thema „Qualität in der Aufstellungsarbeit" heraus.

[30] Vergleiche z. B. die „Potsdamer Erklärung" der Systemischen Gesellschaft (2004) und Schindler (2017).

# 8. Systemaufstellungen – ein Überblick

Wie und wo hat es mit den Systemaufstellungen angefangen? Für viele Menschen sind Systemaufstellungen attraktiv, wecken ihr Interesse und ihre Neugierde. Mancher beobachtet sie gern aus der Ferne, andere betrachten sie gern näher, möchten sie selbst erleben und für bestimmte Anliegen nutzen. Systemaufstellungen geben bis heute Rätsel auf, wenn man versucht, sie vollständig verstehen zu wollen. Bisweilen erzeugen sie Spannungsfelder zwischen Anerkennung und Ablehnung. Auch werden verschiedene Begrifflichkeiten verwendet, wenn von ihnen die Rede ist. Namen wie Familienaufstellung, Strukturaufstellung, Organisationsaufstellung, Aufstellungsarbeit oder Systemaufstellung sind die geläufigsten, die Ähnliches, Gleiches und Unterschiedliches meinen. Auch gibt es sie in „verdeckter" oder „nicht verdeckter" Form.[31]

Was sind Systemaufstellungen? Ein eigenes Verfahren oder eine Methode oder einfach ein „Tool"?[32] Sind sie ein Phänomen, ein naturwissenschaftliches Regelwerk, eine Philosophie, ein kulturelles Ritual, ein gruppendynamisches Highlight? Richten sie eher Schaden an oder sind sie die seelische Vitaminbombe schlechthin? Ist das etwas für „eben mal schnell nebenbei" oder doch eher Schwitzhütte mit anschließender Ruheraumphase? Fast-Food oder Slow-Food? Eine individuelle und kollektive Spitzenleistung, die alle Themen des Lebens vereint? Ein kreativer Flow?

Die Entwicklungsgeschichte der Systemaufstellungen wird vielfach mit bestimmten Modellen, die ihnen vorausgegangen sind, in Verbindung gebracht, wie zum Beispiel mit dem von Jakob Moreno entwickelten Verfahren

---

[31] „Verdeckt" meint, dass der Klient, der etwas aufstellen möchte, für Personen oder Elemente des für sein Anliegen relevanten Systems Repräsentanten räumlich positioniert, ohne diese namentlich zu benennen. In manchen Fällen kann es den Wunsch nach einem diskreten Umgang mit sensiblen Themen geben, und beim Verwenden anonymisierter Elementnamen ist eine ebenfalls prozessorientierte Bearbeitung möglich, bei der die inhaltliche Bedeutungsgebung und genaue Kenntnis der Elemente nur beim aufstellenden Klienten selbst liegt. Die an der verdeckten Systemaufstellung beteiligten Anwesenden erleben den dynamischen Entwicklungsprozess der Systemaufstellung mit, ohne dafür konkrete Informationen über das persönliche Thema oder auch den Kontext des Klienten zu benötigen (hier wird auch von „einfach oder doppelt verdeckt" gesprochen; vgl. Müller-Christ & Pijetlovic, 2018). Die Wahrnehmungssignale, welche die Repräsentanten spüren, ermöglichen ihnen die Transformation in sprachliche Äußerungen und dynamische Veränderungen auch ohne das Wissen, wen oder was genau sie repräsentieren.

[32] Vergleiche z. B. den Titel der Veröffentlichung von Lockert (2018): „Perlen der Aufstellungsarbeit: Tools für systemisch Praktizierende".

des Psychodramas, der Familienskulptur von Virginia Satir und dem Ansatz von Ivan Boszormenyi-Nagy mit seiner integrativen Form der kontextuellen systemischen Therapie. Die Familienrekonstruktions- und Skulpturarbeit von Virginia Satir kann in Haltung, Menschenbild und Anwendungsform als besondere Vorreiterin der Systemaufstellungen gelten – ebenso die weiteren Vertreter systemischer Familientherapie und psychodynamischer Therapie mit ihren Erkenntnissen beispielsweise über den Einfluss transgenerationaler Ereignisse und Loyalitäten, die Bedeutung des Ausgleichs von Geben und Nehmen, das Unbewusste und die Zirkularitäts- sowie Selbstorganisationsprämissen in sozialen Systemen.

Virginia Satirs bereits 1965 in ihren Grundzügen entwickelte und über Jahrzehnte in hunderten angewandten Praxisfällen[33] fortgesetzte familientherapeutische „Methode und Philosophie der Familienrekonstruktion" eröffnete neue Wege in der Heilbehandlung, die Selbstwert, Kommunikation und Familiensystem gleichzeitig berücksichtigten. Sie hielt diese Form der Familienrekonstruktion für einen „wichtigen Ansatz zur Entfaltung des gesamten menschlichen Potentials" (Satir, 1985, zitiert nach Nerin, 1992, S. 11). Bis 1965 hatte Satir bereits mit 1400 Familien gearbeitet, die sie aufgrund unterschiedlichster Symptome aufgesucht hatten (vgl. Satir, 1985; Satir & Baldwin, 1988). Satir ordnete ihr Modell der Familienrekonstruktion der Systemischen Therapie zu und begründete dies mit den darin enthaltenen Merkmalen der fokussierten Wechselwirkung zwischen Individuum und System, der Systemdynamik und der individuellen psychologischen Dynamik (vgl. Nerin, 1992).

So richtig publik wurden Systemaufstellungen durch Bert Hellingers Ansatz und Arbeitsweise des Familienstellens, die Anfang der 1990er-Jahre einen regelrechten Boom auslösten. Hellinger stellte in Seminaren, Fortbildungen und prall gefüllten großen Sälen seine Arbeitsweise öffentlich zum Miterleben, Beobachten und Erlernen zur Verfügung. Die mit ihm als Person in Zusammenhang stehende Kontroverse um seine Theorie über die Entstehung und Heilung von Symptomen und sein zeitweilig auch als kritisch gesehener Umgang mit Klienten schmälerten nicht die Bedeutung der speziell von ihm entwickelten Ideen und seinen damals als innovativ empfundenen Ansatz im

[33] Virginia Satir hat mit der Methode der Familienrekonstruktion vor allem in den USA, aber auch in vielen anderen Ländern und in unterschiedlichen Kulturen gearbeitet. Bei den verschiedenen Symptomatiken, die ihr dabei begegneten, stellte sie fest, dass Beiträge zur Erhöhung des Selbstwertgefühls und eine Steigerung zur Übernahme von Verantwortung für das eigene Leben als universelle Schlüsselfaktoren gelten können und heilsame Entwicklungen begünstigen. Satir selbst war als Lehrerin, Schulleiterin und Sozialarbeiterin sowie Dozentin an Hochschulen tätig (vgl. Satir, 1985, 2016; Satir & Baldwin, 1988; Nerin, 1992).

Umgang mit Konflikten und Dysfunktionalitäten in Individuum und Gesellschaft und ihrer Überführung in Linderung, Frieden und Lösung. Hellinger verband sein methodisches Vorgehen mit einer philosophischen Metaebene über das menschliche Sein, zwischenmenschliche Dynamiken und soziale Gemeinschaften regulierende Prinzipien, welches er mit sprachlicher Ausdrucksstärke in Form von knappen Sätzen, Geschichten, Lyrik, Aphorismen und Fachbüchern kommunizierte. Auch mit herausfordernden, tabubrechenden Aussagen fasste er bestimmte Konstellationen direkt oder metaphorisch in Worte und lud damit ebenfalls zum Reflektieren ein. Mit seiner Vorgehensweise und seinem Sprachgebrauch eckte er auch an, sodass schließlich im berufsfachlichen Kontext um Hellinger und seine Art des Familienstellens die Wellen hochschlugen und es unumgänglich erschien, sich von ihm und seiner Arbeitsweise in Teilen zu distanzieren, um die Standards guter Therapie und Beratung sowie als gefährdet wahrgenommene demokratische Grundprinzipien zu schützen.[34] Dies verhalf zur Beruhigung in der fachlichen Gemeinschaft sowie allgemeinen Öffentlichkeit und schuf die notwendige Basis für eine kritische Reflexion und differenziertere Betrachtung von Systemaufstellungen, bei der ihre Theorie und Praxis weiter diskutiert, entwickelt und erforscht werden konnten.

Fachleute, die der Arbeit mit Systemaufstellungen weiter folgen wollten, konnten dies bei unterschiedlichen Aufstellungsleitern der ersten Generation tun, sich darin qualifizieren und ihre Arbeitsweise in ihr eigenes authentisches Konzept von Haltung und Methodik transferieren. Auch entwickelte sich das forschende und praktizierende Interesse am Verständnis von Systemaufstellungen weiter. Die Fragen, was in Systemaufstellungen geschieht und wie sie wirken, führten zur Begegnung mit Vorgehensweisen und Erkenntnissen aus Kultur-, Natur-, Geistes- und Humanwissenschaften, zu Diskursen und wissenschaftlichen Studien und leben aktuell weiter in weiteren Suchprozessen des Erklären- und Verstehen-Wollens, was unter anderem durch die bunte Palette an Veröffentlichungen zum Thema Systemaufstellungen sichtbar wird.

Die von Bert Hellinger entwickelte Form des Familienstellens hat weitere Innovationen mit vielen neuen Einsichten und Vorgehensweisen für die Arbeit mit Menschen in Veränderungsprozessen hervorgebracht. Als mit seinem in Verbindung stehende Modelle können die Organisationsaufstellungen sowie die von Matthias Varga von Kibéd und Insa Sparrer in Theorie und Praxis entwickelten Strukturaufstellungen genannt werden. Eine weitere Variante ist die von Georg Müller-Christ und Denis Pijetlovic entwickelte Vorgehensweise des „Systemelesens“, die beabsichtigt, vom Problemlösen

[34] Vgl. Systemische Gesellschaft (2004).

durch Systemaufstellungen zum emergenten Sehen zu kommen (vgl. Müller-Christ & Pijetlovic, 2018).

Varga von Kibéds und Sparrers konzeptionelle Entwicklung ihres Modells der Strukturaufstellung – mit zahlreichen Untervarianten – hebt insbesondere den Aspekt der „repräsentierenden Wahrnehmung“ als neuen Impuls hervor, die sich auf die spontanen und, was das konkrete Anliegen eines Klienten betrifft, informationsunabhängigen auftretenden Veränderungen von Wahrnehmungen und Empfindungen der beteiligten Repräsentanten in einer verdeckten oder offenen Aufstellung bezieht. Varga von Kibéd und Sparrer selbst bezeichnen ihr Modell der Strukturaufstellungen als einen „Spezialfall der Satirschen Arbeit“ (SySt®-Institut, 2020, o. S.).

Ein weiterer in diesem Zusammenhang geprägter Begriff ist der des „wissenden Feldes“, eine von Albrecht Mahr in seiner Arbeit mit Systemaufstellungen gewählte Bezeichnung. Es meint eine über den Einzelnen hinausgehende, Informationen enthaltende und Wirkung entfaltende Dimension, die Mahr als „geistig-energetisches Heilungsfeld“ bezeichnet (Mahr, 2003, zitiert nach Mayer & Hausner, 2015, S. 75).[35] Nach Mahr wird dieses wissende Feld durch eine offene, absichtslose Haltung des Aufstellungsleiters mit gefördert, und an dieser Stelle wird auch der Vergleich mit der in der Psychoanalyse von Sigmund Freund verwendeten Formulierung einer „gleichschwebenden Aufmerksamkeit“ hergestellt. Hierüber wird, so Mahr, die Verbindung mit einem unbewusste Inhalte enthaltenden Informationsfeld möglich, welches über die an der Aufstellung Beteiligten zum Ausdruck und zur Sprache kommen kann (vgl. ebd.).

In Systemaufstellungen gibt es ein lebendiges Zusammenspiel von unterschiedlichen Wahrnehmungsebenen, Sinnessystemen und Sinnesqualitäten. Aus der Wechselwirkung neurophysiologischer, neuropsychologischer und sensomotorischer Impulse entwickeln sich bestimmte Reaktionen. Varga von Kibéds und Sparrers (2018) im Zusammenhang mit Systemaufstellungen beschriebene „repräsentierendee Wahrnehmung“ meinen damit Phänomene in Systemaufstellungen, bei denen Stellvertreter Empfindungen oder Beschreibungen äußern, die mit denen ihnen nicht bekannter Personen übereinstimmen. In dem auf dem systemisch-konstruktivistischen Ansatz basierenden Modell der Systemischen Strukturaufstellungen nach Varga von Kibéd und Sparrer wird dieser Prozess folgendermaßen beschrieben: „Die Befindlichkeit einer RepräsentantIn sagt […] nicht nur etwas über sie als Symbol des abgebildeten Systems aus, sondern auch über sie in Bezug zu den anderen RepräsentantInnen. Die transverbale Sprache ereignet sich in

---

[35] Dies lässt sich in Verbindung mit dem empirischen Nachweis in der Studie von Schlötter (2005, 2016) betrachten, der eine überindividuelle und reproduzierbare Wahrnehmungsebene belegte.

diesem Zwischenraum und drückt sich in den Veränderungen der Empfindungen der RepräsentantInnen aus“ (Sparrer, 2016, o. S.).

Die genannten Varianten der Systemaufstellungen sind somit aus mehreren Wurzeln und Quellen hervorgegangen. Systemaufstellungen scheinen daher nicht nur eines, sondern mehreres zu sein, sie haben eine Identität auf der Basis vieler Einflüsse. Jede mit ihr in Verbindung stehende Entwicklungsphase erzeugte ausreichende Resonanz und positive Erfahrungen, die das Interesse an ihnen aufrechterhielt. Die Anwendung von Systemaufstellungen hält immer mehr Einzug in Konzepte von Psychotherapie, Beratung und Sozialforschung. Dabei bilden Theorie und Praxis wissenschaftlich fundierter psychotherapeutischer und beratungswissenschaftlicher Verfahren im Kontext von Therapie und Beratung die fachlich fundierte Basis für die Arbeit mit Systemaufstellungen.

Verfahrens- bzw. disziplinspezifisch betrachtet lässt sich in Systemaufstellungen eine Vielfalt entdecken wie systemische, psychodynamische, körperpsychotherapeutische, gestalttherapeutische, hypnotherapeutische, gruppentherapeutische, philosophische, ethnologische, naturwissenschaftliche, kulturwissenschaftliche und weitere Fachgebietsmerkmale. Darauf wird in den beiden folgenden Kapiteln noch genauer eingegangen. Es scheint so, als würde sich in Systemaufstellungen eine sinnvolle Begegnung vieler Ideen widerspiegeln, die ein integratives bzw. verfahrensübergreifendes Zusammenspiel zum Schwingen bringen kann.

Bei der Arbeit mit Systemaufstellungen sind die Qualifikation und die Erfahrung der Person, welche die Aufstellung leitet, für die Prozessführung und das Ergebnis wesentlich. Sie selbst ist Teil einer Systemaufstellung, ebenso wie die Repräsentanten und Beobachter. Alle und alles gemeinsam beeinflussen den Aufstellungsprozess. Die Anwendung von Systemaufstellungen sollte im Rahmen der Arbeit mit Klienten in die Standards guter Therapie und Beratung eingebettet sein und sich in der professionellen Identität einer Aufstellungsleitung repräsentieren (vgl. Nazarkiewicz & Kuschik, 2015). Dies erklärt die speziellen Zugangsvoraussetzungen für Angebote von Fort- und Weiterbildungen in Systemaufstellungen. Die als notwendig erachteten Kompetenzen bzw. Qualitäten eines Leiters oder einer Leiterin von Systemaufstellungen werden differenziert hervorgehoben. Zusammengefasst beinhalten sie als grundlegende Voraussetzung neben einer entsprechenden berufsfachlichen Qualifikation eine humanistische, wertschätzende und selbstkongruente sowie -reflexive Haltung und Vorgehensweise. Auch die eigene Selbsterfahrung mittels Systemaufstellungen sowie ausreichende Lebens- und Praxiserfahrung in der Arbeit mit Klienten gelten als wichtige Qualitätsmerkmale. Ebenso ist die professionelle Verbindung vor allem mit dem psychodynamisch-systemischen Modell, welches die Wechselwirkungen zwischen den Beteiligten im jeweiligen System und die intrapsychische Dynamik der Individuen beachtet, von Bedeutung. Diese Kompetenzen und Haltungen helfen der Aufstellungsleitung, eine gute Beziehung zum Klienten aufzubauen, diese im Aufstellungsprozess zu halten, ihm zu vertrauen und ihn anzunehmen und mit den Informationen im Aufstellungsprozess und im Anschluss angemessen umzugehen. Auch gruppendynamische Kompetenzen sind bei der Durchführung von Systemaufstellungen im Mehrpersonensetting erforderlich.

Systemaufstellungen beinhalten Innovationspotenzial, da durch sie neue Informationen gewonnen werden können. Sie bilden einen Raum für Prozessarbeit, bei der Vertrauen in das Fühlen und die Wahrnehmungsfähigkeit von Menschen sowie das Erleben von Unterschieden in dynamischen Wechselwirkungsprozessen gelegt wird. Die sich an Systemaufstellungen in der Regel freiwillig und motiviert beteiligenden Personen sind empfindungs- und empfangsbereit für Informationen und Neues. Darüber werden Unterschiede spürbar. In Systemaufstellungen wird Inneres nach außen gebracht – externalisiert –, was sich auch als räumliche Metapher des Beziehungserlebens zu sich, zu Anderen, zur Welt und dem Leben an sich interpretieren lässt (vgl. Weber, 2013, 2017). Das Geschehen wirkt dynamisch im intra- und interpersonellen Wechselspiel und kann aus verschiedenen Perspektiven wahrgenommen und ausgedrückt werden. Neben vertrauten und neuen Interaktionsprozessen können auch die damit verbundenen Wünsche, Interessen und Bedürfnisse bewusst gemacht und zum Ausdruck gebracht werden. Veränderungen lassen sich dabei experimentell sowohl individuell als auch kontextuell in ihrer Wechselwirkungsdynamik auf den Ebenen des Denkens, Fühlens und Handelns erspüren, beobachten und ähnlich einem „Probehandeln“ vollziehen.

Systemaufstellungen ermöglichen durch Beobachtung und Wahrnehmung die Bildung diagnostischer Hypothesen, neuer Erkenntnisse und die Anregung von Veränderungen. Sowohl impulsgebende Interventionsangebote der Aufstellungsleitung als auch Informationen über die Repräsentanten können dabei die selbstorganisierten inneren und äußeren Bewegungen stimulieren, die im lebendigen Feld des interaktiven Kommunikationsprozesses einer Systemaufstellung entstehen. Und zwar solange, bis in deren Verlauf sich für die Beteiligten eine als individuell und sozial stimmig empfundene Veränderung mit neuen räumlichen Positionierungen und Konstellationen entwickelt hat.

Systemaufstellungen, die vielfach im Rahmen eines mehrtägigen Gruppensettings stattfinden, erzeugen in kurzer Zeit eine als interessiert, verdichtet und unterstützend empfundene Atmosphäre. Die dabei rasch entstehende

Nähe zwischen den beteiligten Menschen wird als besondere Qualität für das Wachstum von Vertrauen und die Ermöglichung neuer Entwicklungsschritte hervorgehoben. Der relativ gleichbleibende strukturelle Ablauf eines mehrtägigen Seminars mit Systemaufstellungen wird auch mit Merkmalen eines Rituals in Verbindung gebracht (vgl. Baxa, 2001, 2004; Weber, 2001).

Feststellen lässt sich, dass sich die Arbeit mit Systemaufstellungen weltweit verbreitet hat und ein vielfältiges Interventionsangebot von Psychotherapie bis Management und Wissenschaft, Aus- und Weiterbildungsprozessen und in weiteren Kontexten darstellt. Im jeweiligen professionellen Kontext angewendet, sind sie eingebunden in fachliche Standards guter Beratung, Therapie, Lehre und Wissenschaft.[36]

Als ein animierendes und wirkungsvolles Angebot, das zeitgeschichtliche, kulturelle, soziale und emotionale Komplexität und Individualität sinnvoll verbindet und auf die „gesunde“, unterstützende Entwicklung von Personen und sozialen Systemen ausgerichtet ist, wecken Systemaufstellungen persönliches und kulturelles Innovationspotenzial und tragen darüber auch zur Gestaltung eines guten Umgangs mit Konflikten und einer friedvollen Zukunft bei.

In Kapitel 9 werden zunächst die drei Theoriemodelle vorgestellt, die mit ihren Aussagen zum Verständnis von Wirkfaktoren und Wirkungsweisen in Veränderungsprozessen die Ausgangsbasis für meine Forschungsfrage bilden, wie Veränderungen auf der Grundlage eines psychosozialen Theorieverständnisses ermöglicht werden können. In Kapitel 10 werden dann aus der Psychotherapieforschung bekannte allgemeine Einflussfaktoren beschrieben, die keinem speziellen therapeutischen Verfahren zuzurechnen sind, sondern als verfahrensunabhängig für wirksame Veränderungen in professionellen psychotherapeutischen Prozessen identifiziert worden sind. Diesen Einflussgrößen für persönliche und professionelle Weiterentwicklung kommt in den Systemaufstellungen ein besonderer Stellenwert zu.

Durch die Anwendung von Systemaufstellungen kann die persönliche und professionelle Entwicklung rasant und nachhaltig gefördert werden. Darin liegt die Relevanz und Chance von Systemaufstellungen für kompetenzorientiertes Lehren und Lernen in Qualifikations- und Bildungsprozessen. Ihr Einfluss und ihr Wirkungspotenzial speziell in psychosozialen Weiterbildungsprozessen werden in Teil III dieses Buches ausführlich dargestellt.

---

[36] Therapie- und Beratungsberufe unterliegen hohen fachlichen Standards und ethischen Grundsätzen. Auch für das Erlernen und die Rolle von Aufstellungsleitungen sind diese in den genannten Verbänden der Deutschen Gesellschaft für Systemaufstellungen (DGfS) und Infosyon entwickelt worden.

# 9. Psychosoziale Theoriemodelle und ihre Sicht auf Veränderungsprozesse

## 9.1 Die Systemtheorie

Für das Verständnis von Wirkfaktoren und Wirkungsweisen in Veränderungsprozessen aus systemtheoretischer Sicht erscheint die zu Beginn im naturwissenschaftlichen und später auch auf soziologische und psychologische Kontexte übertragene Theorie autopoietischer Systeme (gr. *autos* = selbst; *poin* = machen) von Bedeutung. Sie geht davon aus, dass ein lebendes und offenes System beständig selbsterzeugend seinen Bestand reproduziert. Mittels seiner eigenen Elemente, aus denen es besteht, bildet es rekursiv immer wieder die in ihm befindlichen Elemente selbst. Seine determinierte Interaktionsstruktur gibt vor, in welchen Grenzen sich ein Lebewesen verändern kann; es kann daher einzig mit seinen eigenen Zuständen arbeiten. Von außen kommende Impulse bekommen nur in der Form eine einflussnehmende Bedeutung, wenn im System befindliche Eigenzustände darauf reagieren, sich davon anstoßen lassen, ihnen Sinn und Bedeutung beimessen und sich von ihnen zu veränderungswirksamen Handlungen animieren lassen. Veränderung geschieht demnach niemals aufgrund einer „Instruktion von außen", sondern vielmehr durch eine von im Systeminneren heraus entschiedene Annahme eines als bedeutsam interpretierten Stimulus.

Die Wechselwirkungsprozesse steuernden Regelkreise in Systemen und die Reflexion darüber – durch den Einbezug einer darauf schauenden und wiederum aus einer subjektiv beschreibenden Beobachterperspektive auf den ein System beobachtenden Beobachter – werden in der Systemtheorie als Kybernetik I und Kybernetik II bezeichnet (vgl. Foerster, 2015). In der soziologischen Systemtheorie hat insbesondere Luhmann das rekursive Prinzip der Beobachtung der Beobachtung erkenntnistheoretisch bearbeitet (vgl. Luhmann, 2002). Es ist Ausdruck einer theoretisch fundierten Negierung von Objektivität und der systemtheoretischen Annahme einer stets konstruktivistischen, damit immer subjektiv-sinnhaften, selbstkonstruierten Wirklichkeit (vgl. Berger, Luckmann & Plessner, 2018). Zur Erhaltung von Stabilität dienen innerhalb von Systemen sogenannte Teil- oder Subsysteme, um einem die Stabilität überfordernden dysfunktionalen Wechselwirkungsprozess entgegenzuwirken. Subsystemgrenzen in sozialen Systemen ermöglichen somit Abgrenzung von anderen Subsystemen und stiften darüber eine spezifische Identität. Vereinbarte Zugehörigkeits- oder Nicht-Zugehörigkeitsmerkmale gehen daraus hervor. Andererseits stabilisieren sich Systeme auch dadurch, dass sie beständig für äußere Einflüsse wandlungsoffen sind.

Dabei können sich neue, unvorhersehbare Systemzustände herausbilden, wie bereits weiter oben geschildert (vgl. Schlippe & Schweitzer, 2014, 2016).

Lebendige Systeme sind so gesehen stets dynamisch, sie befinden sich in beständiger Bewegung und bilden ein Geschehen in Wechselwirkungsprozessen ab. Sie reagieren auf ihre jeweils eigene Weise auf Einflüsse und inszenieren damit ihre ganz spezifische Choreographie. Subjektivität, nichtlineare Dynamik und das Prinzip der Autopoiesis gelten daher als besondere Merkmale der dynamischen Systemtheorie. Das systemische Modell stellt die grundsätzliche Bedeutung einer prozessorientierten Beobachtungs- und Handlungsperspektive heraus, da systemtheoretisch eine direktive Steuerung von Systemen unmöglich erscheint. Manualisierungen und standardisierte Abläufe stehen dieser Erkenntnis daher widersprüchlich entgegen (vgl. Kriz, 2014).

Abb. 7: Das systemtheoretische Modell (Quelle: Schlippe & Schweitzer, 2012, S. 254)

Bei der weiteren Betrachtung systemtheoretischer Wirkfaktoren in Veränderungsprozessen hat die in Haltung und Vorgehen wichtige Kontextperspektive eine entscheidende Bedeutung. Jedes Denken, Fühlen und Handeln macht Sinn, wenn man den Kontext kennt, ist eine auf die Handlungsebene übertragene, aus der Systemtheorie abgeleitete Prämisse (vgl. Levold & Wirsching, 2014; Schlippe & Schweitzer, 2016; Sydow & Borst, 2018). Feinfühlig und aufmerksam gegenüber der Anbindung des einzelnen Menschen an seine Bezüge im Kontext zu sein, ermöglicht die Wahrnehmung der Interaktionen zwischen Mitgliedern und bedeutsamer Einflussgrößen eines sozialen Systems. So können auf der Grundlage der Beobachtung von zirkulär sich beeinflussenden Prozessen Hypothesen zur Funktion von Symptomen, Problemen oder Konflikten gebildet werden, die mit Ideen, bezogen auf ihre Veränderungsdynamik, einhergehen, woraus sich dafür mögliche Interventionsangebote entwickeln lassen. Ein als Problem beschriebener Zustand ist so betrachtet stets ein subjektiv wahrgenommener und als solcher bewerteter Zustand, der über Kommunikationsprozesse eine soziale Relevanz und Resonanz bekommen kann. „Gespräche mit all jenen Menschen, die an der Aufrechterhaltung eines Problems in der Regel ungewollt beteiligt und an seiner Veränderung interessiert sind, sind essenziell für die Systemische Therapie; mit der Interaktionsdynamik um das Problem, die verändert werden soll, verändert sich regelmäßig auch das zuvor personal attribuierte ‚Problem'" (Borst, 2020, S. 97).

Die Theorie selbstorganisierender Systeme erklärt Veränderungsgeschehen durch die Bedeutung der beständigen Übergänge und Wechsel von stabil-dynamischen zu instabil-dynamischen Systemzuständen und deren Auslösern. Nach Haken und Schiepek (2010) wird diese wechselseitige Fließbewegung vor allem durch energetische Anregungen eines Systems bewirkt, die auch als „Attraktoren" (ebd.) bezeichnet werden. Durch sie werden die Wechselwirkungsprozesse zwischen den Elementen eines Systems verändert und ihre dynamischen Muster destabilisiert bzw. zu Neukonstellationen stimuliert. Grawe (2000) spricht im psychotherapeutischen Kontext hier auch von „Problemattraktoren", die durch ihre Energie Systemzustände veränderungsausgerichtet anregen. Menschen fühlen, denken und handeln in einem komplexen Zusammenspiel, aus dem sich durch zahlreiche Faktoren dynamische Prozesse entwickeln. Als metatheoretischer Rahmen beschreibt die Theorie dynamischer Systeme psychische und soziale Veränderungsprozesse (vgl. Gelo et al., 2016). Selbstorganisation spielt sich wie beschrieben in einem Kontext ab, diese Prozesse werden von äußeren Einflüssen stimuliert und können als Anpassungsleistungen von Organismen an ihre Umwelt verstanden werden.

> Bei dem Begriff Wandel geht es zunächst immer um die Frage: Wandel von was? Aus systemtheoretischer Sicht heißt das: Auf welches System bezieht sich diese Frage nach Wandel? Man kann meines Erachtens den Wandel nie allein auf ein isoliertes System beziehen, sondern man muss immer schauen, welches die relevanten Umwelten sind, die überlebenssichernd oder überlebensnotwendig für dieses System sind. Es geht also um die System-Umwelt-Beziehung, die eventuell einen Wandel notwendig oder dringlich oder überflüssig macht. Welches ist die übergeordnete Überlebenseinheit, die wir beobachten müssen? Sie bildet den Beobachtungsbereich, aus dem sich die Frage dann ableitet, ob Wandel notwendig, schädlich oder vermeidbar ist. (Doppler, Simon & Wimmer, 2017, S. 4)

Ein Merkmal sozialer Systeme ist die Interaktion in Form von nichtlinearen Wechselwirkungsprozessen, die sich zwischen und innerhalb der beteiligten Personen ereignen. Einflüsse unserer Umwelt haben durchgängig eine Wirkung auf uns Menschen, die dazu anregen, uns zum Beispiel einem Ziel, einer Idee, einem Wunsch anzunähern oder uns davon zu entfernen. Schiepek spricht hier auch vom „Einschwingen [des Klienten] in eine intendierte Prozessgestalt“ oder von der „Annäherungs-Vermeidungs-Balance“ (Schiepek et al., 2013).

> Im gesunden psychischen Funktionieren ist es primär sensorische Stimulation aus unserer physikalischen und sozialen Umwelt, aber auch aus dem Inneren des Körpers, auf die wir reagieren. […] Genau genommen entsteht Information – im Sinne von Bedeutung – erst *im* Organismus. Eine Information, für die unser Organismus kein Sensorium hat, […] ist zumindest für psychische oder mentale Prozesse keine. *Information wird generiert*, wobei der aktuelle Ausgangszustand des Organismus eine große Rolle spielt. Vorerfahrungen, Bedürfnisse, Erwartungen und insbesondere Emotionen könnte man als Systembedingungen verstehen, die aus sensorischem Input relevante Kontrollparameter machen. Im Bereich der sensorischen Reizverarbeitung „beurteilen“ emotionsbezogene Hirnstrukturen […] die Relevanz von Stimuli und verändern dadurch das Arousal, die Vigilanz und physiologische wie motorische Reaktionen – blitzschnell, bevor umständliche kognitive Detailanalysen der Situation überhaupt greifen. (Schiepek et al., 2013, S. 35; Hervorhebungen im Original)

Welche Beschaffenheit sollten Attraktoren aufweisen, um Annäherungsbewegungen, also Interesse an neuer Erfahrung und Information, auszulösen? Was könnte Anreiz dafür sein, Neues interessant zu finden und es integrieren zu wollen, neue Ideen für die eigene Weiterentwicklung einfließen und zu Bestandteilen eines veränderten Denkens, Fühlens und Handelns werden zu lassen? Was entscheidet darüber, ob ein dynamischer Wechsel von stabil zu instabil im Sinne von Ordnungsübergängen stattfindet? Wie wird überhaupt „Neues“ identifiziert? Als etwas Neues kann nur definiert werden, wenn es sich vom Bisherigen unterscheidet. Das, was nach Bateson (einem Vertreter der kybernetischen Systemtheorie) einen Unterschied macht, bildet Informationen und hat demnach Attraktorqualitäten (vgl. Bateson & Holl, 2005, 2017). „Bedeutsam für Veränderungen sind Erfahrungen, die nicht einfach durch bestehende Sinnattraktoren immer wieder in die alten Kategorien in Form von sprachlichen Begriffen und Konzepten oder nicht-sprachlichen Bildern und Szenen einsortiert werden. Vielmehr ist es Aufgabe von Psychotherapeuten, Beratern und Coaches, dafür zu sorgen, dass eben das Geschehen tatsächlich neu und anders erfahren werden kann" (Kriz, 2017, S. 250).

Die Komplexitätstheorie stellt heraus, dass neue Ordnungen durch Adaption an neue Bedingungen entstehen (vgl. Strunk & Schiepek, 2014). Vergehen und Entstehen lassen sich somit als natürliche und unabdingbare Phasenübergänge in Entwicklungsprozessen begreifen. Gesellschaftliche Rituale wie zum Beispiel die Einschulung oder die Volljährigkeit, das Feiern beruflicher Abschlüsse ebenso wie die unternehmerische Betitelung einer organisationalen Neustrukturierung als „Change-Management-Prozess" können als Ausdruck dafür verstanden werden. Etwas endet und etwas Neues beginnt mit dem Bisherigen im Neuen und dem Noch-nie-Dagewesenen im Sinnbezug.

In seinem Modell der personenzentrierten Systemtheorie beschreibt Kriz (2017) die strukturbeeinflussende Bedeutung des Elementes „Sinn" im Gesamtgeschehen dynamischer Systeme: „Zur wichtigen Stabilität von Sinnstrukturen trägt die Dynamik von Sinnattraktoren und Komplettierungsdynamiken in einem Gesamtgeschehen bei, das von weiteren Bedeutungsfeldern durchzogen ist" (Kriz, 2017, S. 239). Das, was als attraktiv erscheint, gleichzeitig als etwas mit Sinn Behaftetes zu betrachten, liegt nahe. Sobald ein sogenannter Sinnverlust als kritisches Lebensereignis gilt, steht eine mit Sinngebung verbundene Veränderung als energetisch weiterführende Entwicklung an. Ob etwas als sinnvoll beschrieben wird, hängt mit kognitiven Bewertungen, emotionalem Erleben und Verhalten zusammen (vgl. Tausch, 2011). Die Verwobenheit von Sinn und Entwicklung zeigt sich auch durch den Einbezug aller Zeitebenen, das heißt mit dem Rückblick auf die Vergangenheit (was hat dazu geführt?), der Betrachtung des Gegenwärtigen (was ist jetzt?) sowie dem Ausblick auf die Zukunft (wohin und wofür?). Das Anstreben eines aus sich selbst heraus motivierten und als sinnvoll erachteten Ziels (intrinsisch) strukturiert entsprechende Handlungen mit einem als positiv erlebten Befinden, das der Zielerreichung dient. Werden Handlungen rein von außen vorgegeben (extrinsisch), ohne innere Sinngebung, bleibt im Allgemeinen ein als positiv erlebter emotionaler Zustand aus. Wird mit einem in der Gegenwart bestehenden und auf die Zukunft bezogenen Veränderungsinteresse etwas Positives und Sinnvolles für die eigene Entwicklung verbunden, erlebt die Person ihr Empfinden und Handeln als kongruent und sinnvoll (vgl. Yalom & Geuter, 2010).

Das systemische Theoriemodell beinhaltet in seiner Fokussierung auf Kommunikation und dynamische Wechselwirkungsprozesse auch affektives Erleben, welches sich auf der Ebene des Wahrnehmens mit seinen physiologischen Veränderungsprozessen zeigt und sich aus der systemtheoretischen Tradition einer emotions- und bindungsorientieren Ausrichtung ableitet. Emotionen werden als psychophysiologisches Phänomen verstanden, welches durch bewusste oder unbewusste Wahrnehmungsprozesse in einer Situation oder beim Erleben von Ereignissen ausgelöst wird. Wahrnehmung, physiologische Reaktion, Kognition, Gefühlserleben und reaktives Sozialverhalten gelten in bestimmten Ausschnitten als neurophysiologisch messbar. Gefühle erfassen beim Fühlen die unterschiedlichsten psychischen Erfahrungen und Reaktionen. Diese lassen sich verbal oder nonverbal ausdrücken, wie zum Beispiel Angst, Wut, Freude oder Liebe. Neurophysiologische Messungen bestätigen physiologische Reaktionen auf Emotionen, ohne dass spezielle Muster einer bestimmten Emotion zugeordnet werden können. So ist Emotionalität ein individuelles Geschehen im Gefühlsleben in der Interaktivität mit Anderen bzw. Umwelten.

„Der humanistische Kernsatz: ‚Nur am Du kann man zum Ich werden‘, erhält in der Personenzentrierten Systemtheorie somit einen umfassenderen Kontext, der u. a. makro- und mikrosoziale, historische oder evolutionäre Perspektiven auf die aktuelle Du-Ich-Begegnung miteinbezieht. Denn das ‚Du‘ ist zunächst eine Bindungsperson, die im guten Falle sowohl über Empathie als auch über die Kulturwerkzeuge zur Symbolisierung des Verstehens und des Verstandenen verfügt“ (Kriz, 2017, S. 234). Bedeutung haben im Modell der personenzentrierten Systemtheorie das „interpersonelle Eingebundensein“ in Form eines wechselseitigen Aufeinandereinwirkens von vier Perspektiven des Verstehens: interpersonell, psychisch, physiologisch und gesellschaftlich-kulturell. Dieses Zusammenspiel wird auf der Basis der bereits genannten Merkmale der Theorie dynamischer Systeme wie etwa Selbstorganisation, Nichtlinearität und Zirkularität betrachtet. Kriz spricht von der interpersonellen Prozessebene als dem „biosemiotischen Nadelöhr der Interaktion“ und spezifiziert als „Nadelöhr persönlicher Sinndeutungen“ (ebd., S. 135). Sinnesinformationen mit ihren neuronalen Wechselwirkungen zwischen innerer und äußerer Welt – physiologisch und interpretativ – bewirken zusammen Selbst-Bewusstseinsprozesse. Die Art und Weise, wie das Individuum seine Lebenswelt mit sich selbst in Bezug setzt, schafft „selbstreferente Kommunikationen“ (ebd., S. 136).

Veränderung im Sinne der Theorie dynamischer Systeme als nichtlinear verlaufende Übergänge aus einem Ordnungszustand in einen anderen gelingt aus Sicht der personenzentrierten Systemtheorie dann, wenn Interventionsangebote alle vier Prozessebenen – interpersonell, psychisch, physiologisch und gesellschaftlich-kulturell – berücksichtigen. Zentral dabei ist das selbstreflexive Bewusstsein, mit dem der Mensch sich selbst und seine Lebenswelt betrachtet. Dabei handelt es sich um einen im Menschen verborgenen, sich bewusst und unbewusst vollziehenden Vorgang, bei dem Außenreize gefiltert und subjektiv bedeutsame Reaktionen darauf entwickelt werden. Dabei ist die Beachtung der Komplementarität zweier Perspektiven wichtig, nämlich derjenigen, aus der die Welt beschrieben wird, und derjenigen, aus der sie erlebt wird (vgl. Kriz, 2017).

Kriz' Theorie der personenzentrierten Systemtheorie, die mit ihrer viererlei Ebenen betrachtenden ganzheitlichen Sicht auf menschliche Lebensprozesse, übergreifende Zusammenhänge und grundlegende Prinzipien relativ komplex erscheint, versteht sich aus diesem Grund auch als eine Basis, auf der bestehende Konzepte und Praxismodelle aus Psychotherapie und Beratung besser zur Geltung und Anwendbarkeit kommen können. Als eine Art Metaperspektive beugt sie einem „eklektischem, theorielosen Aneinanderreihen von ‚Tools' [sowie einer] unnötigen Einschränkung der Arbeit durch schulenorientierte Denk- und Anwendungsverbote" (Kriz, 2017, S. 235) vor. Sich beständig ändernde Umgebungsbedingungen in der Lebenswelt des Menschen stellen ihn immerwährend vor Entwicklungsaufgaben mit neuen Anpassungsleistungen. Somit ist auch die jeweilige Sinngebung in ein dynamisches Prinzip eingebettet und im Wandel befindlich. Im Falle störungsspezifischer Ereignisse, wie zum Beispiel Symptome oder Konflikte, wird die Sinngebung, die mit einer bestimmten kontextuellen Struktur in Verbindung steht, fragwürdig und wandelt sich in eine notwendig gewordene neue. Im Verlauf dieses Prozesses werden oftmals „Übergangshelfer" (Kriz, 2017, S. 240) wie Psychotherapie oder Beratung als soziale Orte in Betracht gezogen. Diese dienen vor allem der Anregung zur Erweiterung und Entwicklung des bisher Gedachten, Gefühlten und des Handlungsrepertoires. Wenn diese vom Klienten als attraktive neue Information wahrgenommen werden, stimulieren diese Übergänge, Neuordnungen und damit das Wiedererlangen einer beständig von Kräften beeinflussten Stabilität.

## 9.2 Die Psychodynamik

Die Psychodynamik beschäftigt sich mit den Kräften, die auf das innerseelische Befinden einwirken. Sie möchte erklären, welche Faktoren seelische Vorgänge beeinflussen. Das psychodynamische Modell wird aus der Tradition der Psychophysik kommend definiert und stellt eine nach physikalischem Vorbild entwickelte psychologische Theorie dar. Von einem Zusammenhang zwischen physikalischen und psychischen Phänomenen ausgehend, beschreibt sie den inneren seelischen Raum analog zum physikalisch äußeren dreidimensionalen Raum. So erklärt sich auch die Verwendung derselben Begrifflichkeiten wie zum Beispiel Dynamik oder Topik (vgl. Lewin, 1969).[37] Freud, Lewin und andere Autoren reicherten diese Theorie mit bahnbrechenden neuen Ideen an. So entwickelte Freud das aus der Psychodynamik hervorgehende tiefenpsychologische Modell der Psychoanalyse (vgl. Benecke et al., 2016; Fisseni, 2003; List, 2014). Diese Theorie richtet ihren Blick auf die intrapsychische und kontextuelle Dynamik zugleich und interessiert sich für das subjektive emotionale Erleben eines Menschen auf die Weise, indem sie auf die Auslöser seelischer Vorgänge als Reaktionen auf bestimmte äußere und innere Ereignisse und Einflüsse fokussiert. Auch Uexküll ist in dieser Hinsicht ein weiterer nennenswerter Vertreter, der in seiner theoretischen Weiterentwicklung der psychodynamischen Theorie neben psychischen auch physikalische, biologische und gesellschaftliche Gegebenheiten in ein Konzept integriert und dafür den Begriff „Integrationsraum" verwendet (vgl. Uexküll, 1963).

Wie Veränderungen auf der Grundlage eines psychodynamischen Theorieverständnisses ermöglicht werden können, bildet sich in den im Kontext psychischer Erkrankungen entstandenen zwei psychotherapeutischen Verfahrensrichtungen, der tiefenpsychologisch fundierten und der analytischen Arbeitsweise, ab.

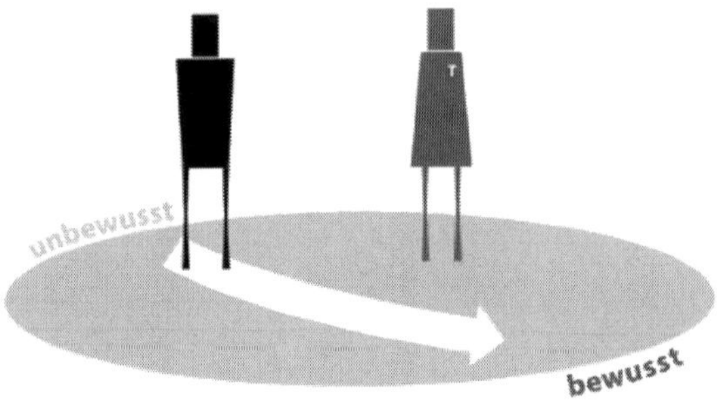


Abb. 8: Das psychodynamische Modell (Quelle: Rieforth & Graf, 2014, S. 170)

[37] Nicht nur in dem Modell der Psychodynamik, sondern auch in Philosophie und Religion finden sich ähnliche Vorstellungen innerer unsichtbarer Strukturbilder (vgl. Jung, 2011).

Beide Ansätze gehen davon aus, dass einem Symptom unbewusste lebensgeschichtlich begründete Erlebnisse und Erfahrungen zugrunde liegen, die sich unter der Oberfläche von Symptomen bzw. Problemen befinden. Ein unwillkürliches Zurückgreifen auf unbewusst ablaufende frühere Konfliktmuster begründet die Symptomatik und wird als dysfunktionale Verarbeitung erlebter Erfahrungen bezeichnet. Der Weg zu einer Veränderung wird dieser Theorie nach vor allem über das Verstehen herbeigeführt, wodurch ermöglicht wird, dass unbewusste Ängste, Wünsche und Konflikte in das Bewusstsein kommen. Denn wenn die eigenen unbewussten Abläufe mit der hinter der Symptomatik liegenden Sinnhaftigkeit verstanden werden können, kann es zu seelischen Veränderungen kommen. Die unbewussten Mechanismen aus der Tiefe an die Oberfläche zu holen und zu erkennen – das bisher Verborgene aufzudecken –, ist somit der entscheidende Schlüssel zum Bewirken von Veränderung aus der psychodynamischen Perspektive (vgl. Mentzos, 2017; Niehus-Jung & Jung, 2011; Nissen & Ahumada, 2009; Nissen & Beland, 2012; Rieforth & Graf, 2014; Wöller & Albus, 2005).

Im psychodynamischen Theoriemodell liegt der Fokus vor allem auf dem menschlichen Innenraum und der darin befindlichen Dynamik seelischer Prozesse. Diese vollzieht sich im Austausch mit bestimmten inneren Instanzen, wie es zum Beispiel das Modell von Sigmund Freud mit der Idee des Bewussten, Vorbewussten und Unbewussten sowie der Strukturelemente Ich, Es und Über-Ich beschreibt. Die Analyse des Kräfteverhältnisses zwischen diesen inneren Instanzen und ihrer Wechselwirkung mit den äußeren Gegebenheiten wird dabei als der Hebelmechanismus für Veränderungsprozesse interpretiert. Genauer betrachtet besteht Freuds bekanntes Strukturmodell der Psyche – auch das „Drei-Instanzen-Modell" oder „topisches Modell" genannt – aus dem Ich (Realitätsprinzip), dem Es (Lustprinzip) und dem Über-Ich (moralische Instanz). Bei dem Versuch, seelische Vorgänge zu verstehen und Veränderungen herbeizuführen, richtet sich das Interesse insbesondere auf die Wechselwirkungsdynamik zwischen diesen Instanzen. „In diesem mehr anthropologisch gedachten System besitzen die Instanzen den Charakter relativ selbständiger Personen, die zueinander in freundliche oder feindliche Beziehungen treten können" (Peters, 1984, S. 567).

So ist die Idee dieses Modells, dass das „Ich", um unerwünschte Triebimpulse aus dem „Es" zurückzuhalten, eine Reihe von Strategien bereithält, die Abwehrmechanismen genannt werden. Diese Lösungsversuche, wie zum Beispiel Verkehrung ins Gegenteil, Wendung gegen die eigene Person, Rationalisierung, Regression und Verdrängung, versuchen den Instanzen-Konflikt zu regulieren. Die von Freud als „Ich" bezeichnete Instanz entspricht dem Selbst-Bewusstsein und ist diejenige, die Vorgänge des bewussten Denkens leistet. Das „Ich" vermittelt „zwischen den Ansprüchen des Es, des

Über-Ich und der sozialen Umwelt mit dem Ziel, psychische und soziale Konflikte konstruktiv aufzulösen" (Lay, 1993, S. 212).

Das psychodynamische Modell erklärt auf diese Weise, weshalb es aufgrund unbewusster dynamisch-konflikthafter innerer Prozesse nicht selbstverständlich ist, jederzeit zu wollen und zu können. Um Veränderung zu ermöglichen, bedarf es demnach einer instanzenorientierten Beschäftigung mit dem Unbewussten und dem Prozess der Bewusstwerdung. Von besonderer Bedeutung dabei ist die Übertragung, das heißt die Verknüpfung lebensgeschichtlich erworbener Vorstellungen von Bezugspersonen mit dem jeweiligen Gegenüber. Auf diese Weise wird das Ehemalige in der Gegenwart, das Innere eines Menschen im Außen und in der aktuellen emotionalen Beziehung zugänglich und für die Gestaltung von Veränderungen verfügbar. Dieses psychodynamische Verfahren beabsichtigt ein nondirektives Vorgehen und orientiert sich ganz am Individuum. Es eröffnet damit einen möglichst weiten, offenen Raum für Zugänge zu konflikthaft-unbewussten psychischen Inhalten, um darüber ihre Bearbeitung zu ermöglichen und einer Reflexions- und erwünschten Handlungsebene zugänglich zu machen, worüber sich persönliche Veränderungen entwickeln können. Freud hat seine Erkenntnisse über das Unbewusste auch zur Untersuchung sozialer und kultureller Phänomene verwendet und damit ebenfalls Grundlagen für eine psychoanalytische Sozialpsychologie und Kulturtheorie gelegt (vgl. Broich, 2011; Freud & Lorenzer, 2004; Stuhlmann, 2010).

Eine persönliche Hinwendung auf das Zusammenwirken unbewusster und bewusster seelischer Prozesse ist aus psychodynamischer Perspektive im Hinblick auf Veränderungsprozesse von zentraler Bedeutung. Denn das Zusammen- und Gegeneinanderwirken unterschiedlicher psychischer Tendenzen (Kräfte, Motive, Emotionen) ist zur Erklärung von Phänomenen des Symptomwandels und der Wirksamkeit relevant. Was sich im intrapsychischen Innenraum abspielt, wartet bei Problemen oder Konflikten auf Erlösung durch Bewusstwerdung, wofür es im Allgemeinen eine zwischenmenschliche Beziehung benötigt. Erst in einem Interaktionsraum mit einer anderen Person – wie zum Beispiel mit einem Therapeuten – ermöglicht der zwischenmenschliche Kontakt Transformation und Wandlung innerer und äußerer Strukturen. Dieser Prozess unterstützt die persönliche Weiterentwicklung eines Menschen im Sinne einer wahrgenommenen gesteigerten Lebensqualität mit erweiterten Möglichkeiten im Denken, Fühlen und Handeln.

## 9.3 Die Bindungstheorie

Die Bindungstheorie basiert auf der Annahme, dass der Mensch von Anbeginn seines Lebens an ein Bedürfnis nach Bindung hat (vgl. Bowlby, 2018; Bowlby & Andres, 2016; Spangler & Schieche, 2009; Spangler & Zimmermann, 2009; Strauß & Schauenburg, 2017; Trost, 2018, 2019). Er strebt natürlicherweise danach, enge Beziehungen mit intensiven Gefühlen zu anderen Menschen bzw. Lebewesen aufzubauen.

Abb. 9: Der große Einfluss von Bindungspersonen im bindungstheoretischen Modell (Quelle: shutterstock 100800745)

Das Konzept der Bindungstheorie verbindet ethologisches, entwicklungspsychologisches, psychoanalytisches und systemisches Denken. Es hat seine Wurzeln in der psychodynamischen Theorie, verzweigte sich in zahlreiche Richtungen psychotherapeutischer und auch pädagogischer Modelle in Theorie und Praxis und gilt als das führende Paradigma der heutigen Entwicklungspsychologie (vgl. Wallin, 2016). Namhafte Vertreter der bindungstheoretischen Ausrichtung sind Bowlby, Robertson und Ainsworth, die sich an der Tavistock Clinic in London vor allem nach dem Zweiten Weltkrieg forschend und praktisch mit den Auswirkungen früher Trennungen von primären Bezugspersonen auf Kinder und ihre späteren Bindungsstile im Kontext der Kriegsjahre beschäftigten. Main[38] ergänzte Bowlbys und Ainsworths Arbeiten und erweiterte ihre Analysen auch auf das Erwachsenenalter. Dabei

[38] Main fand in ihren Langzeitstudien umfassende Belege für die Wichtigkeit der menschlichen Bindungserfahrung in den ersten zwölf Lebensmonaten und ihre Auswirkungen auf spätere Beziehungserfahrungen (vgl. Main, 1995; Wallin, 2016).

befasste sie sich mit den mentalen Repräsentationen. Fonagy griff diese Weiterentwicklung Mains auf und stellte darauf aufbauend heraus, dass intersubjektive Beziehungen der Kontext sind, in dem sich die wichtigen menschlichen Fähigkeiten zur Einsicht und Empathie entwickeln. Er entwickelte daraus das Modell der Mentalisierung, wonach eine sichere Bindung die Voraussetzung dafür darstellt, sich selbst und andere verstehen zu können. Darauf beruht die Fähigkeit, eigenes Denken, Fühlen und Handeln und das anderer Personen durch Zuschreibung mentaler Zustände angemessen zu interpretieren – „Having a Mind of One's Own and Holding the Other in Mind" (Coates, 1998, S. 115) – was eine wichtige Funktion in der zwischenmenschlichen Verständigung hat (vgl. Fonagy et al., 2018; Taubner, 2016).

Im Mittelpunkt der Bindungstheorie steht die Annahme eines grundlegenden menschlichen Bedürfnisses nach Bindung und Beziehung zu Anderen. Der zentrale Fokus der Bindungstheorie liegt dabei auf der Analyse frühkindlicher Bindungsmuster und ihrer Auswirkungen auf die Gestaltung von nachfolgenden Beziehungen. Dabei werden vor allem drei Bindungsstile unterschieden: sicher gebunden, ängstlich-ambivalent gebunden und vermeidend gebunden. „Sicher gebunden" bezeichnet den Bindungsstil, bei dem es einer Person leicht gelingt, zu anderen Menschen bzw. einem Gegenüber Nähe herzustellen und dabei wenig Angst vor einer Zurückweisung zu haben. Personen, die aufgrund früher Erfahrungen ein ängstlich-ambivalent gebundenes Bindungsmuster zum Ausdruck bringen, wird ein starkes Bedürfnis nach Nähe zugeschrieben, verbunden mit der Angst, dass ein Gegenüber dieses nicht erfüllen kann. Personen mit einem vermeidend gebundenen Bindungsstil sind dadurch gekennzeichnet, intensive Nähe zu vermeiden und in nahen Beziehungen eine gewisse Distanz aufrechtzuerhalten. Forschungsergebnisse bestätigen diesen Zusammenhang zwischen Bindungsstil und Qualität, Stabilität und Zufriedenheit in wichtigen, nahen Beziehungen (vgl. Rieforth & Graf, 2014; Spangler & Zimmermann, 2009).

Auf der Basis neuer, sich gut anfühlender Beziehungserfahrungen erfolgt aus der Perspektive der Bindungstheorie eine Art Korrektur früherer seelisch belastender Bindungserfahrungen, die integriert werden und wie eine „*zweite Chance*" (Wallin, 2016, S. 13; Hervorhebung im Original) wirken können. Wallin stellt auf der Grundlage der aktuellen Bindungsforschung drei Erkenntnisse heraus. Als Erstes sei der entscheidende Kontext für menschliche Entwicklung derjenige, in der sich die frühe Bindungsbeziehung entwickelte. Die in der Bindungstheorie relevante Reflexion der Bindungsmuster bezieht sich auf die in der primären Bindungsinteraktion entstandenen Empfindungen und Denkweisen. Die zweite aus bindungstheoretischer Sicht wesentliche Erkenntnis bezieht sich auf die nonverbale bzw. präverbale Dimension des Erlebens zum Erschließen des emotionalen Zentrums, in dem der

Kern des sich entwickelnden Selbst verortet wird. Auf dieser zwischenmenschlichen Kommunikationsebene befinden sich die meisten Anhaltspunkte, um Veränderungen zu gestalten. Die dritte bedeutsame Erkenntnis der Bindungstheorie besagt, dass sich aufgrund der Haltung des Selbst zum Erleben die Bindungssicherheit besser voraussagen lässt als aufgrund der Fakten der persönlichen Geschichte eines Menschen. So geht das Veränderungsmodell auf bindungstheoretischer Grundlage davon aus, dass sich das Selbst durch eine therapeutische bzw. „gute Beziehung" transformiert, was daher als hauptsächlicher Wirkfaktor in Veränderungsprozessen gilt. So geht es vor allem darum, die Art psychischen Erlebens zu verstehen, in der sich das jeweilige Empfinden der Beziehung zwischen der inneren und äußeren Welt spiegelt (vgl. Wallin, 2016). „Wie wir die Beziehungen zu anderen Menschen erleben, wird zu einem Merkmal unserer Beziehung zu uns selbst" (Hobson & Trunk, 2014, S. 180).

Die Notwendigkeit sozialer Interaktion als Voraussetzung für Veränderung und Entwicklung gilt somit ebenfalls im Modell der Bindungstheorie. Gewinnt eine bedeutsame Interaktionsbeziehung den Charakter einer heilsamen Beziehung, die neue Erfahrungen und Muster der Affektregulation und Denkgewohnheiten ermöglicht, wird ein veränderungswirksamer Effekt wahrscheinlich. Innere und äußere „Realitäten" werden dabei neu angelegt, wodurch sich das Selbst über bisherige bestehende Grenzen hinaus erweitern und entfalten kann. Hierbei spielt auch das „ungedachte Bekannte" (Bollas, 1997) eine wichtige Rolle, was die psychodynamische Idee der Gegenübertragung zum Ausdruck bringt, welche die Gesamtheit aller emotionalen Reaktionen meint, die im Kontakt mit einem Gegenüber (zum Beispiel einem Klienten) entstehen können. Der Ursprung dieser Reaktionen liegt dabei in einem der Interaktionspartner. Ein Gegenüber kann dasjenige wahrnehmen und explorieren, was die Person selbst nicht zum Ausdruck bringen kann, was jedoch für Veränderungsabsichten wichtige Informationen enthalten kann – sowohl auf der Ebene von Wünschen, Bedürfnissen und Potenzialen als auch auf der Ebene von Hemmnissen und Konflikten. Auf der Basis einer als sicher und vertrauenswürdig empfundenen Beziehung wird auf diese Weise ein neuer oder wiederentdeckter und willkommener Zugewinn an persönlicher Freiheit und Entfaltung und damit Veränderung möglich.

An diese drei verfahrensspezifischen Perspektiven veränderungswirksamer Modelle schließt sich im nächsten Kapitel die Beschreibung einer theorie- und verfahrensübergreifenden Perspektive an. Das ist insbesondere deshalb für die Thematik dieses Buches interessant, da aus dieser Perspektive verfahrensunabhängige Einflussgrößen auf dynamische Prozesse von Personen und sozialen Systemen in den Blick genommen werden, die sich auch in

Systemaufstellungen beobachten lassen. Zudem stellt auch dieser Ansatz eine für beratende und therapeutische Berufe wichtige Grundlage dar.

# 10. Die Psychotherapieprozessforschung zu Vorgängen und Wirkungsweisen in Veränderungsprozessen

Die Psychotherapieprozessforschung bietet ein trans- und interdisziplinäres Metamodell zur Analyse und Darstellung von Wirkfaktoren in Veränderungsprozessen an. Sie reflektiert theorieintegrativ und ordnet sich nicht einem bestimmten Verfahren zu. Die Psychotherapieforschung hat in den letzten 20 Jahren quantitativ und qualitativ eine starke Zunahme zu verzeichnen (vgl. Lambert et al., 2013). Grundsätzlich können zwei Forschungsrichtungen unterschieden werden: Sie untersucht einerseits allgemein und vergleichend die Wirksamkeit psychotherapeutischer Verfahren und Interventionsmodelle (Wirksamkeitsprüfung) und andererseits die Wirkungsweise in psychotherapeutischen Prozessen (Prozessforschung). Letztere befasst sich mit der Analyse von Psychotherapieverläufen und den sich dabei als wirksam herausstellenden Komponenten. Die daraus resultierenden Erkenntnisse dienen der Weiterentwicklung psychotherapeutischer Theorie und Praxis mit dem Ziel der Entwicklung möglichst effektiver Gestaltungsformen in Heilbehandlungen und stellen zugleich einen Beitrag für Innovationen und zur Qualitätssicherung und Qualitätsentwicklung dar. Die Psychotherapieforschung folgt dem Auftrag, die Weiterentwicklung der theoretischen und klinischen Grundlagen der Psychotherapie auf der Basis empirischer Befunde zu fördern (vgl. Grünwald, Müller-Locher & Schlegel, 2016; Lambert et al., 2013).

Die Wirksamkeit von Psychotherapie als Behandlungsmethode bei unterschiedlichen als psychische Störungen benannten Diagnosen wurde in einer Vielzahl von Studien und Metaanalysen nachgewiesen (vgl. Howard et al., 1996; Lambert et al., 2013). National und international werden daraus Standards und Leitlinien für psychotherapeutische Heilverfahren abgeleitet und entwickelt. Auch im interdisziplinären Diskurs wird der Frage nachgegangen, was die tatsächlich wirksamen Faktoren in Behandlungsverläufen bzw. Veränderungsprozessen psychischer Gesundung sind. Aus unterschiedlichen Perspektiven wird dabei auch danach gefragt, „ob und zu welchem Anteil therapeutische Effekte durch allgemeine Wirkfaktoren (z. B. therapeutische Beziehung) oder spezifische Techniken (z. B. Exposition) erzielt werden" (Hilbert & Martin, 2015, S. 185).

Seit Ende der 1990er-Jahre orientiert sich die Psychotherapieforschung stärker am Klienten und richtet als „patientenorientierte Psychotherapieforschung" ihr Interesse in erster Linie auf individuelle Therapieverläufe und

Bedingungen zur Entwicklung und Gewährleistung einer bestmöglichen Versorgungsqualität (vgl. Lutz, Neu & Rubel, 2019). Durch ein besseres Verständnis von dem, was auf welche Weise in psychotherapeutischen Veränderungsprozessen wirkt, wird die Weiterentwicklung sinnvoller Gestaltungsformen psychotherapeutischer Versorgungsangebote unterstützt (vgl. Lutz, 2010). Dabei werden Ausgangslagen mit Prognosen und Prozessverläufen im Behandlungszeitraum dokumentiert, um sowohl Fortschritte als auch negative Entwicklungen frühzeitig erkennbar zu machen. Auf diese Weise können Forschungsergebnisse auch im Sinne eines Wissenschafts-Praxis-Transfers für den Einzelfall stärker nutzbar gemacht werden. Dieses Vorgehen in der Psychotherapieforschung befasst sich demnach mit der Erkenntnisgewinnung zu Fragen wirksamer Einflussgrößen in Prozessen psychotherapeutischer Behandlungen und versucht herauszufinden, ob in erster Linie verfahrensabhängige Einflussgrößen oder vielmehr verfahrensübergreifende Schlüsselfaktoren im professionellen psychotherapeutischen Prozess Veränderungswirksamkeit erzeugen. Die internationale Psychotherapieforschung nimmt auf der Grundlage ihrer Forschungsergebnisse eine über verfahrensspezifische Konzeptionen stehende Metaposition ein, von deren Standpunkt aus sie Antworten auf Fragen nach Wirkfaktoren und Wirkungsweisen von Psychotherapie finden möchte (vgl. Duncan & Reese, 2013; Schiepek et al., 2013).

Die von Klaus Grawe erforschten und bis heute als grundlegend geltenden Forschungsergebnisse zur Wirksamkeit von Psychotherapie haben die Psychotherapieforschung weiter vorangebracht (vgl. Grawe, 1999; Grawe, Donati & Bernauer, 1994). Das Teilgebiet der Prozessforschung untersucht vor allem die meist dyadische Beziehung zwischen Therapeut und Klient auf vielerlei Ebenen und schenkt dem, was sich auf welche Weise ereignet, mehr Beachtung als der Bezeichnung des psychotherapeutischen Behandlungsverfahrens. Ergebnisse aus der Psychotherapieprozessforschung können damit auch die Ergebnisse aus der Erfolgsforschung weiter verstehen helfen und den Nutzenaspekt therapeutischer Prozesse verfahrensübergreifend und gegebenenfalls auch verfahrensspezifisch anreichern.

Die von Grawe als empirisch belegten allgemeinen Wirkfaktoren gelten als „Schlüsselbund" im psychotherapeutischen Behandlungsverlauf zur Linderung und Behebung diagnostizierter Störungsbilder (vgl. Grawe, 1999). Dabei handelt es sich um Wirkfaktoren, die unabhängig vom Psychotherapieverfahren in jeder Psychotherapie zum Tragen kommen können. So belegen einzelne Studien eine gleiche Wirksamkeit verschiedener Psychotherapieverfahren bei bestimmten Störungen (vgl. Cuijpers, Geraedts & Oppen, 2011; Wampold, 2018). Dies wird auch als „Äquivalenzparadoxon der Psychotherapie“ (Caspar & Lieb, 2017) bezeichnet und bezieht sich auf die verfahrensunabhängige Frage, was bei welchem Menschen auf welche Weise wirkt. Das Modell allgemeiner Wirkfaktoren – „common factors model“ – beschreibt Wirkungseffekte in Psychotherapien, die implizit in allen Psychotherapieverfahren enthalten sind und als bessere Erklärungsansätze für Therapieergebnisse gelten als spezifische Techniken (vgl. Luborsky & Singer, 1975; Pfammatter, Junghan & Tschacher, 2012). „The common factors model suggests that science has established psychotherapy as generally effective, that all therapies are basically equal in effectiveness, and that factors common among all therapies are what account for patient improvement, rather than the specific techniques used by a given school of therapy“ (Reisner, 2005, S. 378).

Grawe (1999, 2004) hat in seinen Forschungsergebnissen die folgenden fünf allgemeinen Wirkfaktoren in psychotherapeutischen Prozessen belegt:

- die Qualität der Beziehung zwischen Therapeut und Klient
- die Ressourcenaktivierung
- die Problemaktualisierung
- die motivationale Klärung
- die Problembewältigung.

Orlinsky bezieht die Entfaltung der allgemeinen Wirkfaktoren im psychotherapeutischen Prozess auf drei Ebenen (vgl. Orlinsky, 1994, 2009):

- die interpersonelle Ebene, mit den Elementen der Therapieallianz, Empathie, Wertschätzung, Zielübereinstimmung und Formen guter Zusammenarbeit;
- die intrapersonelle Ebene des Klienten, zu der Motivation, Veränderungsbereitschaft, Besserungs- und Selbstwirksamkeitserwartung zählen;
- die Ebene der realisierten therapeutischen Veränderungen, mit den Merkmalen: Klärung und korrektive Erfahrungen bzw. Problembewältigung.

Eine weitere ebenenbezogene Beschreibung bieten Lambert et al. (2013), wonach sich aufgrund der ähnlichen Profile von Zusammenhängen vier Kategorien von Wirkebenen bilden lassen:

- die Ebene des Beziehungs- und Motivationsaufbaus
- die Ebene der emotionalen Verarbeitung
- die Ebene der kognitiven Verarbeitung
- die Ebene der Problembewältigung.

Jedes im Kontext der Therapiebeziehung stehende Wirkprinzip bedarf bestimmter Vorgehensweisen, damit es zur Entfaltung kommen kann. So wird eine gute Therapieallianz neben den bereits genannten Attributen auch dadurch gefördert, dass es die Möglichkeit für die Exploration der Problemsicht des Klienten und für sein Verbalisieren emotionaler Erlebnisinhalte gibt oder dass der Therapeut vorsichtig mit Interpretationen umgeht und Angebote zum Ausdruck von Emotionen fördert.

Der Zusammenhang zwischen allgemeinen Wirkfaktoren und verfahrensspezifischen Interventionsangeboten wird in der Form angenommen, dass die Wirkung einer Intervention immer durch erwartungsbezogene (Besserungserwartung) und motivationale Faktoren (Veränderungsbereitschaft) aufseiten des Klienten beeinflusst wird. Daher ist vor allem die Frage relevant, wie spezifische Techniken und allgemeine Wirkfaktoren im Veränderungsprozess und Zusammenspiel mit Störungsvariablen und anderen Patienten- bzw. Klientenmerkmalen interagieren (vgl. Pfammatter et al., 2012). So legen die Ergebnisse der Psychotherapieforschung eine Integration der verschiedenen Psychotherapieansätze nahe,[39] bei der evidenzbasierte Wirkfaktoren durch evidenzbasierte Interventionen, das heißt genau auf die Störungsausrichtung und die individuellen Voraussetzungen des Klienten abgestimmte Vorgehensweisen realisiert werden. Manualisierungen gelten in Anbetracht der vielseitigen Variationsbreite der Patienten- bzw. Klientenmerkmale als eher wenig geeignet, deren individuelle Berücksichtigung ist jedoch von Bedeutung, damit sich Wirksamkeit in Veränderungsprozessen entfalten kann. Dabei sollte mit bedacht werden, dass verfahrensspezifische Techniken zur Erzielung von Heilung bzw. Veränderung aus einer jeweiligen Veränderungstheorie resultieren, was je nach Modell die Perspektive auf Störungen bzw. Diagnosen und ihre angenommenen Erklärungen beeinflusst.

Die nach wie vor zentrale Frage der Charakteristik von Veränderungsprozessen, das heißt, welche Veränderungen finden durch welche Einflüsse innerhalb von Psychotherapien statt, erscheint auch weiterhin von Bedeutung. Fragen danach, was bei welchem Klienten durch wen und unter welchen Umständen auf welche Weise wirkt, können als wichtige Leitideen für ein

[39] Neben der großen Bedeutung der allgemeinen Wirkfaktoren für Veränderungseffekte bleibt nach aktuellem Forschungsstand die Anerkennung unterschiedlicher Verfahren von Bedeutung. Bestimmte Verfahren sind bei einer Passung mit den sogenannten Störungsbildern und anderen Patienten- bzw. Klientenmerkmalen anderen überlegen. „Different folks require different strokes" (Norcross, 2011).

evidenzbasiertes und gleichzeitig differenziert auf die jeweiligen Konfliktlagen Einzelner ausgerichtetes Vorgehen in Psychotherapien gelten.[40] In diesem Zuge erscheint auch die Beschäftigung mit einer genauen Klärung von als allgemein zu bezeichnenden Wirkfaktoren weiterhin als eine wichtige Aufgabe (vgl. Pfammatter et al., 2012). Diese demnach im Interesse der Psychotherapieforschung stehenden Fragen nach einer Validierung der Zusammenhänge zwischen angewandten Methoden und allgemeinen Wirkfaktoren können unter anderem durch die Analyse von Psychotherapieprozessen sowie die Untersuchung der Interaktionen der „Technik-Wirkfaktor-Relationen" in Verbindung mit der jeweiligen Diagnosestellung und klientenspezifischer Merkmale vorgenommen werden (vgl. Petry, 2016).

Wampold (2018) und Wampold und Imel (2015) stellen unter Befürwortung eines kontinuierlichen Wissenschafts-Praxis-Transfers die Schlüsselkompetenzen für psychotherapeutisch wirksames Handeln heraus. Sie sprechen sich dabei für ein kontextuelles Metamodell aus, welches sowohl auf Erkenntnissen der Psychotherapieprozessforschung basiert als auch praxisbezogene Erkenntnisse einbezieht, die sich als wirksam auf der Ebene therapeutischen Handelns erweisen. Dieses Metamodell versucht verfahrensübergreifend zu erklären, was auf welche Weise psychotherapeutische Prozesse erfolgreich bzw. wirksam macht. Dabei wird angenommen, dass folgende Prämissen bei der Beschäftigung mit Fragen der Wirksamkeit in Psychotherapieprozessen von Bedeutung sind:

- Psychotherapie hat keinen einheitlichen Einfluss auf Klienten, sondern ist durch verschiedene Mechanismen gekennzeichnet.
- Psychotherapie, verstanden als eine spezielle Praxisform sozialer Heilung, umfasst mehr als die Vorstellung, bestimmte Methoden könnten jeweils spezifische Störungen und Defizite heilen.

Wampold verbindet in seinem kontextuellen Modell daher folgende drei Ebenen als Voraussetzung für wirksame Psychotherapien, deren Aktivierung zuerst eines gelungenen Auftakts einer guten Beziehungsgestaltung bedarf. Die anfängliche Begegnung zwischen Therapeut und Klient sollte sich bereits gut und vertrauensvoll entwickelt haben, damit sich auf den folgenden drei Ebenen im psychotherapeutischen Prozess Wirksamkeit entfalten kann:

[40] Im Rahmen der im November 2018 im Gemeinsamen Bundesausschuss (G-BA) erfolgten sozialrechtlichen Anerkennung der Systemischen Psychotherapie stellt diese das erste psychotherapeutische Verfahren dar, welches auf der Basis von Ergebnissen der „evidenzbasierten Medizin" in das Kassensystem aufgenommen wurde (vgl. Baumann, 2019).

- eine echte Beziehung („real relationship“[41]) zwischen Therapeut/Klient
- die Induktion von Besserungserwartungen und Transparenz bezogen auf die diagnostizierte Störung und das Vorgehen im psychotherapeutischen Behandlungsprozess (vgl. hier auch Grawe, 2000, S. 35: Besserungserwartungen als Teilaspekt der Ressourcenaktivierung)
- die Handlungsebene, auf der gesundheitsförderliche Aktionen angewandt und gestärkt werden.

Anhand dieser beschriebenen Voraussetzungen lässt sich nach Wampold erkennen, welche Kompetenzen für Therapeuten wichtig sind, um in psychotherapeutischen Veränderungsprozessen wirksam zu sein. Dabei stellt Wampold insbesondere die bedeutsamen Kompetenzen auf der Beziehungsebene zwischen Therapeut und Klient heraus:

> The healing power of an empathic relationship should not be underestimated. The evidence is strong that an empathic, caring, and understanding relationship will be beneficial and will augment the effectiveness of treatments, medical as well as psychic health. The impact of empathy on healing in medicine has been discussed extensively [...]. Research on the real relationship indicates that it is predictive of psychotherapy outcome. (Wampold, 2018, S. 248)

Als weitere Erkenntnisse aus der Psychotherapieprozessforschung sind die Studien von Stern und Vorspohl und den beteiligten Wissenschaftlern der „Boston Change Process Study Group“ zu nennen. Sie stellen im Rahmen ihrer Arbeit zwei bedeutsame Perspektiven für die Gestaltung von Veränderungsprozessen heraus: das Erleben von sich selbst und Anderen innerhalb eines therapeutischen Prozesses und die Einnahme einer Metaebene, auf der „von außen“ das Geschehen wahrgenommen und reflektiert wird (vgl. Stern & Vorspohl, 2012).

Etwas ist als therapeutisch zu bezeichnen, wenn die Interaktion dabei unterstützt, Veränderungen herbeizuführen und die Klienten in die Lage versetzt, zuversichtlich mit ihren als Problem empfundenen Themen umgehen

[41] „The real relationship, defined psychodynamically, ‚is the personal relationship between therapist and patient marked by the extent to which each is genuine with the other and perceives/experiences the other in ways that befit the other‘ (Gelo, 2014, p. 119). Although the psychotherapeutic relationship is influenced by general social processes, it is an unusual social relationship in that: a) the interaction is confidential, with some statutory limits (e. g., child abuse reporting), and b) disclosure of difficult material (e. g., of infidelity to a spouse, of shameful affect, and so forth) does not disrupt the social bond. Indeed, in psychotherapy, the patient is able to talk about difficult material without the threat that the therapist will terminate the relationship“ (Wampold & Imel, 2015, S. 271).

zu können. Dieses wird insbesondere über das Schaffen „innovativer Momente" ermöglicht, die Neues und Unterschiedliches zum Bisherigen entstehen lassen und zugleich als sinnvoll und attraktiv vom Klienten wahrgenommen werden (vgl. Fornaro, 2016; Gonçalves & Ribeiro, 2012; Kriz, 2017; Piazza-Bonin, Neimeyer, Alves & Smigelsky, 2016).

Nach diesem Überblick über verschiedene erkenntnisgenerierende Herangehensweisen und Aussagen zu Wirksamkeitsebenen und Wirkfaktoren in psychotherapeutischen Veränderungsprozessen wird im Folgenden auf die Definitionen und einzelnen Beschreibungen der jeweiligen Wirkfaktoren sowie auf die Bedeutung ihres Zusammenspiels näher eingegangen.

## 10.1 Allgemeine Wirkfaktoren in Veränderungsprozessen – Erkenntnisse der Psychotherapieprozessforschung

Als Wirkeffekt durch Wirkfaktoren wird das Entstehen erwünschter Veränderungen und Ergebnisse in der Interaktion zwischen Therapeut und Klient definiert (vgl. Pfammatter et al., 2012). Im Wörterbuch der Psychotherapie von Stumm (2009) wird zwischen spezifischem und unspezifischem (allgemeinen) Wirkfaktor unterschieden. Mit spezifischem Wirkfaktor sind die „von jeder Psychotherapieschule postulierten einzigartigen und unverwechselbaren Katalysatoren bzw. Träger des therapeutischen Veränderungsprozesses [gemeint], die ihre jeweilige Theorie von jeder anderen unterscheidet" (Karasu, 1984, S. 687). Grawe definiert den Begriff Wirkfaktor als „einen Prozess, an dem Therapeut und Patient gemeinsam beteiligt sind. Der Prozess muss den Akteuren weder bewusst noch von ihnen intendiert sein. Wesentlich ist allein seine tatsächliche Wirkung" (Grawe, 1999, S. 189).

Grawe unterscheidet spezifische von unspezifischen Wirkfaktoren dadurch, dass die unspezifischen Wirkfaktoren im Gegensatz zu den spezifischen in jeder Art von Psychotherapie wirksam werden und anders als viele der spezifischen Wirkfaktoren nicht technischer Teil eines bestimmten Verfahrensrepertoires sind (vgl. Grawe, 2005; Orlinsky, 2009; Tschuschke, 2009). Die Grafik gibt einen Überblick über die allgemeinen Wirkfaktoren in der Psychotherapieprozessforschung (s. Abb. 10).

Anhänger der verfahrensübergreifenden Psychotherapieforschung sprechen sich dafür aus, dass es wichtig sei, um die Wirksamkeit von Psychotherapie voranzubringen, sich von den bestehenden Methoden und Therapieformen zu lösen und stattdessen Wirkfaktoren, Perspektiven und psychotherapeutische Ausbildungen empirisch zu validieren und übergreifende Modelle zu fördern (vgl. Grawe, 2005; Kriz, 2005; Schiepek et al., 2013).

Abb. 10: Zusammenspiel allgemeiner Wirkfaktoren in Veränderungsprozessen (vgl. dazu Grawe, 2005; Wampold, 2015, 2018; Duncan & Reese, 2013; Norcross, 2011; Schiepek et al., 2013) eigene Darstellung)

Auf der Grundlage der beschriebenen Benennungen und Definitionen von Wirkfaktoren in der Psychotherapieprozessforschung werden im folgenden Abschnitt die in wissenschaftlichen Studien herausgestellten Wirkfaktoren im Rahmen psychotherapeutischer Veränderungsprozesse nun veranschaulicht.[42]

### 10.1.1 Wirkfaktor interpersonelle Ebene – die Qualität der Beziehung

Die interpersonellen Ebene zwischen Therapeut und Klient gilt als signifikanter Wirk- und Erfolgsfaktor in Veränderungsprozessen. Zahlreiche Autoren beschreiben die therapeutische Beziehung als wesentlichsten Wirkfaktor im psychotherapeutischen Setting (vgl. Balint & Balint, 1976; Grawe et al., 2001; Heidbrink, Lück & Schmidtmann, 2009; Holm-Hadulla, 2000; Wampold, 2018).

> Als wirksam erwies sich eine empathische Arbeitsbeziehung im Sinne einer Grundabstimmung mit dem Patienten, die auch Ausmaß von Reaktanz/Widerstand, seine Präferenzen und den kulturellen Hintergrund berücksichtigt (Norcross & Wampold 2011). Darüber hinaus wurden spezielle Aspekte der

[42] Einen weiter vertiefenden Überblick bieten z. B. die Veröffentlichungen von Wampold (2018), Wampold und Imel (2015) sowie von Schiepek et al. (2013).

> Allianz wie die Übereinstimmung in Bezug auf Therapieziele, Wertschätzung und Kongruenz als potenziell wirksam eingeschätzt. Einflüsse von Patienten-, Therapeuten- und Studienmerkmalen auf die therapeutische Allianz werden beschrieben. (Hilbert & Martin, 2015, S. 185)

Als relevante Attribute im Zusammenhang mit einer guten therapeutischen Beziehung gelten Empathie, Kongruenz und Authentizität des Therapeuten. Andere Autoren benennen speziell auch das Element des Humors als für eine gute Beziehung und die Gestaltung von erfolgreichen Veränderungsprozessen sehr zuträglich (vgl. Hain, 2012; Ritscher, Foertsch, Levold & Bauer, 2017; Satir, 2016; Wild, 2018). Gelingende Veränderungsprozesse brauchen eine vertrauensvolle Form der Zusammenarbeit zwischen Therapeut und Klient, in der sich der Klient sicher und gut aufgehoben fühlen kann (vgl. Hentschel, 2005; Scheibler & Pfaff, 2003). Eine im professionellen Kontext gestaltete gute Beziehung weist sich zudem durch die Ermittlung eines Konsenses hinsichtlich der Veränderungsziele und der Vorgehensweisen sowie eine kooperative Zusammenarbeit aus, die mit einer positiven Intensivierung der Arbeitsbeziehung einhergehen (vgl. Gassmann & Grawe, 2006; Norcross, 2011; Norcross, Lambert & Wampold, 2019).[43]

Auch der Austausch über das wechselseitige Erleben und die wahrgenommenen Fortschritte, Stagnationen oder „Umwege" bzw. interaktionelle „Störungen und Highlights" in der therapeutischen Arbeitsbeziehung gehören zur prozessualen Evaluation der Psychotherapie. Auf dieser Basis entwickeln sich Vertrauen und Zuversicht, worüber veränderungsunterstützende Interventionen auf fruchtbaren Boden fallen und seitens des Klienten als wohlwollend, sinnvoll und erfolgversprechend empfunden und mitgestaltet werden können. Die Summe dieser Qualitätsmerkmale fördert die Bereitschaft, sich zu öffnen und sich auf den Veränderungsprozess einzulassen, Selbstwirksamkeit und Selbstwertgefühl zu steigern, Neues zu wagen und erwünschte Veränderungen zu gestalten. Sind Merkmale einer guten therapeutischen Beziehung gegeben, gilt die Wahrscheinlichkeit eines Therapieerfolges als hoch (vgl. Flückiger, 2018; Jerusalem & Hopf, 2010; Kaimer & Preß, 2016; Norcross, 2011).

---

[43] Die differenzierte Definition und Betrachtung der therapeutischen Beziehung mit der Unterscheidung von „therapeutischer Beziehung" und „therapeutischer Allianz" betont die Ebene des Arbeitsbündnisses der Beteiligten, auf der die Problembearbeitung verortet und in hohem Maße mit dem Therapieergebnis in Verbindung gebracht wird. Zum Teil theoretisch spezifiziert, wird die „Therapieallianz" als eine positive emotionale, vertrauensvolle Beziehung zwischen Therapeut und Patient gesehen und die Übereinstimmung zwischen beiden auf die Aufgaben und Ziele der Zusammenarbeit bezogen (vgl. Bordin, 1979; Weinberger, 1995; Norcross, Lambert & Wampold, 2019).

Die Umsetzung dieser Qualitätsmerkmale hängt davon ab, inwieweit der Therapeut mit seinen direkten und subtilen interpersonellen Fähigkeiten die therapeutische Beziehung zu gestalten vermag. Dafür gibt es unterschiedliche Konzeptionen. Gemeinsam ist allen die Annahme, dass eine Beziehungsgestaltung stets dynamisch ist und von der ersten bis zur letzten Begegnung eine kontinuierliche Aufgabe im Therapieprozess darstellt. Die Entwicklung einer guten therapeutischen Beziehung braucht auch und vor allem den kontinuierlichen Dialog darüber, wie die Begegnung, Zusammenarbeit und der Umgang mit den Anliegen und Themen des Klienten wechselseitig erlebt wird und was dabei hinsichtlich der erwünschten Veränderungen als wirksam und was eher nicht empfunden wird bzw. wahrnehmbar ist (vgl. Staats, 2017; Weiß & Heinz, 2015; Aguilar-Raab et al., 2018). Im professionellen Selbstverständnis des Therapeuten sind daran eine beständige Selbstreflexion, Supervision, Prüfung und Relativierung eigener Wahrnehmungen sowie ein kontinuierliches Interesse an neuen Entwicklungen im Fachgebiet und die persönliche Fort- und Weiterbildung gekoppelt.

Somit weisen Forschungsergebnisse und Praxisevidenz die Qualität der therapeutischen Beziehung gleichermaßen als „Herzstück" der Wirkfaktoren im Veränderungsprozess aus. Die Klienten als Nutzer therapeutischer Unterstützungsangebote benennen in Befragungen die therapeutische Beziehung als den einflussreichsten Faktor in der Psychotherapie und bei der Bewertung ihres Ergebnisses (vgl. Schmidt-Traub, 2003; Flückiger & Grosse Holtforth, 2017; Wampold, 2018). Die wahrgenommene Qualität der therapeutischen Beziehung seitens der Klienten gilt als gesicherter Prädiktor für das Psychotherapieergebnis und wirkt sich stärker aus als die Beurteilung der Beziehungsqualität seitens des Therapeuten.[44] Weitere Studien, die den Zusammenhang zwischen der therapeutischen Beziehung und dem Therapieergebnis untersucht haben, finden sich zum Beispiel bei Orlinsky (2009) und bei Sachse (2016). Ihre Interpretation der Ergebnisse dieses Zusammenhangs betonen den starken Einfluss der Therapiebeziehung auf die weiteren Wirkfaktoren und deren komplexe Interaktionsbedeutung.

Bei der Frage der Wirksamkeit spielt auch der Einfluss der emotionalen Bindung des Therapeuten an sein Konzept eine bedeutsame Rolle. Dieser Faktor wird auch „Allegiance" (Wampold & Imel, 2015) genannt. Wie stark der Therapeut mit dem Ansatz seiner Arbeit identifiziert ist, entfaltet in der Interaktion mit dem Klienten ebenfalls eine Wirkung. Aus der subjektiv als überzeugend empfundenen Verbindung mit einem fachlichen Konzept leiten sich Glaubwürdigkeit und fachliche Autorität ab. Aus dem Glauben heraus,

---

[44] Nissen (2012) belegt, dass die Einschätzung der Qualität der therapeutischen Beziehung zwischen Therapeut und Klient häufiger unterschiedlich ausfällt.

dass das jeweilige fachliche Vorgehen ein gutes Mittel der Wahl ist und helfen kann, vermittelt der Therapeut dem Klienten ebenfalls Hoffnung und Zuversicht. Die Loyalität des Therapeuten gegenüber seinem fachlichen Konzept beeinflusst somit ebenfalls das Geschehen im Veränderungsprozess (vgl. Lambert et al., 2013; Orlinsky, 2009; Schiepek et al., 2013).

Vor dem Hintergrund dieses starken Forschungsinteresses am interpersonellen Wirkfaktor im therapeutischen Veränderungsprozess und der vorliegenden Erkenntnisse lässt sich die Dimension „Qualität der Beziehung" als eine Art Königsdisziplin interpretieren, die auf komplexe Art und Weise mit den weiteren Wirkfaktoren interagiert.

### 10.1.2 Wirkfaktor Motivation und Sinn sowie Beitrag des Klienten

Die „motivationale Klärung" (Grawe et al., 1994) gilt als ein weiterer allgemeiner Wirkfaktor in der Psychotherapieprozessforschung. Bei der Klärung der Motivationslage in Veränderungsprozessen stehen Ursprung und Beschaffenheit von individuellen Perspektiven im Fokus, die das Erleben eines Klienten beeinflussen. Durch den Prozess der Klärung persönlicher Motive im Interaktionsgeschehen findet zugleich ein dialogischer Reflexions- und Entwicklungsprozess statt. Unter Einbezug impliziter und expliziter Kommunikationsebenen und Bedeutungszuschreibungen wird dem Klienten so ermöglicht, sich selbst und seine Lebenssituation neu und anders zu verstehen und wahrzunehmen. Die Betrachtung der motivationalen Aspekte in der jeweiligen Situation gilt bei der Klärung der Frage, welche Bedeutungszuschreibungen aus welchen Gründen wann aktiviert sind, als zentral. Im Ergebnis bewirkt die prozessuale Beschäftigung mit dem Faktor motivationale Klärung, dass der Klient einen Zuwachs an Klarheit über sich selbst und seine Beziehung zur Umwelt gewinnt. Darüber entwickelt sich auch eine Steigerung der Selbstannahme und Zuversicht hinsichtlich der Realisierung von erwünschten Veränderungen, die in der Vorstellungswelt des Klienten zwar vorhanden sind, aber noch nicht als gangbarer Weg angenommen werden können (vgl. Grawe et al., 1994).

Wie sich die motivationale Ebene auf das Erleben und Handeln auswirkt, ist vielfältig belegt (vgl. Brandstätter, Schüler, Puca & Lozo, 2018; Lazarus, 1994). Jeder Mensch bewertet seine Interaktion mit der Umwelt bezogen sowohl auf seine bewussten und unbewussten Absichten oder Wünsche als auch auf seine ihm zur Verfügung stehenden Möglichkeiten, sich zur Situation in Beziehung zu setzen. Diese bestehende Wechselwirkung belegt den Bestandteil Motivation im Handeln und den Steuerungsaspekt von Emotionen, die als Ergebnis dabei das Handeln beeinflussen (vgl. Grawe, 1996). So kommt insbesondere der Auseinandersetzung mit den Emotionen eine hohe

Bedeutung zu, da diese die subjektive Perspektive des Erlebens von Situationen und Personen kenntlich machen und auf erfahrene, verinnerlichte Bindungs- bzw. Beziehungsmuster hinweisen. Ihr starker Einfluss auf problematische Themenbereiche kann darüber erkennbar und Veränderungen zugänglich gemacht werden (vgl. Znoj & Grawe, 2004).

Motivation und Sinn bilden ein Geschwisterpaar, denn nur, wenn einer Veränderung ein Sinn beigemessen wird, entsteht auch Motivation mit einem energetischen Antrieb für einen Veränderungsprozess (vgl. Schiepek et al., 2013; Znoj & Grawe, 2004; Kriz, 2017).

Auf der Ebene der intrinsischen Veränderungsmotivation des Klienten liegt ein zentraler Hebel für erfolgreiche Veränderungsprozesse. Als Voraussetzung dafür, dass sich eine erwünschte Veränderung ereignen, ein als leidvoll empfundener Zustand sich in einen besseren Zustand verwandeln kann, bedarf es der persönlichen Motivation des Betroffenen. Rein von außen kommende Appelle gelten dafür als zu schwach. Zur veränderungswirksamen Gestaltung eines Unterstützungsangebotes wie Psychotherapie gehört auch das Arrangement eines motivationsfördernden Klimas (vgl. Schiepek et al., 2013; Stucki & Grawe, 2007).

Vorhandene Motivation intensiviert Emotionen und fördert die Lebendigkeit, die Bewusstheit und das Wachstum von Ressourcen und Potenzialen. Sie aktiviert das Fantasieren, Visionieren, das Wünschen, das Entwickeln von Aussichten und attraktiven Zielvorstellungen sowie den Glauben daran, Veränderungen durch eigene Kraft erreichen zu können (vgl. Ciompi, 2016). Über die emotionale Bedeutungszuschreibung wird das Aktivierungsniveau systemimmanenter bzw. intrapsychischer Prozesse stimuliert. Die zentrale intrinsische Veränderungsmotivation des Klienten gilt es im Veränderungsprozess fürsorglich zu beachten, was über die therapeutische Haltung und unterschiedliche Interventionsangebote geschieht, worüber die Bedürfnislage und die Veränderungswünsche mit den wechselseitigen Erwartungen, inhaltlichen Vorstellungen und der Dynamik im Beziehungsgeschehen im zentralen Fokus behalten werden. Kriz spricht in diesem Zusammenhang von Sinnattraktoren und betont ebenfalls deren Bedeutung als Wirkfaktor in Veränderungsprozessen (vgl. Kriz, 2014, 2005, 2017; Schlippe & Schweitzer, 2016).

Einige Ergebnisse in der Psychotherapieforschung stellen den Beitrag des Klienten im Veränderungsprozess als weiteren signifikanten Wirkfaktor explizit heraus. Diese der Motivationsebene zuordbare Perspektive bezieht sich auf den bedeutsamen Einfluss der Kooperationsbereitschaft und Mitwirkung des Klienten im therapeutischen Prozess. Das Maß seiner Annahme- und Aufnahmebereitschaft gegenüber dem Therapieangebot, sein Entwicklungs-

und Mitgestaltungsinteresse sowie seine Beiträge konkreter Umsetzungsformen auf der Handlungsebene bestimmen entscheidend mit, ob und wie sich eine gute therapeutische Beziehung und ein erfolgreicher Veränderungsprozess entwickeln (vgl. Orlinsky, 2009; Schiepek et al., 2013; Strunk & Schiepek, 2014).

### 10.1.3 Wirkfaktor Ressourcenorientierung

Das Wort Ressource leitet sich aus dem lateinischen Wort „resurgere" ab, welches mit „wieder aufstehen, sich wieder aufrichten" übersetzt wird. Grawe definiert Ressource als jeden „Aspekt des seelischen Geschehens und darüber hinaus der gesamten Lebenssituation eines Patienten [...], also z. B. motivationale Bereitschaften, Ziele, Wünsche, Abneigungen, Interessen, Überzeugungen, Gewohnheiten, Interaktionsstile, physische Merkmale wie Aussehen, Kraft, Ausdauer, finanzielle Möglichkeiten und das ganze Potenzial der zwischenmenschlichen Beziehungen eines Menschen" (Grawe, 2000, S. 34).

Zur Aktivierung von Ressourcen interessieren sich Therapeuten in der Interaktion mit dem Klienten intensiv für dessen „Quellenbefunde". Die Kommunikation über persönliche Stärken, Fähigkeiten, Eigenschaften und nährreiche Gegebenheiten über das Gelungene und Gelingende im Leben bewirkt vielfach eine wesentliche Schubkraft im Veränderungsprozess. Die darüber frei werdenden positiven Emotionen helfen dabei, den Selbstwert zu steigern, Erstrebenswertes anzusteuern, Anforderungen zu bewältigen, bestimmte Handlungen zu leisten, Konflikte zu klären, Hindernisse zu überwinden oder auch ein sinnvoll und realisierbar erscheinendes Design im Veränderungsprozess zu entwerfen (vgl. u. a. Beesdo-Baum, 2011; Grawe, 1999; Grawe & Grawe-Gerber, 1999; Smith & Grawe, 2013; Satir, 2016; Schaller & Schemmel, 2013).

Die Kultivierung des Wirkfaktors Ressourcenaktivierung ist während des gesamten Verlaufs einer psychotherapeutischen Unterstützung möglich und sinnvoll. So lassen sich sowohl in der Beschäftigung mit den Inhalten als auch in der reflexiven Betrachtung des gesamten Prozessgeschehens im Interventions- und Beziehungsangebot des Therapeuten Ressourcen kommunikativ aktivieren. Als wohlwollendes Gegenüber drückt der Therapeut dieses auch in der Form aus, dass er sich in einem flexiblen und variablen Gestaltungsmodus als „gutes Modell" anbietet. Der Klient kann diese förderliche Interaktionsqualität als neue Beziehungserfahrung verinnerlichen und eine positive „Neu-Beschreibung" seiner selbst wahrnehmen, integrieren und weiterentwickeln. Durch die bejahende Spiegelung, anreichernden Aussagen und Fragen seines Gegenübers steigt das Potenzialbewusstsein und Selbstwertgefühl als relevante Voraussetzung für veränderungswirksame

Prozesse. Vor allem zu Beginn einer Therapie befinden sich Klienten häufig in dem Dilemma einer Inkongruenz zwischen ihren persönlichen Bedürfnissen und der Wahrnehmung ihrer selbst und der Umwelt. Das Erleben der Aktivierung ihrer eigenen Ressourcen bewirkt die Verringerung oder gar Auflösung dieses Missverhältnisses, worüber bisher eingeschränkte oder nicht erfüllte Befriedigungen wichtiger Grundbedürfnisse möglich werden (vgl. Flückiger & Grosse Holtforth, 2017; Grawe, 2000; Willutzki & Teismann, 2013).

Ressourcenorientiertes Arbeiten in Veränderungsprozessen wirkt sich über solcherart Rückkopplungsprozesse signifikant steigernd auf das Selbstwertgefühl und die Motivation für die Fortsetzung des therapeutischen bzw. Veränderungsprozesses des Klienten aus. Es kultiviert ein erweitertes oder gar neues Selbstbild und „empowered" und fördert damit eine entwicklungsfreudige Energie zutage, die sich hilfreich auf die Bewältigung problematischer Themen und Situationen auswirkt (vgl. Grawe, 2000; Znoj & Grawe, 2004). Wie in einer Art Aufwärtsspirale steigern diese selbstwerterhöhenden Erfahrungen auch die Selbstwirksamkeitserwartungen des Klienten (vgl. Bandura, 2012). Darüber steigert sich in der Regel die Zuversicht, Vorstellungskraft und das Realisierungsvermögen, angestrebte Veränderungen gestalten zu können. Gute Bewältigungserlebnisse stärken wiederum das Selbstvertrauen hinsichtlich weiterer, nächster Entwicklungsschritte. Die Zukunft wird dadurch insgesamt positiver eingeschätzt und der Boden für weitere Erfolge zunehmend fruchtbarer. Selbst gestaltete und erfahrene Veränderungen werden als positive Auswirkungen der Therapie bewertet, was erneut die Motivation und die Bereitschaft zur aktiven Mitwirkung in der Therapie anfeuert und auch die Beziehungsebene in positivem Glanz erstrahlen lässt. In der Wechselwirkung dieses Verlaufs fühlt sich auch der Therapeut bestätigt, erlebt sich ebenfalls ressourcenvoll und sein Angebot als wirksam und sinnvoll. Auch seine Motivation und Ambitionen für sein Engagement in der Prozessgestaltung gewinnen weiter an Energie und Freude. Aus einem erfolgreichen Gefühl auf beiden Seiten ergibt sich, bezogen auf die Wirksamkeit der Therapie, insgesamt eine günstige Prognose (vgl. Grawe & Grawe-Gerber, 1999). So werden über den Wirkfaktor Ressourcenaktivierung im Sinne eines mehrdimensionalen Erfahrungs- und Lernprozesses (weitere) korrektive Erfahrungen ermöglicht, durch die sich neue Muster des Denkens, Fühlens und Handelns beim Klienten herausbilden und sich das gesamte professionelle Setting konstruktiv gestalten kann (vgl. Schmied & Grawe, 2013).[45]

---

[45] Selbstverständlich befindet sich auch der Therapeut in einem beständigen selbstreferenten Entwicklungsprozess, der durch Impulse seiner Arbeit mit Klienten beeinflusst

### 10.1.4 Wirkfaktor Problemaktualisierung

Leid und Druck, den ein Klient im Umgang mit seinen Problemen und Konflikten erlebt und wofür er sich mittels therapeutischer Unterstützung Abhilfe erhofft, stehen im Zentrum einer Psychotherapie. Bei der therapeutischen Unterstützung im Dienste des Interesses, ein belastendes Problem loszuwerden, das Allgemeinbefinden zu verbessern und Veränderungswünsche realisieren zu können, stehen auch die Beschäftigung mit dem Erleben des Problems, seiner Verlaufsgeschichte und dem Dahinterliegenden im Kontext der Persönlichkeit, Lebensgeschichte und Situation des Klienten im Fokus der therapeutischen Veränderungsprozessgestaltung.

Die Veränderung Leid bewirkender Strukturen im Denken, Fühlen und Handeln und eine damit einhergehende Verbesserung der Lebensqualität des Klienten sind erwünschte Ergebnisse erfolgreicher Psychotherapien. Beim Wirkfaktor Problemaktualisierung handelt es sich um das Angebot von Gelegenheiten im Prozessverlauf, bei denen der Klient eine Aktivierung seiner als problematisch erlebten Affekte und Deutungsmuster erleben kann. Dieser Kontakt mit dem als unerwünscht Beschriebenen bietet die Chance für die Entwicklung neuer Strukturen bzw. einer Re-Kontextualisierung im Umgang mit dem als schwierig Wahrgenommenen. So würdigt dieser Einbezug im Veränderungsprozess sowohl die bestehende Konfliktlage, deren Aushaltbarkeit im Beisein eines Anderen, als auch die Übergänge in neue Zustände, die von Zuversicht hinsichtlich der Möglichkeit ihrer Bewältigung und der Realisierbarkeit von Veränderung geprägt sind.

Die Problemaktualisierung als Vehikel in Veränderungsprozessen entfaltet sich vor allem dann als Wirkfaktor, wenn sie in flüssiger Verbindung mit den weiteren allgemeinen Wirkfaktoren zum Ausdruck kommt. Auf der Basis einer guten therapeutischen Beziehung, wozu die Annahme und Wertschätzung des Klienten auch im Zustand einer situativ instabilen Verfassung gehören, können kooperativ neue Interpretationsformen des Erlebens und Geschehens eingeführt und erweiternde Perspektiven und Handlungen daraus entwickelt werden. Auch können sinnvoll eingesetzte konfrontativ-fordernde therapeutische Interventionsangebote je nach Ausrichtung des therapeutischen Konzepts zur Aktualisierung des als problematisch Erlebten und zur Anregung neuer Erlebens- und Sichtweisen des Klienten dabei wirksam zur Anwendung kommen.

Die Annäherung an die Erfüllung bisher wenig oder gar nicht befriedigter Bedürfnisse und wachsende Entfaltung der zur Verfügung stehenden Potenziale werden durch die Problemaktualisierung dahingehend unterstützt, dass

---

wird (vgl. u. a. Lieb, 1998; Dodson, 1992; Mösler et al., 2015; Rieforth & Beermann, 2017; Satir, 2016).

sie die Elemente des Konfliktmusters, die das Problem bisher aufrechterhielten, bewusster, verstehbarer und handhabbarer werden lassen. Aus bisher in ungünstiger Art und Weise zwischen Annäherung und Vermeidung in widerstreitenden Bewegungsmustern kollidierenden Lösungsversuchen wurde eine einschränkende Balance erzielt. Durch die Problemaktualisierung im therapeutischen Setting kann der Klient selbst aktiv erfahren, dass sich die Risiken im Falle seiner Annäherung an die angestrebte Bedürfnisbefriedigung und den damit verbundenen ambivalenten und als schwierig empfundenen Emotionen ganz oder teilweise verringern oder auflösen lassen. Diese Form des Erlebens und Sichtbarwerdens ermöglicht die weitere Realisierung von Veränderung. In Verbindung mit einer Würdigung des bisherigen Umgangs mit dem Problem leitet diese besondere Erfahrung in einem professionellen Setting mögliche Wendepunkte im Kurvenverlauf eines Veränderungsprozesses ein. So kann ein integratives Spektrum der Betrachtungsweisen und der Empfindungen beim Übergang in das Neue gewährleistet werden.

Die Problemaktualisierung als das unmittelbare Erfahrbarmachen von Konfliktlagen im therapeutischen Veränderungsprozess berührt emotionale, kognitive und handlungsbezogene intra- und interpersonelle Ebenen, die als wichtige Steuerungsinstanzen im Veränderungsprozess gelten. Stets angekoppelt an eine die Sinnhaftigkeit untermalende Konnotation der Vorgehensweise und anliegenrelevante benannte Veränderungsmerkmale, bleibt dabei „das Wofür“ als eine attraktive zukunftsbezogene Ausrichtung beständig im Visier. Auf der Basis einer guten Beziehung verbunden mit der Aktivierung von Ressourcen kann die Problemaktualisierung weiterführende und veränderungwirksame Effekte auslösen.

### 10.1.5 Wirkfaktor Entwicklungsperspektive

Dass die Bewältigung des Problems in der Psychotherapieforschung einen signifikanten Wirkfaktor darstellt, betont die grundsätzliche Bedeutung von Psychotherapie als Unterstützungsangebot für Veränderung. Der Klient wünscht sich im Allgemeinen, das Problem, das ihn zu einem Therapeuten führt, aus dem Weg räumen zu können.[46] Das Problem, welches den Klienten zum Therapeuten führt, mit einer Entwicklungsperspektive zu verbinden, eröffnet den Raum zur Bewältigung des Problems. Dafür orientiert sich der Therapeut an den Interessen und dem Erleben des Klienten und erkundigt

[46] Die besondere Situation von „Zwangskontexten“, in denen Patienten nicht selbstmotiviert psychotherapeutischen Sitzungen beiwohnen, sei an dieser Stelle mitgedacht, jedoch nicht im Vordergrund behandelt. Auch diese Situation kann als „das Problem“ im therapeutischen Setting für Klärungs- und Entwicklungsprozesse Bedeutung haben und sich wandeln.

sich bei ihm nach dessen Anliegen und Vorstellungen, wie er behilflich sein kann (vgl. Grawe, 2000; Levold & Wirsching, 2014; Schlippe & Schweitzer, 2014, 2016).

Wie das Problem beschrieben und erklärt wird, welche Geschichte es hat, welche Interaktionsmuster sich dabei zeigen und welche Veränderungsinteressen sich für den Klienten damit verbinden, geben dem Therapeuten Hinweise zur Auswahl seiner Vorgehensweise – je nach handlungsleitendem Konzept. Mit dem ihm zur Verfügung stehenden professionellen Repertoire kann er, bezogen auf das Anliegen seines Gegenübers, veränderungsanregende Impulse zur Klärung und Weiterentwicklung zur Verfügung stellen. Dies ermöglicht ihm auch zu prüfen, ob sich sein Angebot, seine Kompetenzen und seine Bereitschaft für den Aufbau oder die Fortsetzung einer therapeutischen Zusammenarbeit eignen. Sowohl die inhaltlich-fachliche als auch die emotionale Abwägung tragen dazu bei, ob er motiviert ist und sich in der Lage sieht, seinem Gegenüber ein entwicklungsförderliches professionelles Angebot zu eröffnen. Die Entscheidung, ob eine fachgerechte gemeinsame Veränderungsarbeit als aussichtsreich erscheint, gilt es auf beiden Seiten der Kooperationspartner abzuwägen und zu treffen. Diese Voraussetzungen sind notwendig, um einen Prozess der Veränderung und Entwicklung entsprechend dem Problemanlass gestalten zu können.

Was der Klient als schwierig und konfliktlastig wahrnimmt und beschreibt, steht in Verbindung mit seinem Wunsch, dieses verändern zu wollen und auf möglichst positive Art und Weise etwas Neues zu erfahren, zu erlernen und zu entwickeln. In einem therapeutischen Beziehungs- und Erfahrungsraum möchte der Klient sich angenommen und darin unterstützt wissen, um seine Schwierigkeiten bewältigen zu können. Gelingen ihm zunehmend wiederholt neue Bewältigungserfahrungen im Umgang mit dem von ihm als schwierig Wahrgenommenen, steigt seine Erwartung, selbst im Veränderungsprozess wirksam sein zu können, und damit sein Selbstwertgefühl, Vertrauen und seine Zuversicht. Und damit auch die Vorstellung, sich eine attraktive Zukunft gestalten zu können (vgl. Bandura, 1992; Grawe, 1996). Psychotherapeutische Unterstützungsformen für Veränderungsvorhaben von Klienten erfolgen über problemspezifische Interventionsangebote für die Entwicklung von Möglichkeiten positiver Bewältigungserfahrungen im Umgang mit dem jeweiligen Problem bzw. den intra- oder interpersonellen Konfliktsituationen. Veränderungsziele zu erreichen, ihre Merkmale zu spüren, ganz gleich, ob sie sachlicher oder emotionaler Art sind, führt zu einem Gefühl von Erfolg mit Stolz und Lebensfreude (vgl. Grawe et al., 1994; Znoj & Grawe, 2004; Reinlaßöder & Furman, 2011; Furmann & Ahola, 2016).

### 10.1.6 Zur Wechselwirkung der allgemeinen Wirkfaktoren in Veränderungsprozessen

Die dargestellten allgemeinen Wirkfaktoren in der Psychotherapieprozessforschung entfalten in einem fließenden, sich ausbalancierenden Wechselspiel ihre vollständige Bandbreite zur Förderung von erfolgreichen Veränderungsprozessen (vgl. Grawe, 1995). Sie liegen in der Gewichtung ihrer Bedeutung nah beieinander, weshalb sie miteinander verbunden als Wirkungsspektrum in professioneller Angemessenheit zur Geltung gebracht werden sollten. Sie wechseln sich in ihrer Gewichtung kontinuierlich ab, sind selten solo aktiv, sondern stehen in einem ausgewogenen, ausgeglichenen Verhältnis zueinander.

Als die alles tragende Grundlage gilt, wie vielfach betont, der Wirkfaktor „Qualität der Beziehung", der den wesentlichsten Einfluss auf den Erfolg in einem Veränderungsprozess ausweist und mit anspruchsvollen Merkmalen persönlichen und professionellen Handelns und Reifens in Verbindung steht. Er bestimmt wie die Sonne im Planetensystem die „habitable Zone" mit einem entwicklungsermöglichenden Klima im Gesamtverlauf des Veränderungsprozesses. Mit ihr im Zentrum sind implizit alle anderen Wirkfaktoren verwoben (vgl. Grawe & Meyer, 1994; Grawe, 2000). Ebenso kommt dem Wirkfaktor Ressourenaktivierung eine grundlegende prozessuale starke Bedeutung zu (vgl. Flückiger & Wüsten, 2015; Flückiger & Grosse Holtforth, 2017; Grawe & Grawe-Gerber, 1999). Vor allem in diesen beiden Wirkfaktoren spiegelt sich das entwicklungsmotivierende und wachstumsorientierte Potenzial. Zutrauen in die Fähigkeiten des Klienten, ihm Halt zu bieten, wenn er ihn braucht, stellen wichtige Voraussetzungen für gelingende Bewältigungsprozesse im spezifischen Problembereich dar. Die ressourcengestützte Problemaktivierung fördert vorbereitend den Zugewinn an Fähigkeiten, die es braucht, um die Probleme bewältigen und Veränderungswünsche erfüllen zu können und damit weitere Ressourcen sowie auch die Motivation zu stärken. Wenn der Klient fühlt, dass sich dieser Prozess für ihn lohnt und er es schaffen kann, sich dafür einzusetzen, sich der Erfüllung seiner Wünsche und Zielvorstellungen anzunähern, wächst in der Verbindung von Klärungs- und Realisierungsprozess sein Bewältigungsrepertoire und nährt sich sein Selbstwirksamkeitserleben mit den dazugehörenden guten Gefühlen und mehrdimensionalen Auswirkungen. Durch die Berücksichtigung und Aktivierung aller Wirkfaktoren kann in der Zusammenarbeit mit dem Klienten das als wesentlich geltende Ziel eines therapeutischen Prozesses erreicht werden, nämlich korrektive emotionale Erfahrungen zu ermöglichen. Daraus leiten sich veränderungswirksame weiterführende Entwicklungs- und Lernprozesse ab.

## 10.2 Generische Prinzipien als Wirkfaktoren im Veränderungsprozess

Aus der Theorie der Synergetik (vgl. Haken, 1983) und den Ergebnissen der Psychotherapieforschung entwickelten Schiepek und Haken acht generische Prinzipien und damit ein weiteres Metamodell von Wirkfaktoren in Therapie- und Beratungskontexten, das die Erkenntnisse aus der Selbstorganisationstheorie für die Gestaltung selbstorganisierender Entwicklungen in Veränderungsprozessen als wirksamen Faktor herausstellt (vgl. Haken & Schiepek, 2010; Kannicht & Schmid, 2015; Rufer, 2013). Dieses sich mit Ordnungs- und Chaosphänomenen in dynamischen Systemen auseinandersetzende Modell konnte in zahlreichen Studien in seiner Bedeutsamkeit bestätigt werden (vgl. Gelo & Salvatore, 2016; Schiepek et al., 2014). Es trägt dazu bei, dynamische Entwicklungsprozesse besser zu verstehen und für Veränderungsprozesse förderlich einzusetzen. „Following a conceptualization of psychotherapy as a self-organizing process, one core hypothesis is focusing on discontinuous patterns of change“ (Heinzel, Tominschek & Schiepek, 2014, S. 156).

Durch die Merkmale sozialer Systeme, offen und dynamisch zu sein – ganz gleich, ob es sich um Einzelpersonen, Gruppen oder Organisationen handelt –, finden kontinuierliche Rückkopplungen mit internen und externen Einflussgrößen bzw. Impulsen statt. Forschungsergebnisse belegen diese Wechselwirkungs- und entwicklungsdynamischen Prozesse, beispielsweise in Kontexten der Psychosomatik und Organisationsentwicklung (vgl. Haken & Schiepek, 2010; Kronberger & Aichhorn, 2015). Rufer (2013) und beschreiben Fallbeispiele psychotherapeutischer Veränderungsprozesse anhand des Modells der generischen Prinzipien. Wahl und Hein haben diese auf Beratungsprozesse übertragen. Auch in anderen Kontexten, wie zum Beispiel Bildung, Beruf und Beschäftigung, wirkt die Beachtung des Prinzips der Selbstorganisation begünstigend auf erwünschte Veränderungen (vgl. Hein, 2012; Schiersmann & Thiel, 2012).[47] Die inzwischen zahlreichen Veröffentlichungen im Bereich der Organisations-, Führungskräfte- und Mitarbeiterentwicklung zeigen die Attraktivität und Wirkkraft dieses Modells ebenfalls (vgl. Laloux, 2015; Doppler et al., 2017).

Die acht generischen Prinzipien stellen ebenfalls allgemeine Wirkfaktoren dar, die sich in therapeutischen und beratenden Kontexten als wirksam in Veränderungsprozessen zeigen. Sie stützen sich speziell auf die Lehre der Synergetik und Selbstorganisation. Im Folgenden werden sie kurz dargestellt.

---

[47] Eine ausführliche Beschreibung des komplexen Konzeptes des Synergetischen Prozessmanagements findet sich unter anderem bei Schiepek et al., 2018, und Kannicht & Schmid, 2015.

### 10.2.1 Stabilitätsbedingungen

Das Wirkprinzip „Stabilitätsbedingungen“, definiert als strukturelle und emotionale Sicherheit, ist Voraussetzung für gelingende Veränderungsprozesse und trägt vor allem zur Entwicklung von Vertrauen und Selbstwertgefühl beim Klienten bei und ist hoch relevant innerhalb der therapeutischen Beziehung. Da eine angestrebte Veränderung die Hinbewegung auf etwas Neues und das Begeben in ein unbekanntes Terrain bedeuten, braucht es auch Mut und Ermutigung, um die mitläufige Unsicherheit und Angst zu akzeptieren und zu überwinden. Dabei ist eine stabile Anbindung für den Klienten wesentlich, um nicht aus Scheu mutlos zu werden, „einzufrieren“ oder die Flucht zu ergreifen.

Ein durch eine Krise ausgelöster Veränderungsprozess sucht nach neuen Anpassungsformen im Umgang mit Hindernissen und Herausforderungen, bei denen die bisherigen Reaktions- und Ordnungsmuster nicht mehr zur Bewältigung ausreichen. Die Verunsicherung ist das „Dazwischen-Sein“ – eine Phase, in der idealerweise ein professioneller Kooperationspartner die Bewältigung von Übergängen positiv unterstützen hilft, beispielsweise im Rahmen eines Therapie- oder Beratungsprozesses. Die hier vorhandene stabile Anwesenheit von Sicherheit und Vertrauen erhöht die Veränderungsbereitschaft und das Durchhaltevermögen und fördert emotionales Wohlbefinden, mentale Flexibilität, Kreativität und Experimentierlust.

### 10.2.2 Identifikation und Analyse von Interaktionsmustern

Beim Wirkprinzip „Identifikation und Analyse von Interaktionsmustern des relevanten Systems“ geht es um die Relevanz einer kontextuellen Perspektive in Veränderungsprozessen, die sowohl intra- als auch interpersonell ausgerichtet ist. Alle Beteiligten eines Systems, auf das sich das Veränderungsinteresse fokussiert, wie auch die personenbezogenen individuellen Gedanken, Gefühle und Verhaltensweisen sind hinsichtlich der Analyse von Interaktionsmustern von Bedeutung. Das hypothesengeleitete Verstehen von Beziehungsmustern sich selbst und Anderen gegenüber mit dem Blick von außen hilft dabei, um sinnvolle Interventionsangebote im Veränderungsprozess zu reflektieren und einzusetzen.

### 10.2.3 Sinnhaftigkeit

Das generische Prinzip „Sinnhaftigkeit“ beinhaltet die im therapeutischen Prozess notwendige Klärung des Anliegens des Klienten in Bezug mit seiner Sinnhaftigkeit. Die genannten Themen und Probleme sollten unter Einbezug seiner gegenwärtigen Lebenssituation und Zukunftsvorstellungen wertschätzend gewürdigt und in den Veränderungsprozess sinnhaft eingeordnet werden. Die Antwort auf die Frage nach dem Wofür ist daher zentral für den gesamten Veränderungsprozess.

### 10.2.4 Energie und Motivation

„Energie und Motivation“ bilden ein weiteres generisches Prinzip, bei dem es um das Aktivieren von intrinsischer Motivation und Ressourcen für die Veränderung geht. Das Zusammenspiel von Motivation und Energie ist als Antrieb wichtig für die Annäherung an die erwünschten Ziele bzw. für die angestrebten Veränderungen.

### 10.2.5 Destabilisierung

Das weitere generische Prinzip „Destabilisierung, Fluktuationsverstärkung“ bezeichnet das rechtzeitige Erkennen, Zulassen und positive Konnotieren phasenkritischer Instabilitäten beim Klienten. Unter der Voraussetzung einer vom Klienten erwünschten Unterstützung zur Entwicklung einer Veränderung lässt sich in diesen Momenten das, was einen Unterschied zum Bisherigen macht, besonders erfolgversprechend einführen.

### 10.2.6 Kairos, Resonanz und Synchronisation

Ein weiteres generisches Prinzip wird „Kairos, Resonanz und Synchronisation“ genannt, bei dem es um die zeitliche Passung und Koordination von therapeutischen Interventionen mit den psychischen und sozialen Prozessen bzw. „Rhythmen“ des Klienten geht. Der geeignete Zeitpunkt für Veränderungen hat ein eigenes in sich schlüssiges Timing, das es im therapeutischen Prozess sensibel wahrzunehmen, zu berücksichtigen und zu beantworten gilt.

### 10.2.7 Gezielte Symmetriebrechung

Das generische Prinzip „Gezielte Symmetriebrechung“ steht in Verbindung mit den Veränderungsinteressen des Klienten. Bei diesem Prinzip wird im Sinne eines „So-tun-als-ob-Prinzips“ das Angestrebte als erreicht antizipiert und mögliche Vorgehensweisen zu seiner Realisierung entworfen, wodurch Strukturelemente des in der Zukunft befindlichen neuen Ordnungszustandes bereits in der Gegenwart angebahnt, empfunden und reflektiert werden können. Dies stellt einen Phasenübergang dar, bei dem sich Zustände neu ausbilden.

### 10.2.8 Restabilisierung

„Re-Stabilisierung“ als achtes generisches Prinzip beinhaltet die Vorgehensweisen zur Wieder-Stabilisierung nach einem Phasenübergang. Der darüber entwickelte neue Ordnungszustand weist sich durch erweiterte und andere Muster im Denken, Handeln und Fühlen aus, den es nun zu festigen gilt. In diesem dynamischen Verlauf stellt sich nun ein erwünschtes, neu gewonnenes intra- und interpersonelles Gleichgewicht ein.

## 10.3 Allgemeine Wirkfaktoren und generische Prinzipien in der Zusammenschau

Die beiden in Kapitel 10.1 und 10.2 beschriebenen Metamodelle mit ihren einzelnen Wirkfaktoren in Veränderungsprozessen verstehen sich als verfahrensübergreifende Analyseergebnisse signifikanter Einflussgrößen in Veränderungsprozessen. In ihnen spiegeln sich auf einer höheren Kategorienebene durch die Abstraktion von gemeinsamen Merkmalen unterschiedliche Begriffe. Daher stehen diese Wirkfaktoren für eine Vielfalt spezifischer Begriffsinhalte und Bedeutungen und sind dementsprechend komplex und miteinander verwoben (vgl. Schiepek et al., 2013). So lässt sich beispielsweise im Wirkfaktor „Qualität der Beziehung“ und im generischen Prinzip „Stabilitätsbedingungen schaffen“ Ähnliches entdecken bei gleichzeitigem Unterschied in der Begriffswahl und wissenschaftlichen Kultur. Die Gesamtheit aller aus beiden Metamodellen als wirksam erkannten Einflussgrößen in Veränderungsprozessen zeigt das folgende Schaubild (s. Abb. 11).

Für die wissenschaftliche Beschäftigung mit der Frage, was auf welche Weise in Veränderungsprozessen wirkt, bietet der Einbezug der in der Psychotherapieprozessforschung empirisch belegten Wirkfaktoren umfassende erkenntnistheoretische Anhaltspunkte zum Verständnis verfahrensunabhängiger wirksamer Einflussgrößen. Gemeinsam weisen sie auf Kriterien hin, die in komplexen sozialen Systemen oder in Therapie- und Beratungsprozessen permanent in phasenabhängiger unterschiedlicher Ausprägung von Bedeutung sind. Sie tragen zum Verständnis der Charakteristik von Veränderungsprozessen bei und zeigen, wie diese in der Interaktion zum Ausdruck kommen. Sie behandeln allgemeine Perspektiven, die für die Gestaltung und Begleitung von Veränderungsprozessen hilfreich sind, sei es bei Einzelpersonen oder mehrpersonalen Konstellationen wie zum Beispiel Teams oder Organisationen. Dabei sind die Prozesse stets offen und dynamisch und befinden sich in ständiger Interaktion mit internen und externen Faktoren. Die Wirkfaktoren und generischen Prinzipien allein und in ihrer zirkulären Bedingtheit unterliegen keiner Chronologie. Insofern stellt dieses Wissen über Veränderungsprozesse ein Repertoire zur Verfügung, welches im Rahmen professioneller Prozessgestaltung und Prozessführung von großer Bedeutung ist.

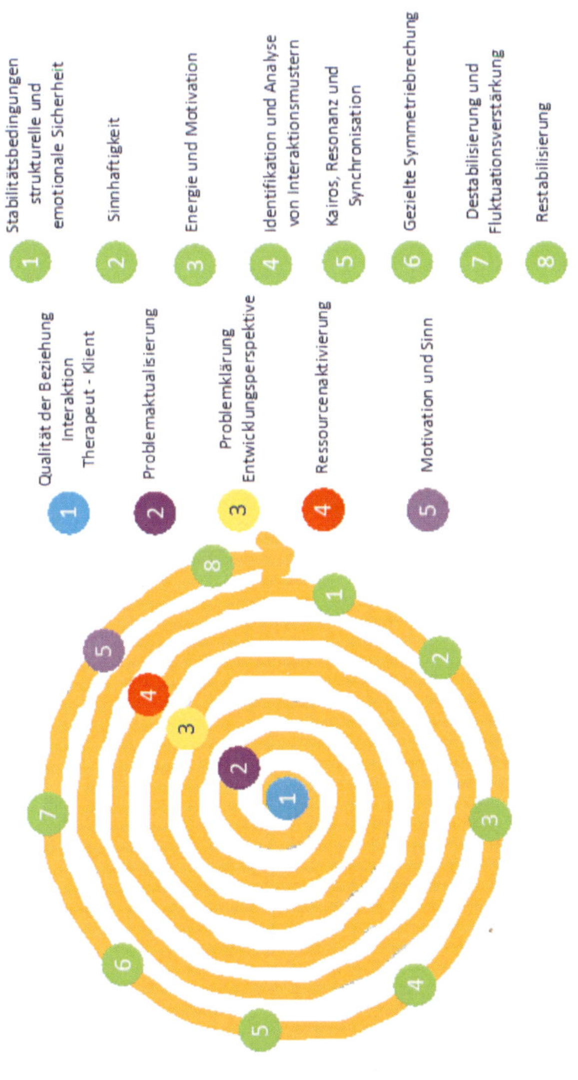


Abb. 11: Allgemeine Wirkfaktoren und generische Prinzipien in der Psychotherapieprozessforschung (eigene Darstellung)

# 11. Weiterbildung als Veränderungsprozess

Professionalität und professionelles Handeln bilden aktuell den konzeptionellen Schwerpunkt in der deutschsprachigen Professionssoziologie. Aus wissenssoziologischer Perspektive geht es dabei zum einen um die differenzierte Weiterentwicklung im Wissenschaftssystem und zum anderen um professionelles Handeln als Ausdruck der Entwicklung und Anwendung professioneller Kompetenzen in den jeweiligen Berufsfeldern (vgl. Mieg, 2016). „Als professionelles Handeln wird vor allem die Fähigkeit verstanden, wissenschaftlich fundiert in einer komplexen, von Heterogenität geprägten Praxis und unter Unsicherheit lösungsorientiert handeln zu können" (Heiner, 2004, S. 21). „Profession" verweist auf die Verbindung von Beruf und Wissen und wird als die Summe aus einer akademischen Ausbildung und dem reflexiven Umgang mit professionsrelevantem Wissen definiert (vgl. Mieg, 2016; Stichweh, 1994, 2019).

Nach Dick gilt Professionalisierung als ein Begriff, der personenbezogene und gesellschaftsbezogene Prozesse der Verberuflichung umfasst. Mit Professionsentwicklung sind die an Fort- und Weiterbildungen gestellten Anforderungen für unterschiedliche Berufe gemeint und darunter zusammengefasst. Beide Begriffe unterscheiden sich dadurch, dass sich Professionalisierung als andauernder Wandlungsprozess von selbst vollzieht, während die Professionsentwicklung als ein bewusst beabsichtigter Prozess einzelner Personen gilt, die ihr berufsfachliches Wissen und Können insgesamt erhalten und weiterentwickeln möchten (vgl. Dick, 2016).

Unter professionellem Handeln wird ein im Kontext einer Profession stehendes Vorgehen verstanden, das sowohl die institutionelle Entwicklung eines Berufsfeldes als auch die Ebene der individuellen Weiterentwicklung im Rahmen einer Berufstätigkeit meint (vgl. Mieg, 2016; Pfadenhauer, 2005). „Professionelles Handeln vermittelt zwischen Expertenwissen, welches durch Forschung hervorgebracht und in der Regel akademisch gelehrt wird, und der alltäglichen Lebenswelt der Klienten in ihrer je professionellen Situation. Der Professionelle geht sowohl deduktiv vor, indem er Regeln auf den Fall anwendet, [...] als auch induktiv, indem er die Fallbedingungen exploriert und rekonstruiert" (Dick, Marotzki & Mieg, 2016, S. 13).

Der strukturtheoretische Ansatz nach Oevermann (2003) sowie der interaktionistische Ansatz nach Schütze (2014) begreifen einen Expertenstatus als notwendige, aber nicht ausreichende Voraussetzung für angemessenes professionelles Handeln. Die diesen Ansätzen zugrunde liegende hermeneutische Betrachtung lebensweltlichen Wissens geschieht retrospektiv, indem sie versucht, dem bereits Geschehenen eine fruchtbare Bedeutung zu geben.

Das, was in einem Fachgebiet gelernt, gewusst und gekonnt werden soll, wird hierbei mit der beruflichen Realität prozessualer nichtlinearer Verläufe verbunden. Denn in Interaktionsprozessen im Rahmen der Ausübung einer Tätigkeit entwickeln sich auch Vorkommnisse des Unvorhersehbaren, Situationen, in denen reine Routinehandlungen nicht sinnvoll an eine Dynamik ankoppeln können, in denen sich Konflikte, Unsicherheiten oder Paradoxien inszenieren und bereits erworbenes Wissen und Können kein passendes Repertoire darstellen.

Berufliche Standards im Kontext von Wissensvermittlungen in Professionalisierungsprozessen geben Leitlinien und Maßstäbe vor, können jedoch nicht alles exakt abbilden, was im jeweiligen beruflichen Handlungsfeld geschieht und an Kompetenzen benötigt wird. Daraus leitet sich auch die Notwendigkeit ab, sich bei der Heranführung an ein berufliches Handlungsfeld mit den dort möglichen Hindernissen und der Bedeutung des „Hochschulwissens als Reflexionswissen" (Krüger, 2014, S. 91) vertraut zu machen. Dafür braucht es laut Oevermann die Betrachtung des Einzelfalls, da sich über das „Fall-Verstehen" ein praxisangebundenes „Fall-Wissen" entwickelt, auf dessen Basis wiederum weiteres Wissen und Können entsteht (vgl. Oevermann, 2003; Schütze, 2014).

Mit dem Begriff „Prozess" wird unter anderem ein dynamischer Entwicklungsverlauf oder Wandel, mit Veränderungen auf der Ebene von Abläufen im Wahrnehmen, Denken, Fühlen, Handeln und Lernen, bezeichnet. Das Wort leitet sich aus dem Lateinischen „procedere" mit der Bedeutung von „vorwärtsgehen, hervorkommen" ab.[48] Professionelle Entwicklung, verstanden als Prozess, beachtet die Entwicklung einer Person in ihrem Kontext im Lernprozess mit der Idee, dass es nicht nur um den reinen Wissenserwerb geht, sondern vor allem um die mit bereits vorhandenen Wissensbeständen verbundenen Verstehensprozesse. Verstehen und Umsetzen in berufliches Handeln berührt mehrere Entwicklungsebenen mit unterschiedlichen Einflussgrößen. „Während der Kompetenzzugang ein harmonisches Modell von Professionalität unterstellt, geht der differenztheoretische Zugang vom nur schwer aufzulösenden Spannungsverhältnis zwischen den Elementen des Kompetenzprofils aus. Wissen und Können bilden die beiden – je einer anderen Logik folgenden – Quellen; als Synonym für ‚gekonnte Beruflichkeit' stellt Professionalität die nur schwer bestimmbare Schnittmenge aus Wissen und Können dar" (Nittel & Seltrecht, 2008, S. 128).

Erkenntnisse aus der Professionsentwicklungsforschung, die auf der Grundlage des Konzeptes des Erfahrungslernens basieren (vgl. Leonhard, Košinár & Reintjes, 2018), sagen aus, dass Lernprozesse Anstöße benötigen

---

[48] Siehe Langenscheidt Wörterbuch Latein (2017): procedere.

und die Motivation, etwas Neues erfahren und Gewohntes verlassen zu wollen. Auch können vorliegende Problemsituationen, die es erfordern, bisheriges Vorgehen zu überdenken, der Auslöser dafür sein, neues Handlungsrepertoire zu entwickeln. Individuelle Entwicklungsziele und Veränderungswünsche gelten als Voraussetzung dafür, wenn es um Fragen und Entscheidungen professioneller Entwicklung geht. Veränderungen können sich dabei vor allem dann entwickeln, wenn ein auf der Basis von Erfahrungslernen gestalteter Lernprozess erlebt werden kann. Dabei sind sowohl motivationsanregende und sinnstiftende Impulse als auch Anforderungen, die krisenhaftes Erleben erzeugen können, von Bedeutung. Letzteres führt über das wahrgenommene Fehlende im Handlungsrepertoire und noch zu Entwickelnde zur Bewusstwerdung und Ausrichtung auf etwas Neues, nämlich einer veränderungserwünschten Weiterentwicklung (vgl. Bastian, Combe & Langer, 2016).

Charakteristisch für Professionalisierungsprozesse ist eine Dynamik zwischen Suchen und Finden. In diesem antagonistischen Wechselspiel treiben Wünsche und interessensgeleitete Fragen an, offen zu sein, Experimente zu starten, Neues auszuprobieren, Hindernisse zu überwinden und Antworten zu entwickeln, die sich wie ein Weiterkommen anfühlen und im professionellen Handeln wahrnehmbar zur Geltung kommen. Professionalisierungsprozesse sind subjektiv bedeutsam (vgl. Tramm & Naeve-Stoß, 2018). Im Sinne subjektorientierter Konzeptionen von Bildungsangeboten in einer Kultur forschenden Lernens legen diese bei der Beschäftigung mit Inhalten und den für den individuellen Professionalisierungsprozess subjektiv bedeutsamen Themen Wert auf praktische Relevanz und theoretischen Gehalt (vgl. Buschfeld & Cleef, 2018). Auch darüber erhält Reflexion als Kompetenz einen herausragenden Stellenwert (vgl. Bastian, Combe & Langer, 2016). Denn im Professionalisierungsprozess gewinnt die sich darin befindliche Person Erkenntnisse über ihren individuellen Umgang mit Anforderungen, persönlichen Stärken und Schwächen, bereits Möglichem und noch zu Entwickelndem sowie Informationen über die inneren und äußeren Ressourcen und Konflikte.

Neue Erfahrungen im Lernprozess erzeugen neue Narrative, sowohl durch Selbstreflexion als auch in der Reflexion durch Andere und mit Anderen. Dabei sind auch die Integration kontextueller Einflüsse wie zum Beispiel die Einstellung bedeutsamer Bezugspersonen zum Bildungsziel und der sich im Bildungsprozess entwickelnden Geschehnisse und Veränderungen relevant, da sie sich mit auf die Verläufe, Wirkeffekte und Ergebnisse im Professionalisierungsprozess auswirken (vgl. Košinàr, 2014).

Ein Professionalisierungsprozess lässt sich vor dem Hintergrund der genannten Definitionen und Perspektiven als ein fortlaufender Veränderungsprozess in beruflichen Handlungsfeldern beschreiben. Die dabei aktiven, in einer Wechselwirkung stehenden Aspekte berühren gleichzeitig die persönliche und fachliche Entwicklung durch Reflexivität und Erkenntniszugewinne auf den Ebenen von Person, Fachwissen und praktischem Handeln. Supervision und Selbsterfahrung lassen sich – insbesondere bezogen auf Beratungs- und Therapieberufe, aber auch in weiteren beruflichen Kontexten, in denen komplexe Fach- und Führungsaufgaben bewältigt werden müssen – als die „Königswege zur Entwicklung professioneller Identität" beschreiben. „Bewusstheit über das eigene Selbstkonzept, die affektive Rahmung des Selbstwertgefühls und die Möglichkeiten, die aktionale Komponente im Sinne der eigenen Selbstwirksamkeit günstig zu beeinflussen, stellen alles Aufgaben für die Supervision und Selbsterfahrung in beruflichen Kontexten dar" (Rieforth & Beermann, 2017, S. 104).

So verändern sich sowohl Personen, Organisationen als auch Erkenntnisebenen im Veränderungsprozess von Professionalisierung. Merkmale eines veränderten professionellen Handelns oder auch professionsspezifische Lernprozesse können sich auf der persönlichen Ebene beispielsweise in Form eines erweiterten reflexiven Verständnisses und vertieften Erlebens und Wahrnehmens der eigenen Person im allgemeinen sowie im Kontext der beruflichen Rolle bei der Ausübung der jeweiligen Tätigkeit repräsentieren. Außerdem finden sie ihren Ausdruck auch in Form von weiterentwickelten Gesetzen, Leitlinien oder Standards für Berufsausbildungen bzw. Fort- und Weiterbildungsangebote.

Professionalisierung bedeutet Ein-sich-Bewegen in Übergängen wie zum Beispiel zwischen verschiedenen Berufen, Beschäftigungs- und Bildungssystemen, zwischen Theorie und Praxis, zwischen privatem und arbeitsweltlichem Leben, zwischen Tradition und Moderne, Anpassung und Veränderung, eigener und fremder Bestimmung (vgl. Fischer & Frommberger, 2013). Dass zur Professionalität nicht nur kognitive, sondern auch motivational-affektive Merkmale wie Selbstwirksamkeit, Selbstwirksamkeitserwartung, intrinsische Motivation und berufliche Selbstregulationsfähigkeiten gehören, belegen vor allem Forschungserkenntnisse aus der psychologischen Lehr- und Lernforschung (vgl. Baumert & Kunter, 2006). Sie beschäftigt sich zunehmend mit der Entwicklung diagnostischer Instrumente zur Erfassung zentraler professioneller Merkmale und der Analyse von Struktur und Entwicklung. Vor allem Fragen, wie Professionalität durch spezifische Interventionen gefördert werden kann, stehen dabei im Fokus. Zudem wird die kontinuierliche Weiterentwicklung der qualitativen Ebene von Professionalität beabsichtigt, in dem zum Beispiel die Interdisziplinarität in den Aus-

und Weiterbildungsangeboten sowie eine berufsbegleitende Kontinuität von Fort- und Weiterbildungen regulär etabliert werden, an die auch Beratungs- und Supervisionsangebote zur Förderung von Professionalisierungsprozessen angekoppelt werden (vgl. Dick et al., 2016; Siller, 2008). Die gesetzliche Fortbildungspflicht für Psychotherapeuten und Ärzte ist hierfür ein Beispiel.[49]

Nach diesem Überblick über die Begrifflichkeiten, Modelle und Perspektiven im Kontext von Professionalisierung, professionellem Handeln und Professionalisierungsprozessen wird im Folgenden auf die Gemeinsamkeiten von Therapie-, Beratungs- und Professionalisierungsprozessen eingegangen. Darüber wird die zentrale Fragestellung in diesem Buch weiter ausdifferenziert und überprüft.

Wie in dem vorausgegangenen Kapitel über die Wirkfaktoren in der Psychotherapieprozessforschung beschrieben, werden durch das Zusammenspiel der allgemeinen Wirkfaktoren in einem dynamischen Prozess Veränderungsprozesse stimuliert und möglich, durch die sich Entwicklungs- und Lernprozesse vollziehen (vgl. Flückiger & Studer, 2009; Grawe, 2000; Smith & Grawe, 2013). Daraus resultierende neue Erfahrungen werden im Prozessverlauf zu einem integralen Bestandteil, da sie bewusst oder unbewusst erinnerbar bleiben und damit auch außerhalb des professionellen Settings verfügbar sind (vgl. Widulle, 2012). Der erlebte Veränderungsprozess ermöglicht andere Interaktionsmuster als bisher, die Bewusstwerdung bisher unbewusster Zusammenhänge über sich selbst und die Beziehungen mit Anderen. Er befördert Neues mit dem Gespür und der Fähigkeit, sich die Komponenten der Wirksamkeit als nachhaltiges Modell zu kultivieren, wie beispielsweise ein von Akzeptanz und Selbstliebe gekennzeichneter Umgang mit sich selbst und Anderen in den lebens- und arbeitsweltlichen Bezügen (vgl. Schlippe & Schweitzer, 2016).

Mit der Frage der Übertragbarkeit des Modells der allgemeinen Wirkfaktoren aus der Psychotherapieprozessforschung auf das Berufsfeld Beratung befassen sich beispielsweise Kauffeld, Paulsen und Ulbricht (2016), Schiepek, Eckert und Kravanja (2013) und Schiersmann (2012) sowie Schiersmann und Thiel (2012) in ihren Veröffentlichungen. Die mögliche Erkennung der Parallelen von Psychotherapie und Beratung als zwei Formen von auf Veränderung abzielenden Unterstützungsangeboten – auf der Basis psy-

[49] Das Fünfte Buch des Sozialgesetzbuches gibt nach § 95d eine Fortbildungsverpflichtung für Ärzte und Psychotherapeuten vor. Diese müssen – unabhängig davon, ob sie niedergelassen, ermächtigt oder angestellt sind – innerhalb von fünf Jahren mindestens 250 Fortbildungspunkte nachweisen (vgl. Becker & Kingreen, 2018).

chologischer Psychotherapie- und Beratungsansätze und tiefenpsychologischer, lerntheoretischer, humanistischer sowie systemischer Ansätze – ist exemplarisch auch bei Boeger (2018) beschrieben.

Von dieser vergleichenden Perspektive ausgehend, lassen sich ebenso Professionalisierungsprozesse – speziell im Kontext von Aus- und Weiterbildung für therapeutische und beratende Handlungsfelder – als Gestaltungsräume von Veränderungsprozessen auffassen. Auch in diesem Kontext ist die Basis einer guten Beziehung zwischen Lehrenden und Lernenden sowie einer anliegenorientierten, personen- und kontextnahen kooperativen Zusammenarbeit mit Themen der Klärung, Problembewältigung, Entwicklungsförderung und systemübergreifender Lernebenen charakteristisch und von Bedeutung. Gemeinsame Merkmale sind ferner, dass die Personen, die sich in Situationen von Therapie, Beratung und Professionalisierung begeben, dieses freiwillig tun, sich dabei mit einer Anfrage bzw. einem bestimmten Interesse an Therapeuten, Berater oder Lehrende wenden und diese brauchen, um erwünschte Veränderungen herbeiführen bzw. bestimmte Ziele erreichen zu können.[50] Ebenso wie im therapeutischen und beratenden Setting gestaltet sich die Beziehung zwischen Lehrenden und Lernenden sowie das dynamische Gruppengeschehen als helfender Interaktionsraum, bei der die Lehr- und Lernkultur maßgebliches Modell und damit gleichzeitig zentrale Intervention und Methode für die Entwicklung professioneller Beratungstätigkeiten darstellen. Auf der Ebene der Beziehungsgestaltung in Professionalisierungsprozessen im Kontext von Beratung und Therapie sind dieselben dem Wirkfaktor „Qualität der Beziehung“ zugeschriebenen Merkmale von Bedeutung. Auch hier braucht es die Gestaltung vertrauensvoller Beziehungen, mit einer humanistisch orientierten Grundhaltung von Akzeptanz, empathischem Verstehen, Authentizität und Kongruenz (vgl. Satir, 2016; Wampold, 2018).

Die sich im Verlauf von Professionalisierungsprozessen vollziehenden Veränderungen ereignen sich auf einem Bildungsweg, auf dem im Allgemeinen mehrere Übergänge zu bewältigen und vielfältige Entwicklungsaufgaben, Wandel und Wechsel kennzeichnend sind. Die dabei von der fachwissenschaftlichen Basis zu bestimmten Praxisfeldern und den sich damit verwebenden Erfahrungen und weiterführenden Qualifizierungsmaßnahmen zu gestaltenden Verläufe lassen sich als dynamische Bildungsprozesse verstehen. Im Sinne einer berufsbiografischen Professionalisierung differenzieren sich in diesem Geschehen das Qualifizierungsprofil und das professionelle

[50] Die speziellen Situationen von Zwangskontexten seien hier mitgedacht, werden aber in dieser Arbeit zur Thematik von Professionalisierungsprozessen für Therapie- und Beratungsberufe ausgeklammert, da deren Zugänge in der Regel durch Selbstmotivation und Freiwilligkeit gekennzeichnet sind.

Handlungsprofil weiter aus, wobei der reine Zuwachs an Fachwissen durch vielfältige Wechselwirkungs- und Veränderungseffekte Hand in Hand mit persönlichen Entwicklungsprozessen einhergeht. Professionalisierung gilt als das Ergebnis aus beruflicher Qualifizierung und persönlicher Entwicklung, wie es auch das Internationale Institut für Empirische Sozialökonomie (INIFES) zum Thema „Gute Arbeit“ beschreibt (vgl. Ebert & Kistler, 2007).

So stellt ein Prozess der Professionalisierung nicht in erster Linie den „Erwerb eines Aus- bzw. Weiterbildungsproduktes“, sondern vielmehr einen mehrdimensionalen, die ganze Person in ihren lebens- und arbeitsweltlichen Bezügen umfassenden Verlauf dar. Über die sich im Professionalisierungsprozess ereignenden subjektiv bedeutsamen Erfahrungen mit dabei entstehenden Lerneffekten und Erkenntnisgewinnen vollzieht sich in Gleichzeitigkeit ein Entwicklungsprozess professionell und persönlich ausgerichteter Veränderung. In der heutigen Gesellschaft mit einem kontinuierlich zeitlich länger werdenden Erwerbsleben, einer Vielfalt von Lebensentwürfen und raschen Veränderungen in der Arbeits- und Lebenswelt gehören Weiterbildungsphasen zunehmend selbstverständlicher in berufsbiografische Verläufe, was den Stellenwert einer entwicklungsbezogenen Haltung und Ausrichtung hinsichtlich von Personen und beruflichen Rollen und Aufgaben zusätzlich betont.

Persönliche Meilensteine, die Merkmale von Veränderung oder gar Wendepunkte auf dem jeweiligen Lebensweg kennzeichnen, repräsentieren unter anderem überdauernde sinnstiftende Erzählungen bedeutsamer Verbindungen und Wechselwirkungen zwischen Professionalisierungsprozessen und persönlichem Leben. Eine nachhaltige Repräsentanz früherer Erlebnisse und Erfahrungen, die sich im Kontext von Professionalisierungsverläufen entwickelt und als bedeutungsvoll eingeprägt haben, basiert auf subjektiv als relevant erlebten Momenten im Veränderungsprozess. Sie lassen sich als Resultate aus mit Sinnattraktoren (vgl. Kriz, 2017) verbundenen Aktivitäten verstehen, die sinnesphysiologisch und fühlbar professionsbezogene Inhalte erfassen ließen.[51] Ihre Verbindung mit mehrperspektivischen Reflexionsangeboten unterstützt ein sukzessives nachhaltiges Verständnis und eine ergiebige Form der Beschäftigung mit den für die jeweilige Profession zentralen Kompetenzfeldern (vgl. Häcker, 2012).

Professionalisierung lässt sich so gesehen stets als einen individuellen, nichtlinearen, dynamischen Prozess begreifen, in dem sich eine in Wechsel-

[51] „Gelingt es nicht, die Emotion zu aktualisieren, bleibt die nachfolgende Reflexion intellektuell und erzeugt keine Änderungsmotivation“ (Sulz, 2003, S. 184). Vgl. hierzu auch die weiteren Ausführungen zur Bedeutung von Emotionen in Bildungsprozessen in Erpenbeck & Heyse (2007).

wirkung mit spezifischen Erfahrungen unterschiedlicher Qualität verbundene professionelle und persönliche Entwicklung vollzieht.[52] Einige diese Perspektive stützende Veröffentlichungen finden sich zum Beispiel auch im Kontext von Lehrerbildung an Hochschulen wie etwa von Bastian, Combe und Langer (2016) bzw. im bildungswissenschaftlichen Kontext der Professionalisierungsforschung von Egger und Bauer (2017), Egger und Merkt (2012), Häcker (2012), Košinár (2014) und Leonhard et al. (2018).[53] In der Erwachsenenbildungsforschung werden in diesem Zusammenhang berufliche Aus- und Weiterbildungsprozesse auch als „institutionalisierte Erwachsenensozialisation" bezeichnet (vgl. Bremer, 2016; Hurrelmann, Bauer, Grundmann & Walper, 2015; Tippelt & Hippel, 2011).

Individuelle Lernprozesse sind zirkulär wirksam, das bedeutet, Entwicklungsprozesse von Personen im Kontext von lebenslangem Lernen und Entwicklungsprozesse von Organisationen im Sinne lernender Organisationen interagieren wechselseitig und dynamisch. Bildungsangebote orientieren sich an Erkenntnisinteressen und an Bedarf und Nutzen der Lernenden in ihren jeweiligen Kontexten. Individuelle Entwicklungswünsche, Interessen und Erwartungen an das Professionalisierungsangebot bilden dabei wichtige Elemente in der Angebotsgestaltung hinsichtlich eines praxis- und anwendungsbezogenen Bezugs zu den professionellen Handlungssituationen der teilnehmenden Personen. Die dynamische Adaption von Bildungsinhalten und curricularen Gestaltungsformen mit der Berücksichtigung relevanter Rahmenbedingungen stärkt die Beziehung zwischen Bildungsangebot und Bildungsnachfrage und trägt darüber auch zu Innovationen, Entwicklung und Nachhaltigkeit bei.

Innerhalb von Professionalisierungsprozessen in Weiterbildungsangeboten für therapeutische und beratende Handlungsfelder finden sich im Lehrangebot spezielle Lernsettings zur Wissensgenerierung und Identitätsbildung. Der dabei zu vollziehende Rollenwechsel zwischen „Teilnehmer-Sein" und (angehendem) „Profi-Sein" ist Bestandteil der Konzeption einer darauf basierenden Lehr- und Lernkultur. Dazu zählen beispielweise Selbst-

---

[52] Als Beleg hierfür können auch die festzustellenden Unterschiede dahingehend gelten, dass ein für alle Weiterbildungsteilnehmer gleiches Professionalisierungsangebot zu je individuellen Effekten, Verarbeitungsformen und Qualitätsunterschieden führt.

[53] Zu Fragen, die den Zusammenhang zwischen der Entwicklung von Kompetenz in der Hochschullehre und den Bedingungen, unter denen diese Kompetenzen umgesetzt werden, betreffen, befindet sich in dem Band „Bildungspartnerin Universität" aus der Reihe „Lernweltforschung" ein dafür zusammengestelltes theoriebasiertes und empiriegestütztes Wissen. Die Autoren geben an, dabei vor allem Aspekte der Entwicklung, Koordinierung und der kontextsensitiven Regulierung zu beachten (vgl. Egger & Bauer, 2017).

erfahrungsangebote unter Einbezug biografischer Konstellationen und Potenziale, die Lehr- und Praxis-Supervision zur Reflexion des persönlichen Prozesses in Verbindung mit dem Interaktionsgeschehen zwischen Lernendem und seinen Klienten. Die darüber mögliche „hautnahe“ Auseinandersetzung mit der professionellen Rollenentwicklung und der Dynamik im Lerngruppenprozess aktiviert vielseitige intra- und interpersonelle Themen im persönlichen und professionellen Entwicklungsprozess. Die erforderliche und zu trainierende Reflexion der eigenen Erfahrungen und des Erlebens in allen Phasen des Professionalisierungsprozesses dient sowohl ihrer Integration als auch der Unterstützung von Wachstum und Wissenszuwachs auf persönlicher und professionsbezogener Ebene im Veränderungsprozess. Sie bilden die vorrangigen Qualitätsmerkmale und Schlüsselkompetenzen für zukünftige professionelle Aufgaben im Kontext von Beratung und Therapie heraus.

Die Veränderungswirksamkeit in Professionalisierungsprozessen zeigt sich schließlich und vor allem auch auf der Ebene des professionellen Handelns und der Fähigkeit, das Erlernte selbst anzuwenden, den Transfer zu gestalten und den Anforderungen als Berater oder Therapeut angemessen gerecht zu werden (Performanz). Darüber wird der je individuelle Lernprozess beständig erweitert und fortgesetzt. Prinzipiell ist jede Thematik darin vorstellbar, die in der Lebens- und Arbeitswelt des Lernenden für die Bearbeitung der jeweils aktuellen Situation im Professionalisierungsprozess als bedeutsam in Erscheinung tritt und die sich mittels fachlicher Haltung und kommunikativer Mittel im jeweiligen Interaktionsrahmen und Erfahrungsraum bearbeiten lässt (vgl. Rieforth, 1997; Herwig-Lempp, 2014; Schütze, 2014; Combe & Helsper, 2002; Dewe & Ferchhoff, 2011; Dick, 2016).

So lässt sich festhalten, dass es zwischen Therapie-, Beratungs- und Professionalisierungsprozessen (für psychosoziale Berufsfelder) viele kulturelle und verfahrensbezogene Gemeinsamkeiten gibt. Sie sind auf die Gestaltung von Veränderungsprozessen ausgerichtet und leisten Unterstützung bei der Ausformung des Weges von den je aktuellen Situationen und Ausgangslagen im Lebens- und Arbeitsbezug bzw. der jeweiligen persönlichen Verfassung bis zum angestrebten Ziel. Mit spezifischem Wissen und Vermögen gehen die professionellen Begleiter (Therapeuten, Berater, Lehrende) auf diesem Weg personen- und kontextsensitiv vor, stimulieren und begleiten individuelle Entwicklungsprozesse, helfen beim Lösen spezieller Konfliktlagen, steigern Selbstwertgefühl und Selbstakzeptanz und generieren Wandel und Neues. Aufgabe und Zweck sinnvoller Professionalisierungsprozesse für therapeutische und beratende Handlungsfelder liegen, allgemein ausgedrückt, in der Ermöglichung wachstumsorientierter Entwicklungsprozesse, die sich an Qualitätsstandards guten professionellen Handelns orientieren, um damit

Personen, die Therapie und Beratung in Anspruch nehmen, ein qualitätsbewusstes und hilfreiches Angebot zu eröffnen (vgl. McLeod, 2011; Bauer, 2015; Satir, 2016).

Die beschriebenen Gemeinsamkeiten von Therapie-, Beratungs- und Professionalisierungsprozessen unterstützen die These einer Gültigkeit der dargestellten Wirkfaktoren und generischen Prinzipien aus der Psychotherapieprozessforschung in allen drei Kontexten von Therapie, Beratung und Professionalisierung. Allgemeine Wirkfaktoren wie Qualität der Beziehung, Motivation und Sinn, Ressourcenorientierung, Problemaktualisierung und Problembewältigung bzw. Entwicklungsperspektive sowie die generischen Prinzipien mit ihrem systemdynamischen Fokus auf die Schaffung von Bedingungen zur Anregung und Gestaltung von Übergängen und Entwicklung können als Erfolgsgaranten für das Gelingen wirksamer Veränderungsprozesse auch innerhalb von Professionalisierungsprozessen betrachtet werden. Diese Annahme wird als Leitmotiv der Forschungsfrage zur Wirksamkeit von Systemaufstellungen in Weiterbildungsprozessen ebenfalls im Kapitel über die empirische Bearbeitung auch praxisbasiert überprüft und reflektiert.

*Systemaufstellungen als Interventionsform in Weiterbildungsprozessen am Beispiel von Supervision, Coaching und Organisationsentwicklung*

Als beispielhafter Untersuchungskontext wurde in der Pilotstudie (vgl. Beermann, 2020) – die der in diesem Buch dargestellten Spezialauswertung über die Wirksamkeit von Systemaufstellungen in Weiterbildungsprozessen zugrunde liegt – das Weiterbildungsangebot im Kontaktstudium „Supervision, Coaching und Organisationsentwicklung" an der Carl von Ossietzky Universität Oldenburg ausgewählt. Diese spezielle wissenschaftliche Weiterbildung wird auch an anderen Universitäten und Hochschulen in Deutschland und Europa – im Einzelnen bereits seit mehr als 20 Jahren – angeboten. Durch diesen Wissenschaftskontext besteht auch die Verbindung mit Forschung und Lehre. Hochschulanbieter in Europa mit einer langjährigen Tradition in diesem Fachgebiet haben ebenfalls die Bologna-Reform und die damit verbundenen Strukturveränderungen vornehmen müssen und umgesetzt, was sich zum Beispiel in neu verfassten kompetenzorientierten und mit Leistungspunkten versehenen Curricula- und Modulbeschreibungen sowie in Berufs- und Fachverbandsengagements und in Netzwerken erstellten Dokumentationen zur Qualitätssicherung und -entwicklung widerspiegelt.

Eine erfolgreiche berufsbegleitende wissenschaftliche Weiterbildung im Praxisfeld von Supervision, Coaching und Organisationsentwicklung benötigt per se die Berücksichtigung von professioneller und persönlicher Entwicklung bzw. Schlüssel- und Handlungskompetenzen. Denn Supervision,

Coaching und Organisationsentwicklung sind professionelle Beratungsangebote für Menschen und Organisationen mit Anliegen aus der Berufs- und Arbeitswelt. Wissenschaftlich fundiert und praxisorientiert werden sie in vielen Branchen und Arbeitskontexten als Reflexions-, Qualitätssicherungs- und Qualitätsentwicklungsinstrument, als Unterstützungsmaßnahme in persönlichen und organisationalen Veränderungsprozessen und als Krisenhilfe in schwierigen Situationen genutzt. Im Zuge sich immer schneller vollziehender Veränderungen in Gesellschaft und Beruf sowie gestiegener Interessen an Beratungsleistungen gewinnen diese Beratungsformen weiterhin eklatant an Bedeutung.[54]

In Beratungsangeboten wie Supervision, Coaching und Organisationsentwicklung geht es um die Nachfrage nach professionellem Know-how im Umgang mit Themen und Anliegen im Kontext arbeitsweltlicher Prozesse von Fach- und Führungskräften, Teams, Mitarbeitern bzw. Organisationen als Ganzes. Die Gestaltung dieser Klärungs-, Entwicklungs- und Veränderungsprozesse, in deren Verlauf Probleme gelöst, Kommunikationsformen verbessert, Kreativität angeregt, arbeits- und personenbezogene Prozesse und Formen der Zusammenarbeit sowie arbeitsweltbezogene Veränderungen allgemein erfolgreich gestaltet werden können, ist vielfältig.

Abb. 12: Kompetenzen eines Supervisors, Coachs und Organisationsentwicklers als Metapher; Ergebnis einer Gruppenbefragung der beforschten Weiterbildungsteilnehmer (eigene Darstellung)

[54] Siehe auch Kontaktstudium Supervision, Coaching und Organisationsentwicklung am Center für lebenslanges Lernen (C3L) der Carl von Ossietzky Universität Oldenburg, im Internet unter https://uol.de/c3l/supervision/ erreichbar.

Die genannten Beratungsleistungen tragen mit zur Qualitätsentwicklung und -sicherung bei, da sie sowohl organisationsspezifisch als auch personen- bzw. mitarbeiterbezogene Entlastung und Entwicklungsprozesse bewirken können und darüber auch Beiträge für eine auf Gesundheit, Zufriedenheit und Nachhaltigkeit ausgerichtete humane Arbeitswelt darstellen (vgl. Baur, Berker & Nemann, 2015; Haubl, Hausinger & Voß, 2013; Hausinger, 2008).

Um auf diese Aufgaben und die Rolle als Supervisor, Coach und Organisationsentwickler im Rahmen wissenschaftlicher Weiterbildung angemessen vorzubereiten, braucht es die zentrale Berücksichtigung der Verbindung von beruflicher Praxis, individuellem Handlungsvermögen und fachgerechtem Verhalten. Dafür sind neben sach- und methodenbezogenen Kompetenzen vor allem soziale und Selbstkompetenzen mit der Entwicklung personen- bzw. rollenbezogener Kompetenzen und der Ausbildung von Reflexions- und Beziehungskompetenzen erforderlich (vgl. Möller, 2012; Pühl, 2017; Judy & Knopf, 2016).

Ein gemeinsamer Qualitätsrahmen, der mit Wissenschaftlern und Praktikern entwickelt wurde und sich in Form allgemein verbindlicher Aus- und Weiterbildungsstandards ausdrückt, wird regelmäßig in Kooperation zwischen Universitäten, Hochschulen, Instituten, Berufs- und Fachverbänden evaluiert, diskutiert und entwickelt. Die Verbindlichkeit der Einhaltung dieser Standards findet ihre Umsetzung auf der Ebene von Zugangs- und Zertifizierungsprozessen sowie der Ausgestaltung und Umsetzung von Lehrkultur und Lerninhalten. Universitäten und Hochschulen stellen in diesem Qualitätssicherungs- und Qualitätsentwicklungsprozess durch ihre Aufgaben der Lehre und Forschung zugleich einen attraktiven Kooperationspartner in dieser institutionellen und sozialen Infrastruktur dar.

Supervision, Coaching und Organisationsentwicklung stellen Beratungsangebote für Situationen von hoher Komplexität und dynamischer Veränderung dar. Sie basieren auf einem wissenschaftlich fundierten, praxisgebundenen und werteorientierten Konzept für Personen und Organisationen in der Arbeitswelt. Ihre fachliche und konzeptionelle Reflexion und Entwicklung wird insbesondere von wissenschaftlichen Einrichtungen, Aus- und Weiterbildungsinstituten, Berufs- und Fachverbänden in Verbindung mit dem Praxisfeld geleistet. Die gemeinsame Entwicklung von Qualitätsentwicklungs- und Qualitätssicherungsinstrumenten wie Richtlinien und Standards werden auf einer nationalen und internationalen Kooperationsbasis diskursiv entwickelt, implementiert und evaluiert. Hierin finden sich auch verfahrens- bzw. schulenspezifische Ausprägungen, angelehnt an die unterschiedlichen Psychotherapieverfahren, wieder.

Ein qualitätsgesicherter Professionalisierungsprozess für angehende Supervisoren, Coaches und Organisationsentwickler verläuft im Allgemeinen über etwa drei Jahre oder sechs Semester und beinhaltet durchschnittlich 640 Präsenzstunden in fachspezifischer Theorie und Methodik mit angebundenen interaktionellen Übungseinheiten sowie mindestens 90 Stunden eigener praktischer Tätigkeit, die im Weiterbildungsverlauf in unterschiedlichen Settings supervidiert werden. Weitere curriculare Bestandteile setzen sich aus dem Selbststudium und den selbstorganisierten Lernformen zusammen. Der gesamte Professionalisierungsprozess findet in einer festen Lerngruppe statt, wodurch auch die Bedeutung des gruppendynamischen Geschehens auf persönlicher und gemeinschaftlicher Ebene für die Entwicklung im jeweiligen Professionalisierungsprozess reflektiert wird und als intensives Lern- und Entwicklungsfeld dient.

Eingangsvoraussetzungen sind im Allgemeinen ein absolviertes Studium an einer Hochschule oder Universität, mindestens drei Jahre Berufserfahrung und bereits erfolgte längerfristige Weiterbildungen zum Erwerb personaler, methodischer und anderer beratungsrelevanter Kompetenzen im Umfang von mindestens 300 Stunden. Außerdem sind vor Beginn der Weiterbildung eigene Erfahrungen als Supervisand durch Teilnahme an mehreren Supervisionsprozessen oder anderen Formen arbeitsweltbezogener Beratung im Umfang von mindestens 30 Sitzungen erforderlich. Diese relativ umfangreichen Kriterien an Vorqualifizierungen haben ihren Grund in dem für die Erfüllung der Aufgaben eines Supervisors, Coaches oder Organisationsentwicklers erforderlichen Ausmaß an Fachkenntnissen und Reifeniveau, um den anspruchsvollen persönlichen und professionellen Anforderungen in diesem Handlungsfeld gerecht werden zu können. Die fachgerechte Wahrnehmung und Analyse komplexer Zusammenhänge mit einem strukturierten Vorgehen in dynamischen Veränderungsprozessen verbinden zu können, dies zeichnet seine besonderen professionellen Fähigkeiten aus. Des Weiteren gehört eine sinnvolle Begleitung kritischer Situationen, Übergangsirritationen und Konfliktdynamiken als Merkmale von Phasenverläufen in Veränderungsprozessen zum Aufgabenspektrum.

Diese professionellen Handlungsweisen fördern gleichzeitig Qualifizierungs- und Bildungsprozesse, da im Kontext von Supervision, Coaching und Organisationsentwicklung kontinuierlich fachliche, persönliche und interaktionsbezogene Entwicklungsprozesse bei den Beteiligten freigesetzt und gefördert werden. Dabei wird ein vertieftes Verstehen von in Wechselwirkungsdynamiken stehenden Vorfällen und Vorkommnissen in arbeitsweltlichen Bezügen auf den Ebenen des Denkens, Fühlens und Handelns ermöglicht. Daraus entstehen neue arbeitsweltliche Perspektiven und Handlungsmöglichkeiten, die auch in den lebensweltlichen Bezügen der Klienten bzw. in der Arbeits- und Lebenswelt als Ganzes Resonanzen erzeugen. Professionelles Handeln in Supervision, Coaching und Organisationsentwicklung gestaltet sich wachstums- und entwicklungsorientiert mit einer unter anderem auf Wertschätzung, Perspektivenvielfalt, Verantwortungsbewusstheit, Ressourcenorientiertheit, Empathie- und Reflexionsvermögen, Ambiguitätstoleranz basierenden Haltung und einer sozial- und gesellschaftspolitisch pluralistischen Ausrichtung und Ethik.

Die Professionalität eines Supervisors, Coachs oder Organisationsentwicklers liegt insbesondere darin, dass er in der Lage ist, professionelle Beziehungen zu gestalten, sowohl bezogen auf die Arbeit mit Personen im Einzelsetting als auch mit Teams bzw. Gruppen oder ganzen Organisationen in den unterschiedlichsten Kontexten. Erfahrungen, Prozessen und individuellen Bedingungen mit einem hohen Maß an Reflexivität zu begegnen und diese im Rahmen der Bearbeitung sinnvoll zu integrieren, um Weiterentwicklung zu fördern, unterstreicht die anspruchsvolle Aufgabe und die hohen Anforderungen in diesem beruflichen Handlungsfeld. Die kritische Evaluation des eigenen Tuns und der Einbezug der Rückmeldungen der Klienten sowie der Prozessverläufe sowie die Evaluation der Beratungsaufträge insgesamt sind dabei zudem wichtige professionelle Elemente im Aufgabengebiet eines Supervisors, Coachs oder Organisationsentwicklers. So ist es naheliegend, dass für die Qualität dieser Professionalität Reflexions- und Beziehungskompetenzen zentrale Faktoren darstellen, die in einem Weiterbildungsprozess vor allem durch Supervision und Selbsterfahrung erlernt und kultiviert werden sollten.

Wie ein solcher Professionalisierungsprozess aus der subjektiven Sicht seiner Teilnehmer erlebt und was darin im Verlauf von drei Jahren auf dem Weg zum Supervisor, Coach bzw. Organisationsentwickler und in den darauffolgenden zwei Jahren nach Abschluss der Weiterbildung im Zusammenhang mit Systemaufstellungen als wirksam empfunden und wahrgenommen wurde, das beschreibt der nun folgende Teil III.

# Teil III

# Systemaufstellungen im empirischen Kontext und der Erkenntnisgewinn

# 12. Methodischer Ansatz und Untersuchungsdesign

Die Pilotstudie (vgl. Beermann, 2020), aus der die hier vorliegende Spezialauswertung über die Wirksamkeit von Systemaufstellungen in den untersuchten Weiterbildungsprozessen hervorgegangen ist, basiert auf einem Forschungsdesign, welches um Perspektivvielfalt bemüht war. Gleichzeitig war das forschende Vorgehen von einer Haltung geprägt, bei der die Aufmerksamkeit auf Wechselwirkungsprozesse und einem systematischen und prozessualen Vorgehen lag, bei dem die Instrumente zur Erhebung, Analyse und Auswertung der Daten kontinuierlich reflektiert wurden.

Die Forschungserkenntnisse aus der Pilotstudie sowie aus der hier vorliegenden Spezialauswertung des Datenmaterials mit dem Fokus auf die Wirksamkeit von Systemaufstellungen in Weiterbildungsprozessen können als Beitrag einer qualitativ orientierten Interventions- und Evaluationsforschung betrachtet werden, deren Charakteristik darin liegt, Praxisveränderungen wissenschaftlich zu begleiten und auf ihre Wirkfaktoren und Wirkungsweise bezogen einzuschätzen. Sie beschreibt die sich ereignenden Prozesse offen, einzelfallintensiv und subjektorientiert (vgl. Mayring, 1999, 2016) und überprüft personenbezogene und soziale Veränderungsprozesse hinsichtlich ihrer Wirksamkeit. Dieses Vorgehen kommt im Allgemeinen in komplexen, sich verändernden Praxisfeldern zur Anwendung, vielfach so auch in der Curriculumforschung.

## 12.1 Theoriebasierte Empirie – empiriebasierte Theorie

Die meiner Forschung zugrunde gelegten Theoriemodelle mit ihren unterschiedlichen Erklärungen einmal zur Frage, wie und auf welche Weise Veränderung bewirkt wird, und dann zu ihrer Übertragbarkeit auf Professionalisierungsprozesse wurden mithilfe einer empirischen Analyse überprüft. Der dafür gestaltete empirische Prozess, das Design und die Methodik sowie die ermittelten Ergebnisse bildeten auf diese Weise die Brücke zwischen theoretischer Herleitung und naturalistischer Praxis im Fokus der forschenden Fragestellung. So lassen sich die dargestellten theoretischen und empirischen Befunde in Form eines sich gegenseitig befruchtenden Austauschs interpretieren und erkenntnisleitend anwenden.

Der für die Untersuchung des Forschungsgegenstandes gewählte qualitative Forschungsansatz berücksichtigt insbesondere das einzelfallbezogene Erleben, die ideografische Wissensebene (vgl. Tilden, 2018). Qualitative Forschung interessiert sich für subjektive Bedeutungen, Gedanken, Handlungsweisen und Gefühle. Sie erfasst Vielfalt und Unterschiede, eine Mehrstimmigkeit, auf dessen Basis Erkenntnisse generiert werden können. Mit einer klaren Fragestellung begegnet sie dem Datenmaterial mit Offenheit auch für überraschende, unerwartete Erkenntnisse (vgl. Flick, 2012). Entsprechend der Charakterisierung qualitativer Sozialforschung diente das Vorgehen in Form von Befragungen der Erfassung von Deutungen, Sichtweisen und Einstellungen der Befragten (vgl. Mayring, 2015). Diese Ausrichtung auf ein auch als praxisorientierte Forschung (practice-oriented-research) benanntes Vorgehen knüpft an das vor allem in medizinischen und psychotherapeutischen Kontexten angewandte Modell evidenzbasierter Praxis an. Darunter wird im engeren Sinne eine Vorgehensweise verstanden, bei der individuelle Fälle mit der bestmöglichen vorliegenden Evidenz verbunden werden, um ein sinnvolles veränderungswirksames Konzept für die Person zu entwickeln, die es betrifft (vgl. Duncan & Reese, 2013). Dieser Weg orientiert sich daran, das für den Einzelfall beste Behandlungsangebot (externe Evidenz) herauszufiltern und damit an einer klientenzentrierten Wissenschaftlichkeit (vgl. auch Castonguay & Muran, 2015; Straus, Glasziou, Richardson & Haynes, 2018).

In der aktuellen sozialwissenschaftlichen Methodendiskussion wird nach Verbindungen und Integrationsmöglichkeiten der als „Mixed Methodology" bezeichneten Methodenkombinationen gesucht, und diese werden erprobt, um darüber Beiträge für bedeutsame und vielseitige Forschungsergebnisse zu entwickeln (vgl. Mayring, 2015). Neben komplexen quantitativen Auswertungsmethoden scheint es sinnvoll, demgegenüber ebenso offene Erhebungsinstrumente anzuwenden, „bei denen die Befragten stärker selbst zur Sprache kommen, zu Forderungen nach interpretativen Methoden, die auch latente Sinnstrukturen erkennen können" (Mayring, 2015, S. 9). Sie können dazu beitragen, auf den Forschungsgegenstand bezogene wichtige Einzelfaktoren und ihre möglichen Zusammenhänge wahrzunehmen und daraus Hypothesen abzuleiten (vgl. Barton & Lazarsfeld, 1979). Qualitative Analysen stellen damit ein hilfreiches Instrument zur Theorie- und Hypothesenprüfung sowie ihrer Entwicklungen dar.

## 12.2 Qualitative Inhaltsanalyse – eine theoriegeleitete und regelgeleitete Analyse sprachlichen Materials

Ein methodisches Erhebungs- und Analyseinstrument, das einerseits offen ausgerichtet der Bedeutungsfülle eines Datenmaterials Raum gibt und andererseits eine systematische Vorgehensweise in seiner Analyse und Bearbeitung erlaubt, stellt die qualitative Inhaltsanalyse dar. Sie geht gleichzeitig einzelfall-, kontextbezogen und systematisch vor. Die dabei vorzunehmende inhaltliche Analyse des Datenmaterials dient der Hypothesenbildung, die sich wiederum auf die forschungsfragenrelevante, zugrunde gelegte Theorie reflexiv bezieht und potenziell die Theoriebildung erweitern kann. Forschungshaltung und Analyseausrichtung einer qualitativen Inhaltsanalyse ermöglichen „Verstehensprozesse von vielschichtigen Sinnstrukturen im Material“ (Mayring, 2015, S. 32) unter der Berücksichtigung von sowohl offenen als auch latenten Sinngehalten. So können Theorie und angenommene Zusammenhänge reflektiert werden, woraus Bestätigungen, Relativierungen des bisher Erkannten und neue Hypothesen hervorgehen können.

Grundsätzlich bedarf die qualitative Inhaltsanalyse der wissenschaftlichen Orientierung an naturalistischen Bedingungen, in denen subjektive Aussagen des Denkens, Fühlens und Handelns Einzelner erhoben werden. Der Forschende selbst lässt sich dabei rekursiv in die Dimensionen von Fragestellungen und Aussagen involvieren und ist bemüht, sich in die Perspektive des Befragten hineinzuversetzen, sie wahrzunehmen und zu reflektieren. Dies ermöglicht, dass auch Vorannahmen des Forschenden revidiert werden können, da er unter Umständen Neues und Anderes wahrnimmt und darüber weitere bedeutsame Kriterien erkennen und einbeziehen kann. Dies entspricht einer mit Erkenntnisinteresse ausgerichteten Haltung der Allparteilichkeit, Neutralität und Tiefe gegenüber den ermittelten Daten, die aus einer Art „Metaposition“ heraus interpretiert werden. So wird bei der Analyse sowohl auf jedes Detail nah heran- als auch wieder weit – mit dem Blick auf das gesamte Material aus unterschiedlichen Distanzen – herausgezoomt. Auf diese Weise betrachtet, werden zum einen Forschungsgegenstand, Zusammenhänge und Prozesse analysiert und zum anderen die aus der Perspektive der Beforschten geschilderte Komplexität ihrer Alltagsrealitäten und deren Einflüsse. Eine qualitative Inhaltsanalyse stellt somit eine systematische und methodisch kontrollierte wissenschaftliche Auswertung kommunikativen Materials dar, bei der sowohl offenkundige als auch latente Inhalte analysiert werden.

### 12.2.1 Erhebung des Datenmaterials

Das hier bearbeitete Datenmaterial wurde an der Carl von Ossietzky Universität Oldenburg im postgradualen weiterbildenden Kontaktstudium „Supervision, Coaching und Organisationsentwicklung“ erhoben. Mittels halbstandardisierter Fragebögen wurden 21 Teilnehmende einer festen Lerngruppe im Verlauf von sechs Semestern an fünf verschiedenen Zeitpunkten prozessbegleitend im Verlauf von drei Jahren befragt. Bei der Befragung handelte es sich um eine ausführliche schriftliche Befragung mit offenen Antwortmöglichkeiten. Die Befragten konnten dabei in selbstbestimmter Reihenfolge bei der Beantwortung der Fragen vorgehen und auf einzelne Aspekte in individuell unterschiedlichem Ausmaß eingehen. Auch war es dabei möglich, offene Mitteilungen zum Ausdruck zu bringen.

Die folgende tabellarische Übersicht stellt ausgewählte Informationen zur Zusammensetzung der Teilnehmergruppe vor.

| Anzahl, Geschlecht, Bundesland | Altersgruppen mit Anzahl der Personen | Berufe und ihre Häufigkeiten | Tätigkeitsfelder |
|---|---|---|---|
| 21 Personen<br><br>weiblich: 17<br>männlich: 4<br><br>Bremen: 4<br>Hamburg: 1<br>Niedersachsen: 15<br>Nordrhein-Westfalen: 1 | 36–40 Jahre: 2<br>41–45 Jahre: 3<br>46–50 Jahre: 4<br>51–55 Jahre: 9<br>56–60 Jahre: 1<br>61–65 Jahre: 2 | - Psycholog(inn)en: 2<br>- Pädagog(inn)en: 6<br>- Sozialpädagog(inn)en/ Sozialarbeiter(innen): 3<br>- Heilpädagog(inn)en: 1<br>- Sozialwissenschaftler(innen)/Soziolog(inn)en: 3<br>- Hochschullehrer(innen)/Lehrer(innen): 3<br>- Betriebswirt(inn)e(n)/Wirtschaftswissenschaftler(innen): 2<br>- Ingenieur(inn)e(n): 1 | Fach- und Führungskräfte im/in:<br><br>- Sozialwesen<br>- Gesundheits-wesen<br>- Bildungswesen<br>- Behörden<br>- Dienstleistungsunternehmen<br>- Gemeinwesenarbeit |

Tab. 2: Berufsbiografische Daten zu den Befragten (Erhebung 2015; eigene Darstellung)

Die befragten Weiterbildungsteilnehmenden haben vor Beginn des Kontaktstudiums folgende Eingangsvoraussetzungen erfüllt, die den allgemein gültigen Qualitätsstandards für dieses professionelle Handlungsfeld entsprechen:

- abgeschlossenes Hochschulstudium
- mindestens drei Jahre Berufserfahrung in einem berufsrelevanten Praxisfeld
- Teilnahme an mindestens 300 Stunden längerfristiger Fort- und Weiterbildungen zum Erwerb personaler, methodischer und anderer beratungsrelevanter Kompetenzen

- Teilnahme an mehreren Supervisionsprozessen oder anderen Formen arbeitsweltbezogener Beratung in unterschiedlichen Settings (mindestens 30 Sitzungen)
- Abgabe einer persönlichen Stellungnahme zur Teilnahmemotivation
- Nachweis über die Möglichkeit zu einer kontinuierlichen weiterbildungsbegleitenden praktischen Arbeit mit Bezug zu Supervision, Coaching und Organisationsentwicklung im eigenen Arbeitsfeld oder in Kooperation mit anderen Einrichtungen
- Teilnahme an einem Informations- und Auswahlseminar.

Das Interesse innerhalb der Befragungen richtete sich vor allem auf die zentralen Aspekte der Forschungsfrage: Was wird von den Teilnehmenden als subjektiv wirksam im Professionalisierungsprozess benannt? Wie wird dieser Veränderungsprozess erlebt und welche als erfolgreich erachteten Wirkfaktoren und Wirkungsweisen kristallisieren sich dabei im Speziellen heraus? Ähneln oder gleichen sie den Aussagen der theoretischen Herleitung? Zeigen sich darüber hinaus weitere, neue Einflussgrößen? Was überrascht oder irritiert im Zuge dieser Datenauswertung?

Das Spektrum der Fragen an die Weiterbildungsteilnehmenden war dementsprechend so formuliert, dass die Fragen zu Aussagen über bestimmte Aspekte anregten, wie das Erleben der eigenen Entwicklung im Professionalisierungsprozess, die mit ihm in Verbindung stehenden Motivationslagen, Veränderungswünsche, erfüllte Veränderungswünsche sowie auf die Zukunft gerichtete Wünsche, das Erleben von Konflikten und Schwierigkeiten, aber auch von Ressourcen im Professionalisierungsprozess. Fragen nach der Sinnhaftigkeit des Einbezugs des biografischen Kontextes im Zusammenhang mit der neuen beruflichen Rollenentwicklung waren ebenfalls von Interesse bei den Befragungen und bezogen sich auf das Erleben und die Wirkung von Systemaufstellungen. Dafür wurde im Verlauf und im Anschluss an die Selbsterfahrungswoche mit Systemaufstellungen nach dem subjektiven Erleben und dessen Bedeutsamkeit sowie dem daraus entstandenen Erkenntnisgewinn in zeitlichen Abständen mehrfach gefragt. Die Erhebung von Daten zu unterschiedlichen Zeitpunkten während des Professionalisierungsprozesses der Teilnehmenden ermöglichte es, die subjektiv erlebten Veränderungen unter naturalistischen Bedingungen mit den ihnen zugeschriebenen Wirkfaktoren und ihrer Wirkungsweise zu identifizieren, zu analysieren, zu kategorisieren und in ihrer Gesamtheit zu interpretieren.

Als Befragungszeitpunkte wurden markante, den persönlichen und interaktionellen Professionalisierungsprozess der Teilnehmenden fördernde Angebote sowie bestimmte Zeitabstände im Curriculum ausgewählt, die Zwischenräume zuließen, in denen ausreichend Entwicklungsraum für Veränderungen im Denken, Fühlen und Handeln gegeben war, um Unterschiede erwarten zu können.

Der Professionalisierungsprozess der Teilnehmenden begann mit der ersten Lehrveranstaltung im Dezember 2014. Im September 2015 fand nach vier Seminaren und weiteren Lehr- und Lernangeboten entsprechend dem Curriculum ein einwöchiges Selbsterfahrungsseminar zum Thema „Berufliche Identitäten – Vorerfahrungen und Potenziale aus der eigenen Biographie" in einem Seminarhotel statt, bei dem mit Systemaufstellungen gearbeitet wurde. Dieses Selbsterfahrungsseminar war als intensiver Prozessstimulus eingestuft, bei dem die Persönlichkeit der Teilnehmenden im Kontext ihrer biografischen Erfahrungen und Potenziale und bezogen auf den individuellen Professionalisierungsprozess im Mittelpunkt stand. Dabei fand eine je einzelfallbezogene Bearbeitung persönlicher Anliegen im gruppendynamischen Geschehen unter der Beteiligung aller Teilnehmenden statt. Das dafür ausgewählte methodische Angebot der Systemaufstellungen ermöglichte dabei die Fokussierung auf Emotionen und sinnliche Eindrücke im Zusammenhang mit subjektiv bedeutsamen Themen. Dabei konnten das Konflikterleben und die subjektiv bedeutsamen Wünsche der einzelnen Teilnehmenden, bezogen auf die durch die Professionalisierung angestrebten Veränderungen, besondere Berücksichtigung finden (vgl. Rieforth, 2020).

Da selbst- und gruppenreflexive Kompetenzziele ein starkes Merkmal professionellen Handelns im Tätigkeitsfeld von Supervision, Coaching und Organisationsentwicklung darstellen, in deren Dynamik der Person des Beraters eine starke Bedeutung beigemessen wird, ist die unter fachlicher Anleitung im Gruppensetting auf sich selbst angewandte reflexive Erfahrung ein bedeutsames Interventionsangebot, worüber die Selbstentwicklung gefördert werden kann. Dies stimuliert gleichzeitig die Weiterentwicklung von Theorie- und Methodenkompetenzen für das professionelle Handeln in der konkreten beruflichen Rolle und Situation.

Im Verlauf des einwöchigen Selbsterfahrungsseminars mit Systemaufstellungen wurden mehrere Befragungen durchgeführt: vor Beginn, im Verlauf und am Ende des Seminars. Während des Seminarverlaufs konnten die Teilnehmenden mehrere Fragebögen aus unterschiedlichen Perspektiven wie Teilnehmende, die ein persönliches Anliegen aufgestellt haben, Repräsentanten in einer Aufstellung und Beobachter einer Aufstellung ausfüllen. Die Teilnehmenden haben im Verlauf des Seminars in der Regel jede der drei Perspektiven in unterschiedlicher Häufigkeit einnehmen können. Neben den (stets anonymisierten) Befragungen zu den drei genannten Zeitpunkten im

Kontext des Selbsterfahrungsseminars fanden weitere Befragungen ein Dreivierteljahr später sowie am Ende des gesamten dreijährigen Weiterbildungsprozesses und zwei Jahre danach statt.

### 12.2.2 Die Datensammlung

Insgesamt entstand eine umfangreiche Datensammlung mit sowohl einzelfallbezogenen Prozessdaten zur Analyse und Auswertung als auch der Gesamtheit aller erhobenen Aussagen. Im Forschungsprozess fiel die Entscheidung für die Analyse und Auswertung der Gesamtaussagen, die gleichzeitig alle Einzelfälle und jede gegebene Antwort einbezog. Damit konnte explorativ das weite Spektrum aller Aussagen zum persönlichen Erleben des Professionalisierungsprozesses im Veränderungsgeschehen beachtet und die gesamte erhobene Sprache aller Teilnehmenden analysiert und interpretiert werden. Eine spezielle Analyse und Auswertung der Prozessverläufe einzelner Personen wäre in einer weiteren, diese Spezialauswertung ergänzenden Bearbeitung möglich und interessant.

Insgesamt wurden für die Pilotstudie 106 Fragebögen transkribiert, analysiert und kategorisiert. Die technische Bearbeitung des Datenmaterials erfolgte mit dem Software-Programm MAXQDA Version 2018.1, eine professionelle Software zur Analyse qualitativer und Mixed-Method-Daten. Mittlerweile wurden Ende 2019, zwei Jahre nach Abschluss der Weiterbildung, die Teilnehmenden erneut mittels eines Fragebogens befragt. Auch wurde eine validierende Kommunikation (vgl. Mayring, 2015) mit den Absolventen in Präsenzform durchgeführt. Dabei wurden den Befragten die bisherigen Forschungsergebnisse vorgestellt und ihre Stellungnahme dazu per Audioaufnahme dokumentiert. Die Ergebnisse aus der Befragung mit dem Fokus auf die Systemaufstellungen finden sich im folgenden Kapitel. Die weitere Auswertung der validierenden Kommunikation befindet sich aktuell noch im Bearbeitungsprozess.

### 12.2.3 Entwicklung eines Kategoriensystems

Ausgehend von der forschenden Fragestellung wurde über die Erarbeitung eines Begriffs- und Kategoriensystems das Datenmaterial analysiert und diese Ergebnisse interpretierend auf die Fragestellung rückbezogen. Die theoriegeleitete Analyse des erhobenen Datenmaterials wurde kategoriengestützt vorgenommen. Das dafür notwendige Vorverständnis wurde in Bezug auf die Forschungsfrage entwickelt. Dafür wurden die in diesem Buch beschriebenen Kontexttheorien zur Frage von Wirksamkeit und Wirkungsweise in Veränderungsprozessen herangezogen und in ihrer jeweiligen Genese und ihren zentralen Aussagen ausgeführt. Die Kategorienbildung erfolgte insgesamt einerseits deduktiv – das heißt, auf der Basis der geschilderten Theoriekonzepte wurden die Kategorien auf das Datenmaterial hin bezogen selektiert und analysiert – und andererseits induktiv, wobei sich die Kategorien direkt aus dem Datenmaterial herausbildeten und auf ihre Standfestigkeit hin geprüft wurden. Diese Bearbeitungsform erfasste die direkte und vollständige Sprache des Materials als Abbild des naturalistischen Erlebens der Befragten. Über die im Verlauf des Forschungsprozesses prozessuale Erhebung, Analyse und Kategorisierung der Aussagen der Befragten war es möglich, kontinuierlich theoretische Annahmen mit Erkenntnissen aus dem untersuchten Feld zu verbinden, in den Prozess der Kategorienbildung zu integrieren und ein angemessenes Abstraktionsniveau zu definieren und zu gewährleisten, sodass die entwickelten Kategorien zur zentralen Fragestellung bzw. zum Fokus der Analyse passten und die Auswahlkriterien für Textstellen sowie das Abstraktionsniveau angemessen bestimmt werden konnten. Insgesamt sind aus dem gesamten Datenmaterial 1024 Textstellen (Codings) Haupt- und Unterkategorien (Codes und Subcodes) zugeordnet und analysiert worden. Das für die Datenanalyse angelegte entwicklungsoffene Kategoriensystem blieb beständig flexibel für neue Einflüsse aus dem Datenmaterial, was als ein sich kontinuierlich anreichernder Prozess des forschenden Erkennens und Verstehens aufzufassen ist. Bei diesem Vorgehen können mit immer wieder neuer Offenheit Zusammenhänge erkennbar, verstehbar und überprüfbar werden. Auch lassen sich dabei bisher noch zu wenig beachtete Informationen oder Unklarheiten aufzeigen, woraus neu entstehende, weiterführende Ideen im Umgang mit dem Forschungsgegenstand abgeleitet werden können. Dies fördert zusätzlich ein gleichzeitig inhaltlich vertiefendes wie verbreiterndes Vorgehen. Die entwickelten erkenntnisleitenden Hypothesen lassen sich dabei in ihrem Aussagevermögen gewichten, und es können Wechselwirkungseffekte und Zusammenhänge sichtbar gemacht werden. So ist die qualitative Inhaltsanalyse eines Materials nie beendet, sondern eröffnet immer wieder neue Möglichkeiten der Betrachtung und Interpretation. Damit wird auch der Prämisse einer stets dynamischen, komplex wirksamen subjektiv erlebten Wirklichkeit in ihrer jeweiligen Umwelt Folge geleistet (vgl. Mayring, 2015). Das gewählte Erhebungsverfahren und Vorgehen erlauben es, die Untersuchungsergebnisse auf andere vergleichbare Situationen zu übertragen bzw. zu generalisieren. Denn im Gegensatz zu einer Simulation werden bei einer Datenerhebung und -analyse in einer naturalistischen Umgebung komplexe, zirkulär wirksame Einflüsse innerhalb und zwischen Personen in einer sich ständig wandelnden Umwelt berücksichtigt. Diese Form der Datenerfassung folgt der Idee einer ökologischen Validität und Repräsentativität, wonach sich aus den ermittelten Untersuchungsergebnissen eine allgemeine Gültigkeit ableiten und für vergleichbare Kontexte generalisierend anwenden lässt (vgl. Kaminski, 1988).

### 12.2.4 Die Kategorien – Codes, Subcodes und Beispiele

Das deduktiv-induktiv gebildete Kategoriensystem mit fünf Hauptkategorien (Codes) und den jeweiligen Unterkategorien (Subcodes) weist Theoriebezug und ideografische Aussagen zum Forschungsgegenstand gemeinsam aus. Bei der Interpretation des Datenmaterials wurde auf eine sinnvoll theoriegeleitete Deutung geachtet, die darum bemüht war, in sich schlüssig zu sein, auf eventuell vorkommende „Brüche" zu achten, diese zu erklären und das Material systematisch zu bearbeiten (vgl. Mayring, 1999, 2015.) „Ziel der qualitativen Inhaltsanalyse ist es, die manifesten und latenten Inhalte des Materials in ihrem sozialen Kontext und Bedeutungsfeld zu interpretieren, wobei vor allem die Perspektive der Akteure herausgearbeitet wird. [...] In diesem Sinne streben qualitative Inhaltsanalysen eine Interpretation an, die intersubjektiv nachvollziehbar und inhaltlich möglichst erschöpfend ist" (Bortz & Döring, 2015, S. 329).

Für dieses Buch wurden die Forschungsergebnisse aus der Pilotstudie noch einmal untersucht und speziell die Daten, die sich auf das subjektive Erleben und die Wirksamkeit von Systemaufstellungen im Weiterbildungsprozess beziehen, ausgewertet und vertieft analysiert. Mit dieser Thematik beschäftigt sich nun das folgende Kapitel.[55]

[55] Das vollständige Kategoriensystem mit seiner inhaltsanalytischen Interpretation ist in der Pilotstudie zu finden, die unter dem Titel „Veränderungsprozesse professioneller und persönlicher Entwicklung. Wirkfaktoren und Wirkungsweisen in Professionalisierungsprozessen am Beispiel von Supervisoren, Coaches und Organisationsentwicklern" im Verlag Vandenhoeck & Ruprecht unipress erschienen ist (vgl. Beermann, 2020). Bei der Datenanalyse wurden sämtliche erhobene Aussagen der Befragten bzw. Textstellen berücksichtigt.

# 13. Das subjektive Erleben von Systemaufstellungen im Weiterbildungsprozess

Dieses Kapitel enthält zahlreiche Originalzitate der untersuchten Zielgruppe. So können dem Lesenden die Narrative der Beforschten auf anschauliche Art und Weise nahegebracht werden. Ihre sinnstiftenden Erzählungen und subjektiven Wahrnehmungen der Wirkeffekte durch Systemaufstellungen bieten konkrete Einblicke und Anregungen zum Reflektieren. Das darin beschriebene individuelle Bild über Systemaufstellungen und ihre subjektiv erlebte Wirkung im Weiterbildungsprozess hat dabei eine starke Gewichtung bekommen. Nach der Darstellung des subjektiven Erlebens von Systemaufstellungen in dem Selbsterfahrungsseminar aus drei Perspektiven – als Teilnehmer mit einem Anliegen, als Repräsentant und als Beobachter – folgen in Kapitel 14 Textstellen mit den von den Befragten geschilderten gewonnenen Erkenntnissen im Sinne einer Transferleistung, die das in Systemaufstellungen Erlebte auf das eigene berufliche Praxisfeld bezieht.[56]

Die im Rahmen der inhaltsanalytischen Bearbeitung dazu entwickelte Kategorie zur subjektiv erlebten Wirksamkeit von Systemaufstellungen umfasst alle Daten und ihre Analyse zum Thema Systemaufstellungen. Sie beinhaltet zudem Textstellen mit Aussagen zum Erleben der Selbsterfahrung in Bezug auf den individuellen Professionalisierungsprozess zum Supervisor, Coach oder Organisationsentwickler, wobei die biografischen und beruflichen Erfahrungen, Konflikte und Potenziale der Teilnehmenden im Mittelpunkt standen. Dazu gehören Aussagen zu Fragen und Themen, welche die Teilnehmenden beschäftigt haben, zur persönlichen Biografie und den eigenen sowie den Anliegen der Anderen in der Lerngruppe. Die auf dieses Erleben bezogenen und mehrfach (zu unterschiedlichen Zeitpunkten) gestellten Fragen lauteten: Was beschäftigt Dich in Bezug auf Dein Erleben der Selbsterfahrung? Wie hast Du die Bearbeitung Deiner Anliegen und derjenigen von anderen Teilnehmern erlebt? Was ist Dir dabei besonders unter die Haut gegangen?

Im Folgenden werden alle gegebenen Antworten aufgeführt, die das inhaltliche Spektrum, das mit diesen Fragen erhoben wurde, abbilden (Textstellen im Originalwortlaut).

---

[56] Die veranschaulichenden Originalzitate der Weiterbildungsteilnehmenden beinhalten das gesamte Aussagenspektrum. Ich habe lediglich Aussagen weggelassen, in denen sich ausschließlich Wiederholungen zu anderen Aussagen widerspiegelten.

In der Seminarwoche war ich sehr berührt und in Bewegung geraten. Die Vorstellung meiner Biographie mit allen meinen empfundenen Belastungen haben etwas sehr Heilsames bewirkt. Die Vorstellung, Menschen würden dann anders über mich denken, mich anders behandeln, hat nicht stattgefunden und somit etwas sehr Integrierendes. Dies macht mich auch im beruflichen Kontakt sicherer, auch wenn ich dort nicht „meine Geschichte" erzähle.

Ich fand die in der Seminarwoche stattgefundene Aufstellungsarbeit eine tiefgreifende Erfahrung. Das Thema „Abgrenzung" und „Wunsch nach Integration von noch nicht gelebten Anteilen" ist/sind dadurch in den Focus geraten und mir zur Bearbeitung greifbarer geworden.

Meine Weiterarbeit an Genogramm bzw. biographischer Entwicklung. Schritte in den Blick zu nehmen und daran arbeiten. Supervisor in der kommenden Woche anrufen und Termine vereinbaren. „Wissen" aneignen durch das Arbeiten an den Skripten. Das (Selbsterfahrungs-)Seminar war für mich ein inhaltlicher zweiter Startschuss.

Durch die Biographiearbeit der anderen kamen bei mir viele Veränderungsprozesse in Gang. Vieles konnte ich deutlicher „sehen". Besonders freue ich mich über das „Sehen" des Sinnes für meine weitere Entwicklung.

Meine persönliche Situation. Wenig bis keine Fragestellung bezüglich der beruflichen Weiterentwicklung obwohl das mein eingebrachtes Thema war. (Thema Verantwortung für mich selber übernehmen.) Zunächst Ordnung schaffen im privaten, das Berufliche entwickelt sich dann eigenständig.

Emotionaler Prozess (Täter/Opfer-Versöhnung) der durch Aufstellungen angestoßen wurde. Weitere Ideenentwicklung zum Thema: „Prozess", ständiger Wechsel von Rahmen und Bedeutung. Spielen mit Metaphern (z. B. Fluss/Wirbel).

Viele Impulse, die sich so nach und nach ordnen werden. Es ist gut, jetzt in die Distanz zu gehen, um aus der Fülle schöpfen zu können. Bewusstsein, dass ich auf dem richtigen Weg bin!

Ich nehme sehr viel mit. Wie kann ich mir das alles vollständig erschließen und dauerhaft verfügbar, nutzbar machen? Das, was ich Neues gelernt habe, werde ich für meine eigene Genogrammarbeit nutzen.

Mich beschäftigt in angenehmer Weise, dass sich meine persönliche Befindlichkeit zu Beginn des Seminars (Verwirrung, Erschöpfung, Entscheidungsdruck) durch die passive Teilnahme (+ zwei Repräsentanten-Rollen) deutlich verändert hat.

Die Frage, welchen Teil aus dem Beratungsbereich ich abdecken könnte und möchte.

Wie ich es schaffe, mich nach den intensiven Erfahrungen wieder in mein soziales Umfeld zu integrieren. Ich bin gespannt, wie sich mein Thema für mich entwickeln wird, ob sich in künftigen Prozessen etwas anders anfühlen wird.

Das hätte man nicht aus einem Buch lernen können. Persönliche und berufliche Entwicklung braucht Zeit und Räume.

Ein Thema in meiner Biographie, das mir bisher zwar bekannt war, für das ich aber jetzt nach den Aufstellungen einen neuen Blick habe. Ich möchte meine Fähigkeit vertiefen, intuitiven Wahrnehmungen/Impulsen auch zu folgen. Wie kann ich – auch außerhalb der Weiterbildung – mein Wissen über biographische Prozesse vertiefen?

Freude und Frieden über das Ergebnis.

Wie kann ich die Erfahrungen, die ich im Kontext der individuellen Biographiearbeit in der Gruppe gemacht habe, in meinen (Arbeits-)Alltag integrieren bzw. umsetzen?

Integration der persönlichen Entwicklung in den Alltag, in den Kontakt mit meinem Mann, mit der Ursprungsfamilie. Wie wird sich mein Energielevel nachher anfühlen? Wie werden sich die Erfahrungen auf meine zukünftige Arbeit als Supervisor auswirken? Wann kann ich endlich damit anfangen?

Ich bin sehr müde und zufrieden.

## 13.1 Subjektives Erleben von Systemaufstellungen bei der Klärung eines persönlichen Anliegens

Im Folgenden werden nun solche Textstellen dargestellt, in denen speziell das Erleben der Bearbeitung eines eigenen Anliegens mithilfe einer Systemaufstellung zum Ausdruck gebracht wurde. Die entsprechenden Fragen dazu lauteten: Wie hast Du die Systemaufstellung bzw. die Bearbeitung Deines Anliegens erlebt? Was ist Dir dabei besonders unter die Haut gegangen?

Es werden wieder die Textstellen aufgeführt, die das inhaltliche Spektrum, das mit diesen Fragen erhoben wurde, abbilden (im Originalwortlaut).

Dinge ans Licht bringen/sichtbar machen. Den Dingen Worte verleihen. Die eigene Biographie für andere erfahrbar machen. Neue Verbindungen im vertrauten System finden/aufdecken.

Das war interessant, insofern, als dass ich gedacht habe, dass es für eine Bewusstseinserweiterung wichtig wäre, mein familiäres Ursprungssystem genauer anzuschauen. Es kristallisierte sich jedoch im Verlauf der Bearbeitung der Fragestellung heraus, dass es vielmehr um das Hier und Jetzt gehen könnte und insofern auch Menschen aus dem Hier und Jetzt Teilnehmer bzw. wichtige Personen wären.

Erleichternd, wohltuend den Raum dafür zu haben.

Am Ende sehr hilfreich, um mir auf die Spur zu kommen. Im Prozess zeitweise verwirrend, weil ich immer in „wissende Gesichter“ geschaut habe, während ich das Gefühl von Verwirrung hatte.

Zuerst: Sehr passende Wiedergabe von Haltung, Verhalten, Emotion, bis zu körperlichen Symptomen der einzelnen Menschen in meiner Familie durch die Stellvertreterinnen. Dann: Große Ratlosigkeit, Abgeschnittenheit, Angst. Zweite Runde zusätzlich mit neuem Thema: Verwirrung, (kleiner) Schock.

Sehr intensive emotionale Begegnung mit meiner Biographie/Fragestellung. Die Repräsentanten haben Gedanken und Gefühle zum Ausdruck gebracht, die parallel bei mir gedacht/gefühlt wurden. Das war sehr bemerkenswert für mich.

Die genografische Erarbeitung hat sich in einen Prozess eingefügt. Die intensive Selbsterfahrung habe ich als Stabilisierung meiner Persönlichkeit erfahren. Mit dabei war sicherlich der Erkenntnisgewinn und das Erspüren von innerer Sicherheit. Ich bin aber auch über eine Grenze gegangen, indem ich der Gruppe meine Auseinandersetzung mit meinen inneren Konflikten und Problemen gezeigt habe.

Sehr emotional. Die Frage, die mich im Vorfeld beschäftigt hat, wurde im Laufe des Gesprächs doch zu einer anderen, wobei das Ergebnis der Aufstellung wieder die ursprüngliche Frage beantwortet hat. Die Aussagen der anderen Teilnehmer waren für mich sehr hilfreich und gut. Sie haben mich berührt und gestärkt. Ich habe die langsame Annäherung an das eigentliche Thema sehr genossen.

Emotional sehr bewegend. Sehr hilfreich und stärkend. Konturierend und formierend.

Es hat befürchtete, früher vorhandene Verletzungen und Dramen relativiert.

Ich habe eine neue Perspektive auf mein Leben/Familie. Es hat ausgelöst, dass ich mich noch mal in einen Therapieprozess begeben habe, der sehr hilfreich ist. Ich werde im Berufsalltag klarer und erlaube mir, mehr zu meinen Anliegen zu stehen, zu konfrontieren.

Die Bearbeitung eines eigenen Anliegens war bedeutsam und nachhaltig. Ich war überrascht, welches Thema „plötzlich“ anstand und bearbeitet wurde. Anschließend stellte sich bei mir ein Gefühl von Glück, Freude und Leichtigkeit ein. Die Aufstellung war lange Zeit sehr präsent in mir. Die Beziehungsqualität zu Personen hat sich verändert. Heute beschäftigen mich noch viele Fragen dazu.

Ich habe die Bearbeitung als sehr professionell erlebt. Da es sich für mich um ein sehr wichtiges Thema handelt, bin ich für die Möglichkeit der Bearbeitung sehr dankbar. Außerdem haben mir die Informationen während der Aufstellung und aus dem Endbild sehr geholfen. Dass die Möglichkeit von Systemaufstellungen im Rahmen der Ausbildung besteht, halte ich für sehr wichtig.

Für mich war die Systemaufstellung sehr wichtig. Hier wurde mir deutlich, wie wichtig es ist, auf das „Fehlende" zu achten, in meinem Fall, das fehlende „Männliche" vor dem Hintergrund meiner Biografie. Das hat mich bewusst (und unbewusst) sehr viel weitergebracht, ich habe in der darauffolgenden Zeit gemerkt, dass ich mich verändert habe, in manchen Bereichen klarer, sachlicher „agiert habe". Weniger „mütterlich" – mehr sachlicher ...

Was mir sehr nah gegangen ist, ist, dass mir zwanzig Menschen zugehört haben, also aktiv zugehört haben und mir ihr Feedback geschenkt haben. Wunderbar!!

Eine heilende Annäherung von Tätern und Opfern, ihre Auswirkung auf mich und in der Aufstellung auf meine Familie.

Unter die Haut gegangen ist, dass Gefühle bei mir angesprochen, geweckt wurden, die in der Tiefe lagen und zu einer ergreifenden Befreiung führten.

Die Beziehung zu meiner Mutter.

Mir ist unter die Haut gegangen, dass ich so emotional reagiere, wenn es um meinen Vater geht. Dass ich ihn beschützen will und ihm Dinge abgenommen habe, war mir nicht in dem Umfang klar. Mir ging auch unter die Haut, wie der tote Bruder meines Vaters in der Aufstellung reagiert hat, und es hat mir eine Ahnung davon gegeben, wie die beiden sich gefühlt haben. Sehr entlastend habe ich es erlebt, als ich die Verantwortung zurückgeben konnte und mein Vater sie angenommen hat. Auch das Gefühl wahrzunehmen, dass es nicht meine Geschichte ist, war sehr befreiend und erleichternd.

Bedeutungen, Einstellungen werden komplett in Frage gestellt und neu gefüllt.

## 13.2 Subjektives Erleben von Systemaufstellungen als Repräsentant

Als Nächstes stelle ich Textstellen vor, in denen die Bearbeitung eines Anliegens eines Teilnehmenden im Rahmen einer Systemaufstellung aus der Perspektive eines Repräsentanten erlebt wird.

Ein Repräsentant ist eine Person, die in einer Systemaufstellung stellvertretend eine reale Person oder ein abstraktes Element repräsentiert und von der Person, die zur Klärung eines Anliegens ihr relevantes System aufstellt, aus einer Seminargruppe ausgewählt wird. Im Verlauf einer Systemaufstellung dienen die Repräsentanten als Wahrnehmungs- und Resonanzkörper. Von ihnen ausgehende verbale und nonverbale Informationen können von allen Beteiligten wahrgenommen und von der Aufstellungsleitung erfragt werden und fließen in den dynamischen Prozess einer Systemaufstellung ein. Zudem gibt es die Variante, dass sich Repräsentanten von Anfang an selbst rein nach ihrem eigenen Empfinden im Raum aufstellen, ohne zu Beginn von der Person mit dem Anliegen aufgestellt zu werden. Wichtig im Kontext von Systemaufstellungen ist, dass Repräsentanten keine Rollenspieler im Sinne einer schauspielerischen Inszenierung sind, sondern dass die menschliche Fähigkeit der Resonanzwahrnehmung im Sinne einer lebendigen Transformation genutzt wird, durch die entscheidende und bedeutsame Informationen hervorkommen.

Die Fragestellung zu diesem Aspekt lautete: Wie hast Du die Systemaufstellung bzw. die Bearbeitung von Anliegen anderer Teilnehmer aus Deiner Perspektive als Repräsentant erlebt? Was ist Dir dabei besonders unter die Haut gegangen? Die Antworten lauteten (im Originalwortlaut):

> In der Fokussierung auf die Rolle eines Familienmitglieds konnte ich dessen/deren Emotionen, Körperreaktionen, Impulse besonders deutlich empfinden, ausdrücken und in das Beziehungsgeflecht einbinden.

> Bewegend. Mit überraschenden Reaktionen meinerseits. Intensiv, anstrengend.

> Emotional, spannend, erkenntnisreich, dynamisch, spielerisch, kreativ, viele Gefühlsfacetten, Geheimnisse.

> Sie stellt eine angemessene Möglichkeit dar, Familienthemen auf den Grund zu kommen.

> Emotional und körperlich starke Reaktionen. Ein Prozess von schweren, unangenehmen Gefühlen bis hin zu bewegenden, sich lösenden, sehr schönen Gefühlen. In einer Rolle einen deutlichen Prozess von nicht in den Kontakt gehen können – starke unangenehme Gefühle, mit Veränderung der Position in einem suchenden Prozess, zu starkes Gefühl von in Kontakt sein mit einem deutlich gestärkten Gefühl.

> Sehr intensiv, vor allem in der Rolle einer Verstorbenen. Das hat mich sehr durchgeschüttelt zu erleben, wie präsent eine lange verstorbene Person noch sein kann. Die Rollen als Repräsentantin waren insgesamt bzw. jede für sich

sehr inspirierend, um innerlich immer wieder einen anderen Blick auf meine eigene Geschichte zu werfen.

Mein erstes Gefühl war starr, steif – so als wenn ich ein fester Fels bin, der nicht beweglich ist. Dadurch fiel mir der erste Zugang auch etwas schwer, mich in die Rolle gänzlich hineinzuversetzen bzw. damit zu verschmelzen. Bei meiner zweiten Aufstellung ging es mir wesentlich besser. Die Rolle war von Anfang an für mich „leicht“ zu übernehmen, sie anzuziehen.

Sehr intensiv mit einem weiten Blick (als Mutter) für die Vorgänge in der „Familie“. Großer Ansturm der Informationsflut, die als „Randfigur“ wenig abgefragt wurde und sehr viel Disziplin verlangte.

Sehr intensiv. Zweifel an der Richtigkeit meiner Impulse, da sie sehr heftig waren (was war meins – was war das Empfinden in der Rolle). Dann unbedingte Handlungsimpulse. Große Erleichterung und Befriedigung bei „Entspannung“ der Familiensituation, die aufgestellt wurde. Das führt zur Perspektivententwicklung mit Zustimmung der Falleinbringerin.

Sehr intensiv und emotional. Ich konnte mich gut einlassen und dem folgen, was ich gespürt habe. Ich fand die Anleitung und die Fragen hilfreich und fühlte mich jederzeit gut aufgehoben.

Ungewohnt. Anfangs verhalten. Zweifel, ob ich diese Aufgabe leisten kann. Dann habe ich mich auf die Situation eingelassen und war vom Geschehen erfasst, vereinnahmt. Es war eine neue, interessante Erfahrung. Die Dinge geschehen, der Prozess floss. Ich fühlte mich als Bestandteil des Geschehens, ohne bewusst Einfluss zu nehmen. Ich war in zwei unterschiedlichen Stellvertreterrollen und habe diese entsprechend unterschiedlich erlebt/gelebt.

Das Ausfüllen der Rolle hat eine genauso hohe Intensität. Ohne „Anstrengung“ können Impulse erspürt werden und können ihren Lauf nehmen.

Sehr intensiv! Ich war froh über die gute Leitung, hätte mich sonst in der Aufstellung verloren.

Beide Themen hatten für mich jeweils auch mit eigenen Themen zu tun. Die Resonanzfähigkeit beeindruckt mich immer wieder.

Sehr emotional und authentisch. Ich hatte den Eindruck, „wirklich“ die Gefühle zu fühlen, die ich repräsentiere.
Ich bin im Prozess gefangen, danach kam Erinnerung.

Es war spannend, die tief darunter liegende emotionale Ebene sichtbar gemacht zu bekommen, zu entdecken.

Unter die Haut gegangen ist mir die schnelle und große Emotionsfreiheit der Gruppe und meine Reaktion darauf. Ich bin sehr emotional und mir kommen schnell die Tränen, hier erlebe ich mich etwas anders – nämlich gefangener. Diese Erfahrung irritiert mich etwas, löst aber bei mir nicht Fragen bzw. große Gedankenwellen aus.

Als Repräsentant habe ich gespürt, dass Anteile meiner Geschichte mit angeschlagen sind, ohne die Regie zu übernehmen.

Beeindruckend war, dass das Thema „Heimat“, das ich repräsentiert habe, sich so kraftvoll anfühlte.

Mir ist unter die Haut gegangen, dass ich meinen Empfindungen und meiner Intuition trauen kann, dass sie stimmig sind. Mir ist noch mal klar geworden, wie stark es sich anfühlt, in einem System eingebunden zu sein, dazu zu gehören und sich einzubringen. Mir ist auch unter die Haut gegangen, wie viele Personen beteiligt sind und wie weit Dinge zurückreichen können, die uns im Hier und Jetzt beschäftigen.

Beeindruckend waren für mich die körperlichen Reaktionen in ihrer Heftigkeit, d. h. das ganzheitliche Erspüren des Systems.

Jeder Mensch hat seine eigenen Höhen und Tiefen im Leben.

## 13.3 Subjektives Erleben von Systemaufstellungen als Beobachter

Aus einer weiteren Blickrichtung folgen nun Texte, in denen die Bearbeitung von Anliegen durch die Teilnehmenden im Rahmen einer Systemaufstellung aus der Beobachterperspektive erlebt wird. Mit Beobachter sind die Personen gemeint, die im Verlauf einer Systemaufstellung weder Repräsentant noch eine Person mit einem Anliegen sind, sondern „von außen“ den Prozess beobachten und aus dieser Perspektive ihre Resonanzen wahrnehmen. In der Regel befinden sich die Beobachter sitzend im Außenkreis um die Systemaufstellung herum.

Die Fragestellung zu diesem Aspekt lautete: Wie hast Du die Systemaufstellung anderer Teilnehmer aus der Perspektive des Beobachters erlebt? Was ist Dir dabei besonders unter die Haut gegangen? Die dazu erhobenen Antworten waren (im Originalwortlaut):

Das System entwickelt eine Eigendynamik, für die die ursprüngliche Frage der Ausgangspunkt aber eher nicht der Endpunkt ist.

Die Erarbeitung habe ich sehr fruchtbar erlebt. Es haben sich mir Muster und Strukturen in meiner Biographie erschlossen, die ich noch nicht kannte. Als

Neuling im Thema „Aufstellung“ habe ich zunächst viele offene Fragen, beispielsweise zur Auswahl des „Themas“, zu der Auswahl der aufgestellten Personen und zur Funktionsweise und Aussagefähigkeit des Instruments. Nach einigen Beobachtungen nun, wird mir der Prozess, die Methode deutlich klarer. Ich glaube, die Aufstellung ist ein wertvolles Instrument dort, wo man allein mit verbaler Kommunikation nicht mehr weiterkommt – also eine Bereicherung des Instrumentenkastens.

Ich habe die genografische Erarbeitung so erlebt, dass es einerseits wichtig war, wenn die „Fallgeberin“ eine Fragestellung hatte, es war aber sehr interessant, dass es bei dieser Fragestellung oft nicht blieb, sondern eine andere Thematik auftauchte.

Alle Fallgeber wurden in ihren Anliegen bestens unterstützt und zu einem Erkenntnisgewinn bzw. einer möglichen Lösung geführt. Für den Fallgeber war die Bearbeitung, Besprechung und, soweit durchgeführt, die Aufstellung ein intensives Erlebnis, mit tiefen Emotionen verbunden, befreiend im Prozess und am Abschluss. Der Fallgeber schien im Vorgespräch alles um sich zu vergessen, ging in tiefem Vertrauen auf den Leiter und die Gruppe auch in Bereiche des Unbewussten und ließ Gedanken zu, die sonst wohl nie oder nur in kleinstem Kreis gedacht und ausgesprochen werden. Für mich als Beobachter: Interessiert, hoch konzentriert, hellwach, trotz der Dauer eines Falls und unermüdlich auch bei drei Fällen am Tag, beeindruckt von der Methode, der Wirkung, der Wirksamkeit, der Vertrautheit in der Gruppe, den Ergebnissen, Lösungen. Berührt von den freigesetzten Emotionen beim Fallgeber, bei den Stellvertretern, bei mir selbst.

Als eine gute Möglichkeit, persönliche Fragestellungen zum Thema „Supervision“, insbesondere die Frage nach dem, was als „Prozess“ beschrieben wird, zu bearbeiten.

Ich fand es faszinierend, wie schnell, gut und irgendwie in „Trance“ die „Aufgestellten“ ihre Rolle angenommen haben, ob sie nun angenehm war oder nicht. Dass es immer irgendwie „passte“.

Ich war überrascht und erstaunt über Reaktionen, die aufgrund der Interaktionen im System entstanden sind, insbesondere das Thema „Täter-Oper“, und die Verbindung, die entstanden ist, war hoch emotional und hat völlig überraschende Perspektiven entwickelt.

Viele der aufgestellten Themen haben auch mit mir zu tun. Es war hilfreich, dass die anderen Gruppenmitglieder für mich „mitgearbeitet“ haben.
Angespannt, emotional bewegend. Müdigkeit hat sich bei mir breit gemacht und eigenes Getriggertes hat Kraft gekostet.

Mit der Aufstellung von je einer Person für die verstorbenen Opfer und die verstorbenen Täter wurde etwas deutlich sichtbar, was vorher diffus (und mächtig) wirkte. Die zuerst große Versteinerung und dann (scheinbar) unaushaltbaren Schuldgefühle auf der Täterseite konnten dadurch sichtbar werden.

Die Arbeit bereichert meinen Erfahrungshorizont und zeigte, dass die Aufstellung ein wichtiges Instrument neben anderen ist und nicht inflationär umgesetzt werden sollte.

Ich war beeindruckt, wie die Repräsentanten in die „Emotionen“ kommen und wie sich der Prozess veränderte, wie sich veränderte Themen aus der Aufstellung ergaben.

Ein „Pulsieren von Geist“? Einen fließenden Wechsel von Rahmen (Kontext) und Bedeutung (Inhalt), wobei die jeweilige Bedeutung (z. B. Impuls eines Stellvertreters oder „Situation“ der Aufstellung) zum bedeutungsgebenden Kontext (Rahmen) für den nächsten Inhalt, die nächste Bedeutung wird.

Behutsam und die Grenzen wahrend. Subjektorientiert, einfühlsam, professionell. Individuell verschieden.

Interessant war, das „Besondere“, das, was nicht in jeder Familie vorkommt, zu sehen und festzuhalten. Vielleicht auch das Geheimnisvolle zu entdecken und danach zu fragen.

Ich war mit großem Interesse bei den Aufstellungen. Und bin berührt von dem Vertrauen und dem Mut, sich den Themen vor der Gruppe zu stellen.

Ich habe sie als sehr intensiv und berührend erlebt.

Ich war sehr offen – konnte mich gut auf das Anliegen einlassen.

Sensibel, angemessen.

Es war spannend, die tief darunter liegende emotionale Ebene sichtbar gemacht zu bekommen, zu entdecken.

„Unter die Haut gegangen“ ist die aufgestellte Linie der Mütter (Mutter, Großmutter, Ur-Großmutter …), denen jeweils ein Teil der zu ihnen gehörenden Verantwortung (wieder) zurückgegeben wurde.

„Unter die Haut“ ist mir gegangen, dass in allen Fällen am Ende jeweils – nach zunächst starker Angespanntheit – entspannte und zufriedene Fallgeber(innen) standen.
„Unter die Haut“ gegangen sind mir die verschiedenen Beispiele von „übernommenen“ Aufträgen, die vielen Tränen – und der Satz „wenn ich hinten nichts habe … kann ich nicht nach vorne gehen …“

Die Wirkung auf den Fallgeber, die „Entwicklung" des Fallgebers im Prozess und in welcher Intensität Stellvertreter die Personen ihrer Rolle einnehmen.

Es hat mich berührt, dass es häufig Ähnlichkeiten in der Geschichte des Aufgestellten gab. Z. B. eigener Bruder verstorben, jetzt wird der Aufgestellte in der Aufstellung damit konfrontiert.

„Unter die Haut gehend" war die Annäherung der beiden Seiten Opfer und Täter und die Ruhe, die dieses Zusammenbringen und Ansehen der beiden Stellvertreterinnen für die Aufstellende mit sich brachte.

Unter die Haut gegangen ist mir die Benennung der Familienmitglieder mit ihren Erfahrungen bzw. mit ihrer Geschichte – Täter/Opfer.

Mir ist unter die Haut gegangen, dass Kinder für ihre Eltern Emotionen übernehmen, die diese nicht fühlen und ausdrücken können, und dass sich dieses auf aktuelle Beziehungen auswirken kann.

# 14. Aus Systemaufstellungen gewonnene Erkenntnisse und ihre Relevanz

Neben dem Erleben der Systemaufstellungen aus den dargestellten drei Perspektiven habe ich auch den daraus subjektiv abgeleiteten Erkenntnisgewinn und seine Relevanz erfragt, der im Folgenden dargestellt wird, um den Bezug zum Weiterbildungsprozess genauer zu verstehen. Die dazu zweimal im Abstand von etwa einem Jahr gestellten Fragen lauteten: Welche neuen Erkenntnisse hast Du aus Deinem Erleben der Systemaufstellungen gewonnen? Welche Bedeutung haben diese Erkenntnisse für Dich?

Im Folgenden werden die Textstellen aufgeführt, die das inhaltliche Spektrum, das mit diesen Fragen erhoben wurde, abbilden (im Originalwortlaut).

> Durch die Beschäftigung mit meiner eigenen Biographie/Entwicklung konnte ich einen Perspektivwechsel (in beruflichem Kontext) vornehmen. Mir ist klar geworden, welche Bedeutung die Biographie für aktuelle Probleme haben kann. Anders gesagt: Mit Hilfe der Biographiearbeit können aktuelle Fragestellungen konstruktiv bearbeitet werden.
>
> Ohne diese Erfahrungen könnte ich heute nicht als Supervisorin arbeiten.
>
> Ich bin sehr froh über diese Erkenntnisse, sie haben mich in meiner persönlichen Entwicklung, aber auch in meiner beruflichen Entwicklung weitergebracht und gestärkt.
>
> Ein neues Gespür für Veränderungsprozesse und Tempi.
>
> Dass ich einen harmonischen Lebensweg hatte. Dass bei eigenen Themen die Hilfe von „dritter" Seite nötig und sinnvoll ist. Es bedarf des Mutes und einer vertraulichen Atmosphäre. Dass ich mich darauf einlassen darf.
>
> Dass es sehr bedeutsam ist, auf „das Fehlende" zu achten und dies zu würdigen und versöhnlich zu sein.
>
> Es bedarf viel Geduld und Einfühlungsvermögen.
>
> Entängstigung wenn ich Eigenverantwortung übernehme.
>
> Ich würde mal ganz schlicht die Aussage tätigen: Sehr viel!
>
> Es gibt noch viel zu lernen. Genogrammarbeit ist wichtig. Meine „grauen Flecken" muss ich kennen. Meine „grauen Flecken", wo es möglich ist, auflösen.

Dass ich sinnvollerweise „auf dem Zettel“ haben sollte, dass es Themen gibt, die mich aus dem Gleichgewicht bringen können und dass das völlig normal ist.
Ich würde nicht von Erkenntnis sprechen, da Erkenntnis erstmal nur den Verstand betrifft. Ich habe eine Ruhe und Gelassenheit gewonnen, die sich mir auch und besonders in körperlichen und emotionalen Reaktionen auf Stress und Konflikt zeigt.

Gefühle als Wahrnehmungsebene spielen eine große Rolle.

Wichtig ist, um professionell zu sein, eigene, „unversorgte“ Anteile bei sich selbst wahrzunehmen bzw. im Auge zu behalten, damit die auch bei mir bleiben – nicht beim Gegenüber. Dass alles mit allem zusammenhängt und doch immer wieder anders sein kann. Nochmal die Bedeutung des „Wirken-Lassens“ im Prozess, die Bedeutung des Schweigens für die Bedeutung der Rolle als Supervisor, Coach und Organisationsentwickler hat etwas Entlastendes.

Ich kann diese Arbeit tun, kann die Verantwortung für Stress, Emotion, Konflikt sehr viel besser bei den Teilnehmern lassen und Angebote aus einer Ruhe heraus machen.

Wie wichtig es ist, möglichst offen und wertungsfrei auf menschliches Miteinander in beruflichen und privaten Zusammenhängen zu schauen.

Sie [Erfahrungen und Erkenntnisse; Anm. d. Verf.] waren essentiell und damit prägend.

Andere Sichtweise auf die Welt und Werte. Meine Situation ist anders, selbstgewählt.

Bedeutsam war das intensive „Eintauchen“ in die „Welt der Aufstellungen“ mit dem Effekt für mich, Ähnlichkeiten im Wirken von Aufstellungen zu erleben. Für mich als Supervisorin vergrößert das mein Vertrauen in den Prozess.

Kenntnis meiner Instrumente (Aufstellung) und Notwendigkeit der Fokussierung sowie Bewusstsein über Stärken und Schwächen (eigene).

Erlebt und erfühlt zu haben, wie die Biographie das Leben und Fühlen von Menschen beeinflusst, Menschen dazu bringen kann, Dinge zu tun oder nicht zu tun. Dass Menschen aufgrund ihrer Biographie manchmal nicht in der Lage sind, Sachen zu ändern, anzugehen oder zu lassen.

Wie werde ich unterschiedliche Sichtweisen verstehen und erkennen können in den Supervisionsprozessen? Es ist meine Entscheidung, mich den Aufgaben zu stellen!

Das für mich ein stabiles privates Leben unabdingbar ist für mein berufliches Handeln.

Diese Erfahrungen und Erkenntnisse bedeuten mir sehr viel, weil es in den derzeitigen Beratungsprozessen, die ich durchführe, häufig Thema ist.

Eine hohe Relevanz! Um im Kontakt mit den eigenen persönlichen, wie beruflichen Erfahrungen zu sein, um sie nutzen zu können und mich gleichzeitig auf Gefühle und Erfahrungen aus Gegenübertragungsprozessen einlassen und wieder abgrenzen zu können.

Die Erfahrung, mich vor einer Gruppe „schwach“ zu zeigen und die Überwindung, die es gekostet hat, geben mir ein Gefühl und Respekt für die Supervisanden, die sich mir und der Gruppe zeigen. Eine sichere und möglichst angstfreie Atmosphäre zu schaffen, bleibt meine oberste Prämisse für Supervision und Coaching.

Souveränität und Einsatzfähigkeit meiner bereits bisher erworbenen Kompetenzen.

Vertrauen in meine wechselnden Kompetenzen und vertieft.

Das Unbewusste arbeitet von allein! Ohne Zeitdruck arbeiten. Fasziniert von der Aufstellungsarbeit!

Noch tiefere Akzeptanz und Respekt für das „So-Geworden-Sein“. Tieferes Verständnis dafür, wie nah wir als Supervisorin oft an therapeutischen Prozessen sind, ohne dass Supervision Therapie ist.

Die gewonnenen Erkenntnisse haben entscheidende Auswirkungen auf das, was „Prozesskompetenz“ genannt wird.

Die intensive „gefühlte“ Erfahrung, mich mit meinem Thema im System mit meiner Geschichte zu sehen. Meine jetzige Entwicklung zum Supervisor verändert meinen Kontext in der Familie. Trotzdem hat auch gerade dieser Kontext mir die Möglichkeit geschaffen, eine solche Ausbildung zu machen, mir diese zuzutrauen. Ein „tiefes“ Verstehen der Menschen in ihren eigenen Prozessen.

Biographische Leben und Systeme meines Gegenübers grundsätzlich mehr in den Blick zu nehmen bzw. diese Komponenten zu berücksichtigen. Wie vernetzt und zugleich verstrickt das Leben sein kann und es doch häufig Wiederholungen in Familiensystemen gibt. Genauer auf „Geschichte“, „Umfeld“ und „Systeme“ zu schauen. Urteile, Ideen, Ergebnisse nicht gleich festzulegen, sondern Entwicklungsspielraum geben. Im Austausch mit anderen Supervisoren sein und bleiben. Regelmäßige professionelle Selbstreflexion.

Die Form der individuellen Biographiearbeit ist meines Erachtens näher an Therapie bzw. therapeutischen Prozessen. Die Erfahrung von starken emotionalen Prozessen durch die Aufstellungsarbeit von Systemen erleichtert mir den Blick von außen auf Teams, Organisationen bzw. Individuen.

## 14.1 Erkenntnisse durch die Bearbeitung persönlicher Anliegen

Hierunter sind Textstellen zusammengefasst, die Aussagen zu Erkenntnissen beinhalten, die aus der Bearbeitung von eigenen Anliegen stammen. Die dazu gestellte Frage lautete: Welche für Dich bedeutsamen neuen Erkenntnisse sind aus Deinem Erleben Deiner Systemaufstellung entstanden und welche Bedeutung haben diese für Dich hinsichtlich Deiner professionellen Entwicklung zum Supervisor, Coach und Organisationsentwickler?

Es folgen die zu dieser Frage erhobenen Textstellen (im Originalwortlaut).

Wie Informationen schweigend sozusagen erfahren werden.

Wie schnell Veränderungen spürbar werden.

Dass die Möglichkeit von Systemaufstellungen im Rahmen der Ausbildung besteht, halte ich für sehr wichtig.

Die Wirksamkeit des Verfahrens. Die Wirkung des Erlebens eines fremden Menschen in mir und im Verbund der Aufstellung. Der Deckungsgrad an Übereinstimmungen zwischen dem vom Stellvertreter gezeigten Verhalten und dem realen Erleben und Verhalten der vertretenen Personen.

Es ist ein hilfreiches Instrument, eine wirksame Methode, die ich mir gern für meine Arbeit als Supervisor, Coach und Organisationsentwickler erschließen würde. Aufstellungen müssen in professionelle Hände.

Ich habe den Eindruck, dass ich bei dem Thema „Selbstständigkeit" ruhiger geworden bin und mir meiner Rolle bewusster bin.

Integration neuer Gedanken und Personen, Veränderung von Beziehungsqualitäten, Verschiebung von Prioritäten, Einnahme eines Perspektivwechsels.

Selbstreflexion bedeutet Perspektivwechsel und Veränderung, Verschiebung von Blickwinkeln. Diese wiederum sind wichtig und wertvoll für meinen eigenen Entwicklungsprozess und der Herausstellung meines Profils (Wer bin ich? Wo stehe ich? Was will ich? Was will ich nicht?) und die Tätigkeit als Supervisor, Coach und Organisationsentwickler.

Halt ist ein wichtiges Thema für mich.

Ich lerne mich besser kennen und lerne Eigenes und andere Themen unterscheiden. Es entsteht ein Feingefühl für Zusammenhänge vom Skript der Einzelnen und Auswirkungen auf Haltungen, Entscheidungen im Beruf und in der Welt.

Emotionen verändern sich, Heilung und Prüfung.

Viele Schichten beachten. Themen dürfen sich wiederholen. Viel Sensibilität haben für das Erleben der Supervisanden.

Selbstständigkeit. Supervision lass ich nicht mehr los. Ein paar offene Fragen für einen anderen Ort.

Starke Identifikation mit der Rolle. Entwicklung eines guten tragfähigen Willens das Ziel zu erreichen, gute Arbeit zu machen mit dem Wissen, was ich gut kann und woran ich noch arbeiten muss. Die erlebte Erkenntnis, dass persönliche Klärungen unter einem bestimmten Focus/Fragestellungen sehr stärkend sind. Das ist für mich wichtig (persönlich), aber genauso für mich als „Multiplikator".

Ich habe nun eine Ahnung davon, warum ich in Prozessen immer denke, dass ich Lösungen schaffen muss und dafür verantwortlich bin. Mir ist noch mal klar geworden, wie es sich anfühlt, Verantwortung, die einem nicht gehört, abzugeben, und dass die anderen durchaus in der Lage sind, die auch zu nehmen. Was vorher nur im Kopf klar war, konnte ich jetzt spüren und denke, dass ich es deswegen in Prozessen auch besser umsetzen kann.

Das Entdecken von Generationsthemen.

Der Gewinn von innerer Sicherheit lässt mich klarer nach außen agieren. Die Klarheit gibt mir Ruhe. So kann ich mich ganz auf die Aufgaben, die sich stellen, konzentrieren.

Aus der eigentlichen Fragestellung sind Themen zum Vorschein gekommen, die ich nie vermutet hätte. Durch die Aufstellung habe ich eine ganz neue Sichtweise auf Zusammenhänge in der Biographie bekommen, die ich vorher nicht im Geringsten geahnt hätte.

Die Systemaufstellung hat einen großen Beitrag zur Klärung von Themen beigetragen. Dadurch kann ich mit mehr Klarheit in die Rolle als Supervisor, Coach und Organisationsentwickler gehen. Ich mache mir eigene Themen bewusst und kann reflektiert damit umgehen. Eine „Übertragung" auf den Coachee wird somit vermindert, verringert.

Ein großes Thema ist im Substrat in die Aufstellung gekommen.

Das weiß ich noch nicht. Könnte was mit Synthese, Annahmen und Anerkennen von Paradoxien sein. Stärkung durch freiwerden gebundener Kräfte, privat und im Beruf.

Wie stark der Konflikt mit meiner Mutter sich immer noch subtil und unbewusst in meine heutigen Entscheidungen (r)einmischt.

Die Reflexion in der Gruppe. Auch immer in den Blick zu nehmen, das aktuelle Konflikte eines Supervisanden auch immer aus früheren Konflikten herrühren können – und dass hier an eine Therapie verwiesen wird = Grenzen der Supervision ausloten.

Es gibt Aspekte großer Verletztheit und großer Kompetenz. Es gibt einen intakten Kern und auch immer wieder größere Verunsicherungen, die ich beobachten kann und deren Stürme ich hinnehmen kann wie das Wetter. Wenn ich mich darauf beziehe, kann ich die Balance halten.

Ich kann anderen Verletzungen Orientierung geben, sich zu integrieren.

Ich hatte eher das „Gefühl", dass etwas, was unter der Haut steckte, da herauskonnte. Als wäre etwas Parasitäres, was ich selbst initiiert hatte, nun geöffnet worden und es für mich die Möglichkeit gibt, die Parasiten zu entfernen und die Wunde heilend zu versorgen. Wahrscheinlich sogar ohne Narbenbildung, wenn ich mich gut um mich kümmere.

Es hat sich für mich erschlossen, dass, wenn ich die Verantwortung für meine anstehende Entscheidung selber übernehme, ich wieder zu Kräften komme und mich gut mit mir selbst im Einklang spüre. Im beruflichen Kontext als Supervisorin, Coach und Organisationsentwickler bedeutet es für mich, dass es wichtig und hilfreich ist, Klienten nicht die Verantwortung – auch im Sinne von Tipps und Ratschlägen – abzunehmen.

Es gibt so viele Sichtweisen, Perspektiven auf mich, die Ereignisse, andere Personen. Emotionen anderer im System Beteiligter sind sichtbar, erfahrbar für mich geworden, es macht einen Unterschied, ob man weiß, dass es sie gibt oder ob man sie nachempfinden kann. Die tiefe emotionale Ebene, die darunter für alle Beteiligten liegt, ist so erfahrbarer für mich geworden.

Es bedarf einer sensorischen Offenheit des Supervisors. Achtsamkeit mit dem Umgang eigener Hypothesen. So viele Menschen denken so viele Dinge. In diesem Raum lassen sich immer Ansätze finden, die bei Sichtbarmachung einen Gewinn für das System bringen können. Besonders „unsichtbare", verborgene Informationen bringen Dynamik in den Prozess.

## 14.2 Erkenntnisse durch das Erleben als Repräsentant

In diesem Abschnitt werden Erkenntnisse, die aus dem Erleben als Repräsentant im Rahmen der Bearbeitung von Anliegen anderer Gruppenmitglieder mittels Systemaufstellung gewonnen wurden, vorgestellt. Die dazu gestellten Fragen lauteten: Was sind für Dich aus Deinem Erleben als Repräsentant neue Erkenntnisse? Was bedeuten diese für Dich im Hinblick auf Deine professionelle Entwicklung zum Supervisor, Coach und Organisationsentwickler?

Es folgen die in diesem Kontext erhobenen Textstellen (im Originalwortlaut).

> Wie schweigend etwas spürbar wird, wie die Impulse deutlich sind und die Richtung klar wird.

> Dem Gegenüber viel Raum und Zeit geben. Verständnis ermöglichen.

> Ich habe mehrfach bereits gestorbene Personen repräsentiert und bin beeindruckt davon, wie sehr deren „Kräfte" immer noch im System wirken.

> Es ist mir ein Anliegen, mit hoher Achtsamkeit für die Beteiligten (Supervisanden etc.) zu arbeiten, bzw. zu lernen so zu arbeiten und gleichzeitig meine eigene Achtsamkeit für mich weiter zu entwickeln.

> Zum einen die Erfahrung als Repräsentantin, Gefühle, Gedanken einer fremden Person „fühlen" zu können (es zur Verfügung zu stellen) und sie dann auch nach Ausstieg aus der Rolle loslassen zu können. Mich so erlebt zu haben, macht mich sicherer im Kontakt mit Supervisanden. Die Wechselwirkung menschlicher Beziehungen wird für mich auf diese Weise sehr anschaulich und greifbar.

> Beeindruckend fand ich, dass das dargestellte Thema einen ganz konkreten Bezug zu meinem eigenen Privatleben hatte. Das ist mir erst im Nachhinein klargeworden als ich schon wieder zu Hause war.

> Es bedeutet, dass die Methode wirkt, dass sie auch und insbesondere das Privatleben darstellen kann, dass ich Aufstellungsarbeit nutzen werde und dabei sehr achtsam bin, weil sie so tiefgreifend wirkt!

> Verschollene Großeltern bzw. Großväter schaffen große Verunsicherung bei Kindern und Enkeln! Viele wichtige Eindrücke. Probieren eigener Hypothesen.

Ich lerne mich besser kennen und lerne Eigenes und andere Themen unterscheiden. Es entsteht ein Feingefühl für Zusammenhänge vom Skript der Einzelnen und Auswirkungen auf Haltungen, Entscheidungen im Beruf und in der Welt.

Ehrlich gesagt, ist das für mich nicht neu, jedoch immer wieder aufregend und interessant.

Achtsam mit mir selbst in der Rolle des Coachs und Supervisors umzugehen. Auch Grenzen aufzuziehen, jedoch genau diese Übertragungsmöglichkeit auch zuzulassen, um es zu betrachten und dann wieder zurück zu mir zu kommen.

Weiterhin achtsam zu sein, für die eigenen Impulse, diese ernst zu nehmen und zur Verfügung zu stellen.

Die Erkenntnis, welche Dimension Schuldgefühle haben können. Und in diesem Zusammenhang die Einsicht, dass und warum manche Menschen eine Mauer um sich aufgebaut haben und diese auch brauchen.

Noch mehr Respekt für den Schutz, den Einzelne brauchen.

Die eingenommene Rolle erleuchtet auch einen weiteren Teil von mir selbst, mindestens im Nachgang.

Das „Erspüren“, „Erkennen“ des anderen im System bringt auch neue Entwicklungen und Impulse, die wiederum bei mir etwas auslösen. Die Aufstellung ist z. B. eine phantastische Möglichkeit, dies deutlich „fühlbar“ zu machen.

Die Kraft des Prozesses. Die Wirksamkeit des Verfahrens. Die durch den Fallgeber bestätigte Stimmigkeit der Abläufe und des Verhaltens der Stellvertreter. Die Ergebnisse und die Wucht, Kraft und Energie der Lösung.

Ein wirkungsvolles „Instrument“ oder „Werkzeug“. Gute Ergänzung bei bestimmten Fragestellungen im Supervisionsprozess. Nur anwendbar, wenn entsprechende Erfahrung des Aufstellungsleiters vorhanden ist.

Innerhalb von Supervisions- und Coachingprozessen sollte ich auch meiner Intuition vertrauen, in mich hineinspüren und schauen, was da los ist.

Aufstellung als sehr sensibles Instrumentarium. Repräsentanten müssen sehr achtsam und auch belastbar sein. Wie nach außen stabil und kompetent wirkende Personen ihre innerlichen Kämpfe und Zweifel haben und im Alltag angemessen integrieren können. Innerlich war aber großes Leid spürbar. Dieser Spagat als intensive Zerrissenheit war spürbar.

Achtung: nach außen stabile, kompetente und starke Person haben auch ihre inneren Baustellen und sensible Themen. Stärke nach außen kann auch als Schutz dienen, um die virulenten Themen zu schonen. Stärke nach außen ist kein Konstrukt oder Fassade, sondern ein Aspekt der Person, ein Anteil, der für den Umgang mit anderen am erfolgreichsten und effektivsten ist, aber nur ein Teil der Wahrheit.

Größeres Erfahrungs- und Verständnisfeld. Blick für Wechselbeziehungen. Einflüsse von außen. Aus dem System, von frühen Mitgliedern, aus der historischen Situation. Wirkung von Lügen, Geheimnissen usw. als Komponente für aktuelle Lage mitbedenken.

Meine eigene Erfahrung ist, dass ich mich eher auf Rollen einlassen kann, wo mein Verständnis gleich für geöffnet war. Ich habe erkannt, dass ich bei der eher für mich schwierigen Rolle mehr mit meinem Verstand gearbeitet habe, als mich „einfach“ da hinein zu fühlen und meinen Emotionen Platz eingeräumt habe.

Es erleichtert mich, da ich dachte, dass gerade in der „Übernahme“ und dem „Mitgehen“ von Emotionen meine größten Schwierigkeiten liegen werden. So kann ich mich nun mehr auf das „System“ und die Zusammenhänge konzentrieren und Verbindungen u. a. wahrnehmen. Emotionslos bin ich nicht und möchte ich auch niemals werden, das hat mir die erste Rolle deutlich gezeigt – denn dann bin ich nicht mehr ich und als Supervisor nicht authentisch.

Noch tiefer in systemische Zusammenhänge einzutauchen bietet mir die Chance auf mehr Einsicht. Zusammenhänge von Konflikten im Hier und Jetzt und deren systemische Eingebundenheit. Es gibt nicht „die Lösung“ (wusste ich zwar schon vorher), d. h. jetzt ist mir noch bewusster, wie fein sich einzelne Nuancen auf die Geschichte auswirken und welche große Sensibilität diese Prozesssteuerung braucht. Vor allem dem Prozess den Raum zu geben, bis die „richtige“ Frage gefunden ist, um so auch die wirksamen Methoden für den Prozess abzuleiten.

Bestimmten nebulösen Situationen/Gefühlen reine Gestalt geben. Emotionen spüren und zulassen geben Erleichterung. Wertschätzung für geleistetes und Ertragenes helfen, es loszulassen. Zugehörigkeiten versus Ausgegrenzt-Sein beinhalten starkes emotionales Potenzial.

Weniger Angst vor „großen Emotionen“ im Prozess. Ein wachsameres Auge/Ohr für Ungesagtes bzw. „dunkle Flecken“ in Genogrammen. Ein tieferes Verständnis für die Energien, die nicht (mehr) anwesende Personen/Situationen ausstrahlen. Auf einer ganz persönlichen Ebene die Verabschiedung von einem „helfenden“ Beruf zu einem „beratenden“ Beruf.

Die Rollen, für die ich ausgewählt wurde, hatten fast alle etwas mit „Großvater“-Rollen zu tun. Die Arbeit der anderen hat auch immer die Möglichkeit, eigene Themen mit zu bearbeiten.

Dass ich diese Methode sofern sie passt und sich die Klienten darauf einlassen können, gerne einsetzen würde. Zur eigenen Klärung würde ich die Methode auch immer wieder mal einsetzen.

Ich konnte Loyalitäten hemmend und stärkend nachspüren, ohne dass dies bedrohlich (für mich als Person) wirkte. Es fand Entschleunigung statt und ein stabilisierender Abgleich zwischen innerem Empfinden und äußeren Eindrücken durch die anderen Rollen und das Gesamtbild.

Verbindungen, Loyalität und gewachsene Struktur in den Blick zu nehmen, zu würdigen, bevor Veränderung angegangen wird. Entschleunigung in diesem Sinne verstehe ich als eine wichtige Aufgabe in meiner Supervisionstätigkeit. Denn „Lösung durch Veränderung“ kann – nach meinem Erleben in der Stellvertreterinnenrolle – nur stattfinden, wenn die aufgestellte Situation als unangenehm, aber stabil (stabil für das Ganze) erfahren wird. Wenn das so ist, bin ich bereit und in der Lage, einem Veränderungsimpuls nachzugehen in Richtung auf eine neue „wohlere“ Stabilität für das Ganze.

Reaktionen, die Dynamik im System, was für Gefühle ausgelöst werden können, allein durch kleine Veränderungen im System, Mobile – wenn sich ein Teil bewegt, kann das gesamte System sich verändern.

Wenn ich von außen auf das System schaue und alle im System Wertschätzung bekommen, kann sich Verstrickung und Chaos bzw. Nebel auflösen. Als Supervisor brauche ich den Blick von oben, den Überblick und sehr viel Empathie.

Macht der Empathie/Übertragung. Generationenschuld und Verantwortung. Frühkindliche Überforderung. Starke Frauen. Einfluss von Religion und Politik.

Bestimmte Aspekte bei mir und den Supervisanden im Blick zu behalten, gegebenenfalls nicht zu bearbeiten, bis ich sie für mich geklärt habe. Themen, die mir nicht so nahe sind, trotzdem wachsam wahrzunehmen. Mich mit „fremden“ Themen eventuell intensiver zu beschäftigen (Literatur, Fortbildung usw.). Respekt vor dem Einsatz der Methode Aufstellung und die Chance, die in Genogrammarbeit liegt, z. B. für Coaching.

## 14.3 Erkenntnisse durch das Erleben als Beobachter

In diesem Abschnitt werden Erkenntnisse, die Teilnehmende aus der Perspektive eines Beobachters durch das Erleben von Bearbeitungen der Anliegen anderer Gruppenmitglieder im Rahmen von Systemaufstellungen gewonnen haben, vorgestellt. Die dazu gestellten Fragen lauteten: Was sind für Dich aus Deinem Erleben als Beobachter neue Erkenntnisse? Was bedeuten diese für Dich im Hinblick auf Deine professionelle Entwicklung zum Supervisor, Coach und Organisationsentwickler?

Zu diesen Fragen wurden folgende Textstellen erhoben (im Originalwortlaut):

> Der emotionale Prozess im System, der öffnet, macht die Menschen im System und in der Interaktion verständnisvoller für sich selbst und die anderen Beteiligten.

> Wie sich die Gesichter, die Haltungen bei den Repräsentanten verändern, sobald sie am richtigen Ort sind. Unter die Haut geht dann, wie der „Frieden einzieht".

> Das bedeutet für mich, dass ich diese Form der Systemaufstellungen (Teams, Organisationen) schon gerne in meine Tätigkeit einbeziehen würde. Da bin ich allerdings ganz am Anfang.

> Erfahrung, wie durch einfaches Fragen relevante Zusammenhänge angesprochen werden. Wie verzahnt Zusammenhänge sein können.

> Einüben von Ruhe, Sensibilität, Fragen, Ebenenwechsel, Abstand wahren, Allparteilichkeit.

> Das Unsichtbare hat oft große Relevanz.

> Dem Gegenüber viel Raum und Zeit geben. Verständnis ermöglichen.

> Zentrale Themen wie Scham, Schuld, Verantwortung liegen bei jeder Aufstellung darunter.

> Es ist mir ein Anliegen, mit hoher Achtsamkeit für die Beteiligten (Supervisanden etc.) zu arbeiten, bzw. zu lernen, so zu arbeiten und gleichzeitig meine eigene Achtsamkeit für mich weiter zu entwickeln.

> Heimat ist bzw. kann ein belastetes Feld sein, das in seiner Ambivalenz gesehen werden muss. Heimat kann mit einem Elternteil verschmolzen sein, sodass Erfahrungen hin und her übertragen werden können.

Beide Aspekte: Schutz und Gefahr müssen differenziert werden und könnten für Klienten eng verknüpft sein. Entsprechend sorgfältig muss der Prozess geführt werden.

Viele Parallelen zu meiner eigenen Biographie. Ich lerne immer etwas dazu, ständig in Bewegung. Große Dankbarkeit.

Die Bedeutung und Wirksamkeit von Fragen. Wie sich Prozesse entwickeln – wie sich meine Wahrnehmung ändert, verschärft, noch vielschichtiger wird.

Dass es auch immer wieder für mich wichtig ist, zu schauen, was sind meine Emotionen und was sind die meines Gegenübers.

Es macht mir Hoffnung, dass ich diese Aufgabe als Supervisor, Coach und Organisationsentwickler mit einer größeren Leichtigkeit ausüben kann.

Die Person braucht zunächst den Raum, den sie nimmt. Leitung muss gut im Blick haben, die persönliche Geschichte an einem guten Punkt zu beenden und gleichzeitig einzufangen. Strukturiertheit heißt nicht, dass alles aufgeräumt ist und seinen Platz hat. Die Sichtweise darauf muss verändert werden, um dieses zu erkennen. Personen, die nicht im Genogramm erscheinen, können eine Rolle spielen, diese sind nicht im Bewusstsein!

Die Personen, Menschen, Klienten gut zu Wort kommen zu lassen und das Gesagte gebündelt zurück zu spiegeln. Das bedeutet für mich, dass ich Zusammenhänge gedanklich schnell verbinde und sortiere, was für den Klienten davon für die weitere Entwicklung wichtig ist! Das System als Ganzes in den Blick nehmen und nicht nur die zunächst wichtig erscheinenden Facetten! Nicht am „Dreh- und Angelpunkt“ festbeißen und mit Scheuklappen den Weg weitergehen. Mut aufbringen, Unausgesprochenes anzufragen.

Besonders beeindruckend war, dass die Aufgestellten körperliche Beschwerden fühlen. Bei der Nachbesprechung stellte sich heraus, dass die „echten“ Personen die körperlichen Beschwerden tatsächlich haben. z. B. Aufgestellte Person (Stellvertreter der Tochter) fühlt einen Schmerz in der Schulter. Tochter hat tatsächlich Schulterprobleme über Jahre.

Ich kann mir diese Phänomene nicht erklären, muss ich vielleicht auch nicht. Da macht es mir Mut und gibt auch Zuversicht, dass Methoden zur Verfügung stehen, um Zusammenhänge besser zu verstehen und zu erfassen.

Für meine persönliche Entwicklung: Dass Söhne, die von ihren Müttern mit eigenen Themen oder mit zuviel Wollen durch die Mütter stark belastet sein können. Dies kann zur Folge haben, dass sie sich innerlich abkehren und eine emotionale Nähe dadurch verhindert wird. Professionell: Weniger ist oft mehr. Zeit lassen und Raum geben.

Noch mehr Achtsamkeit auszuüben. Nicht die Lösung parat zu haben. Den Weg entdecken lassen. Keine Furcht vor Emotionen! Sondern diese willkommen zu heißen.

Kommunikation ist selbst ein autopoietisches Geschehen. Anders aber als in biologischen Systemen (z. B. Zelle – Rand/Zellkern – Membran), wo die Membran über die Zeit gleich bleibt (die Form des Kontextes erhalten bleibt), ereignet sich in der Kommunikation eine dauernde, zum Teil sehr schnelle Veränderung von Rahmen und Bedeutung: die „Membran" verändert den „Kern", was wiederum die „Membran" verändert.

Erstens: Unterscheiden lernen, wann eine Information (ein Unterschied) bedeutungsgenerierend ist und wann sie kontextgenerierend ist. Zweitens: Verzicht auf Metaphoriken aus dem physikalisch/materialistischen Bereich (z. B. psychische Energie, kraftvolle Impulse, Kontakt etc.) und Suche nach Metaphern, die näher am „Lebendigen" sind.

Für meine professionelle Entwicklung bedeutet dies, weiter „innerlich" solche Prozesse bzw. Erkenntnisse aus solchen Prozessen zu berücksichtigen, im Sinne von „was hindert", „was macht den Weg frei"?

Zunächst war für mich interessant, welche Erkenntnisse der Prozess der Biografiearbeit auch durch die Konfrontation mit anderen Biografien bezüglich meiner eigenen Biographie und Familiengeschichte gebracht hat. Das war für mich sehr aufschlussreich. Die Intensität der Emotionen in den Aufstellungen fand ich beeindruckend. Als Neuling bleibt für mich jedoch noch offen – ist ja auch nicht Ziel dieses Seminars – die Einsatzmöglichkeiten (wann, wann nicht) einzuschätzen und die Grenzen einzuschätzen. Auch ist mir noch unklar, inwieweit sich durch „Übertreibungen" einzelner Teilnehmer („schauspielerische Leistung", Übermaß an Fachwissen) Verlauf und Ergebnis der Aufstellung „manipulieren" können. Insgesamt jedoch halte ich das Instrument für sehr wirksam.

Es ist gut, um die Existenz-, Vorerfahrungs- und Wirkungsweise des Instruments zu wissen. Meine Absicht wäre nicht, dieses Verfahren selbst einzusetzen; im Bedarfsfalle würde ich das dann an einen „Profi" in Sachen „Aufstellung" delegieren. Derzeit kann ich noch nicht einschätzen, ob es eine „Lightversion" der Aufstellung gibt, die in der Supervisions-, Coachingarbeit dann weiterhelfen kann. Diese Frage würde ich dann gern im weiteren Verlauf der Ausbildung klären.

Ich finde es spannend, dass durch gezielte Arbeit des Supervisors eventuell seit Generationen übertragene Konflikte oder Muster aus dem Verborgenen sichtbar gemacht werden können und im besten Fall sogar bearbeitet werden können.

Die Lebensgeschichte und Hintergründe der beteiligten Personen spielen eine große Rolle. Hierfür bedarf es einer hohen Sensibilität. Diese gilt es zu entwickeln und Achtsamkeit zu schulen.

Sehr nachgegangen ist mir, wie deutlich und stark die Schuldgefühle unter der Gefühllosigkeit zutage treten konnten. Wie klar das „Gefühl" offensichtlich da ist.

Es birgt eine Chance, z. B. bei dem „Thema" Opfer und Täter eine neue Sicht zu bekommen und anderen zu ermöglichen.

Der Wunsch unbewusst Aufgenommenes wieder zurückgeben zu wollen. Der Weg dahin ist, das aufgenommene Paket noch einmal genau anzugucken, ihm eine Gestalt zu geben. Ein Verständnis, dass die Gruppe mich tragen kann. Dass ich mich da zeigen möchte. Eine Erkenntnis, dass ich mir in der persönlichen Entwicklung immer einen „Coach" gewünscht habe.

Ich muss mich nochmal intensiv damit beschäftigen, dass ich mir bewusst werde, selbst immer einen Wunsch nach einer Person gehabt zu haben, die mich in Lebensfragen „coacht". Mir zeigt, wie die Welt funktioniert. Eine professionelle Haltung dazu entwickeln, um dies integrieren zu können, ohne die Themen meiner Klienten zu meinen zu machen.

Ein bekanntes Thema – für das ich auch schon mal aufgestellt wurde, ist die Täter-Opfer-Dynamik. Wichtig an der Stelle fand ich das Gefühl von Aussöhnung und Frieden, der entsteht, wenn beide Teile zusammenkommen.

Ein guter Gewinn für die „dahinter liegenden" Gesamtthemen zu entwickeln und sich zu trauen, diese auch zum Thema zu machen!

Der emotionale Prozess im System, der öffnet, macht die Menschen im System und in der Interaktion verständnisvoller für sich selbst und die anderen Beteiligten.

Wichtig ist die Empathie, das Empfinden für das Anliegen, was gegebenenfalls tiefer verborgen ist und hinter dem liegt, was offenbart wird. Die Erkenntnis, immer wieder im Prozess sich die Erlaubnis zu holen, für das, was gerade ist bzw. was passiert. Die Abwehr bzw. Angst ernst nehmen und sehr genau wahrnehmen, was gerade ist.

Mit welcher Intensität und Emotionalität die Aufgestellten sich selbst konfrontierten. Einige waren überrascht, dass sie so tief einsteigen konnten. Es fasziniert mich, dass es auch „verdeckte Aufstellungen" gibt.

Im Moment löst es bei mir etwas Verwirrung aus. Vielleicht ist es auch die „Sorge" etwas in meiner Biographie aufzudecken. Ich dachte (immer), ich hätte Vieles gut bearbeitet. Habe aber jetzt gesehen, wie in der Aufstellungsarbeit sich die „Dinge“ verschieben und verändern können. Ich sehe eine Chance für mich noch tiefer, noch weiter mich entwickeln zu dürfen. Genial finde ich, dass ich lerne, mir immer schneller auf die „Schliche“ zu kommen, z. B. bei Ängsten, Versagensangst, Druck.

Dass die Beschreibungen von Prozessgeschehen mittels physikalischer Metaphern wie „Feld“, „Figur-Grund“, „Bild-Leinwand“ nicht angemessen sind, um Abläufe, wie Information, Kommunikation und Interaktion von Personen zu verstehen. Es handelt sich dabei um geistige Prozesse und diese können offensichtlich nicht mit „materialistischen“ Metaphern gefasst werden.

Erst einmal der Verzicht auf bisher gewohnte Metaphorik (auch, wenn diese „wissenschaftlich“ scheint) oder im Bild ausgedrückt, alte Brillen absetzen und nach neuen passenderen suchen: Z. B.: Wie lässt sich etwas beschreiben, das seinen Kontext nicht nur selber schafft, sondern dabei auch noch laufend, prozesshaft verändert? Eine Art geistige Driftung? Wie muss man schauen, um die fortlaufende Veränderung von „Bedeutung“ sehen zu können?

Die Methode (handwerklich), die Wirkung und Wirksamkeit auch Bereiche des Unbewussten zu erreichen, die Lösungen und deren befreiende Wirkung oder die Lösungsrichtung.

Ein wichtiger Baustein. Ein mögliches Instrument für bestimmte Situationen auch für mich als Supervisor. Ich habe bis jetzt mein Genogramm noch nicht vorgestellt, denke aber, dass es mir wichtige Erkenntnisse bringen wird, unklare Gefühle durch Klarheit ersetzt werden können.

Die Erkenntnis war deutlich, dass es immer von Würdigungen von Ereignissen, Personen und Schicksalen geht. Also Voraussetzung für die Bereitschaft, sich an Veränderungsprozessen zu beteiligen.

Meine professionelle Entwicklung ist mir noch unklar. Für mich persönlich hieße eine professionelle Entwicklung ja auch, nach vorne, anders nach außen zu treten. Inhaltlich in der konkreten Supervision würde es für mich bedeuten, darauf zu achten, wie wird was erzählt, wie wird mit wem darüber geredet. Wo gibt es Loyalitäten, wo sollte vielleicht etwas ausgesprochen werden? Allerdings immer als Frage formuliert!!

Mir war das Instrument neu, und ich habe eine Idee davon bekommen, ein welch mächtiges Instrument die Aufstellung ist. Klar ist mir aber auch geworden, dass dieses Instrument in die Hände von Fachleuten gehört.

Noch nicht einschätzen kann ich, ob jeweils die vorab formulierten Fragen, Probleme behandelt wurden, also ob das Ursprungsanliegen getroffen und bearbeitet wurde. Fakt ist jedoch, dass die Fallgeber, die ich nach Abschluss gesprochen habe, den Eindruck hatten, dass die Aufstellung für ihre Anliegen sehr hilfreich war.

Ich habe ein starkes Instrument kennengelernt, mit dem jedoch sehr sorgfältig umgegangen werden sollte. Gerne würde ich meine Erfahrungen mit dem Instrument erweitern, um noch mehr meiner Einsatzbereiche, aber auch über die Grenzen zu wissen. Wichtig scheint mir jedoch, in der Anwendung und auch bei allen Beteiligten stets klar zu haben, dass das Instrument einen Ausschnitt darstellt und nicht absolut gesetzt werden sollte. Denn bei einem so mächtigen Instrument sollten auch Grenzen und Stellenwert immer transparent sein.

Bedeutsam war, mehrmals zu erleben, dass eine zunächst zusammenhangslose intuitive Wahrnehmung aus der Gruppe später der Kernpunkt der Arbeit für den Aufstellenden wurde. Bedeutsam war auch, zu erleben, wie der Seminarleiter gleichzeitig dezent und den Prozess begleitend durch die Aufstellungen führte.

Jeder Gedanke, jede Intuition kann hilfreich sein und hat ihren eigenen Wert. Die Einbindung in bzw. Anbindung an das, „was größer ist als wir selbst", den Glauben, die Spiritualität, kann zentrale Bedeutung haben, darf Platz bekommen in der Arbeit.

## 14.4 Subjektive Sinngebung des Erlebens von Systemaufstellungen im Weiterbildungsprozess – Zugänge und Nachsinnen

Mit welchen Ideen, Erwartungen und Gefühlen sind die Teilnehmenden in das Selbsterfahrungsseminar gegangen? Und was hat sie im Nachhinein beschäftigt? Diese Aspekte – zum einen bezogen auf die Bedeutung der Selbsterfahrung für die weitere Entwicklung der professionellen Rolle, zum anderen fokussiert auf die Veränderungswünsche der Teilnehmenden – wurden ebenfalls im Verlauf der Studie durch Fragen untersucht.

*Vermutete Veränderung durch Selbsterfahrung*

Unter diesem Aspekt wurden Textstellen subsumiert, die beschreiben, was die Person glaubt, was sich durch die Teilnahme am Selbsterfahrungsangebot im Weiterbildungsprozess in Bezug auf die angehende Rolle als Supervisor, Coach oder Organisationsentwickler verändern wird und ob sich daraus eher eine Verschlechterung oder eine Verbesserung ergeben könnte. Die Fragestellung dazu lautete: Was glaubst Du, wie wird sich Deine Situation als angehender Supervisor, Coach und Organisationsentwickler durch dieses Seminar verändern und warum (eher verbessern oder verschlechtern)?

Wie die Teilnehmenden diese Frage beantwortet haben, zeigen die folgenden erhobenen Textstellen (im Originalwortlaut).

Ich hoffe, Wege für mich finden zu können, meine Kompetenzen realisieren zu können, und dass das Seminar dazu beiträgt.

Ressourcenorientierter Blickwinkel eröffnet hoffentlich Potenziale, die bisher nicht geschätzt wurden. Selbstverständnis und Handlungssicherheit könnte sich steigern.

Ich hoffe, dass ich mehr Vertrauen in meine Kompetenz entwickle und selbstsicherer auftreten kann mit der Bewusstwerdung auch der unbewussten Anteile.

Verbessern, stärken.

Verbessern durch größere Bewusstheit.

Ich hoffe, sicherer zu werden.

Ich hoffe gut. Genaue Vorstellungen habe ich aktuell nicht.

Ich denke, je besser ich mich kenne, kann ich Situationen, die mir als Supervisor, Coach und Organisationsentwickler begegnen, gelassener begegnen und eher aus der Vogelperspektive betrachten. Ich bin mir vielleicht schneller darüber im Klaren, was davon zu mir gehört und was Teil meines Gegenübers ist.

Stärkung des Selbstvertrauens in eine gute Supervisions-Arbeit.

Der Prozess der inneren Erkenntnis über meine Kompetenzen und deren Geschichte lässt mich stark sein und selbstbewusst zielsicherer meine Wege finden, die mich als Supervisor positionieren.

Verbessern, da eine größere Klarheit oder Differenziertheit eigener Konzepte zu „Selbst", „Gruppe", „Identität" etc. vorhanden sein wird.

Verbessern im Sinne von Klarheit darüber, wie ich weiter arbeiten werde. [...] Ich hoffe, ich werde klarer, selbstsicherer, kann biographische Zusammenhänge besser erfassen.

Ich werde sensibler für Erfahrungen anderer.

*Vermutete Entwicklung ohne Selbsterfahrung*

Die Fragestellung dazu lautete: Was glaubst Du, was wäre als angehender Supervisor, Coach und Organisationsentwickler anders für Dich, wenn Du an keinem Selbsterfahrungsseminar wie diesem teilnehmen würdest?

Wie die Teilnehmenden diese Frage beantwortet haben, zeigen die folgenden Textstellen (im Originalwortlaut).

Die Selbsterfahrung ist eine Herausforderung, da auch unangenehme Gefühle auftreten. Aber der Blick auf das, was ich mitbringe, hilft mir als Supervisor, Coach und Organisationsentwickler.

Meine Identität, Vorerfahrungen und Potenziale wären mir nicht so präsent. Dieses wiederum sehe ich als entscheidend an, um eigene Glaubenssätze, eingefahrene Sichtweisen erkennbar werden zu lassen. Das Phänomen der „Übertragung-Gegenübertragung" würde in der Arbeit mit „Klienten schneller auftauchen".

Rückbezug zu mir selbst würde fehlen bzw. nicht so klar sein.

Mir würden Erkenntnisgewinne fehlen.

Ich würde auf einen wertvollen Erfahrungsschatz verzichten. Ich denke, es hilft mir, meine eigenen (Lebens-)Themen von denen meiner Supervisanden abgrenzen zu können bzw. bewusster damit umgehen zu können.

Vielleicht könnte ich meine Stärken nicht umfassend ausschöpfen, weil ich sie nicht wirklich kennengelernt habe und nicht zu schätzen gelernt habe.

Ich vermute, dass mir eine gute Chance entgehen würde, mich sehr strukturiert mit der neuen Rolle auseinander zu setzen.

Ich würde mich weniger/anders mit meiner Rolle auseinandersetzen.

Eingeschränktes oder diffuses Wissen über Prozesse, Handlungen von Menschen, deren Motive und Hintergründe. Somit eingeschränktes Verständnis, somit begrenztere Möglichkeiten in Supervisionsprozessen professionell zu handeln.

Es würde fehlen. Ich müsste meine Grenzen und Kompetenzen in der Praxis der Supervision erfahren. Das dauert zu lange, und ist zu mühsam; „versemmelt" evtl. laufende Supervisionen.

Ich glaube nicht, dass etwas anders wäre, weil ich mich für eine sehr reflektierte Person halte und schon einige Krisen in meinem Leben zu bewältigen hatte und auch anderen Menschen in existenziellen Situationen zur Seite stand.

Nichts, da ich mich damit schon eingehend selbsterfahrend beschäftigt habe. Jedoch bezüglich anstehender Entscheidungen erhoffe ich mir mehr Klarheit. Hat jedoch nicht so viel mit der Rolle als Supervisor, Coach und Organisationsentwickler zu tun.
Ich vermute, mir würden wichtige tiefgehende Gedanken und Gefühle, die ich sehr wahrscheinlich in dieser Woche haben werde, verloren gehen. Vielleicht werde ich in dieser Woche erfahren, warum ich hier bin – was das mit

meiner Geschichte zu tun hat. Ich würde mir sonst nicht die Zeit für diese wichtigen Fragestellungen nehmen.

Die intensive Auseinandersetzung mit mir selbst in und mit einer Gruppe würde mir fehlen. Ich erwarte, dass durch die gemeinsame Arbeit und der Austausch untereinander bei mir auch noch „Geschichten" gelöst werden, die ich sonst nicht „entdeckt" hätte.

*Sinngebung nach Selbsterfahrung*

Hierzu gehören Textpassagen, die Aussagen darüber enthalten, was die Teilnehmenden nach Abschluss des Selbsterfahrungsseminars daran sinnvoll fanden. Die Frage dazu, die direkt am Ende der Selbsterfahrungswoche und dann noch zweimal jeweils im Abstand von etwa einem Jahr gestellt wurde, lautete wiederum: Was findest Du sinnvoll für Dich daran, sich in einer Weiterbildung zum Supervisor, Coach und Organisationsentwickler mit Dir selbst als Person verbunden mit Deiner biografischen Entwicklung zu beschäftigen?

Wie die Teilnehmenden diese Frage beantwortet haben, zeigen wiederum die folgenden erhobenen Textstellen (im Originalwortlaut).

Wenn ich meine eigene Entwicklungsgeschichte begreife bzw. erfahre und offenbare in einem geschützten Raum, kann ich Vertrauen in meine Kompetenz entwickeln, andere Menschen in ihren Prozessen in einem geschützten Raum zu begleiten.

Befreiung von Blockaden. Mit sich selbst in Verbindung mit einem Umfeld (Gruppe, Klienten, Kollegen etc.) in Kontakt zu sein. Die Ressourcen aus der Biographie nutzen zu können. Die Untiefen zu kennen und einen Umgang damit zu entwickeln.

Es ermöglicht mir, Energie, die an bestimmten Stellen meiner Biographie gebunden wurde, freier zu nutzen. Ich kann die Themen von anderen, die meiner eigenen Erfahrung ähneln, besser begleiten, weil ich gleichzeitig mehr Distanz und mehr Verbundenheit damit habe. Im Idealfall bin ich dadurch in der Lage, auch emotional schwierige Themen zu begleiten.

Reflexionsebene der vertrauten Gruppe ist eine einmalige Möglichkeit zur Selbstreflexion. Nicht eigene Geschichten/Themen auf andere Prozesse übertragen […] Lernen am Beispiel (echter geht´s nicht).

Wenn ich mich selbst nicht kenne, kann ich in Prozessen nicht unterscheiden, was von dem, was da ist, ist meins und was gehört dem Gegenüber.

Dieses ist unverzichtbar für den Erfolg oder Misserfolg bei der angestrebten Tätigkeit.

Weil ich da ja auch als Person mit einer biographischen Entwicklung stehe bzw. supervidiere, d. h. welche Übertragungen kommen möglicherweise aus meiner Biographie, auf welche Teilnehmer reagiere ich besonders, sowohl positiv als auch abwehrend. Tja, und dann sich darin zu „üben", dies wahrzunehmen.

Es eröffnet mir den Raum für neues Verständnis meiner eigenen Prozesse, schafft gleichzeitig eine allgemein gültige Zugewandtheit zu den Wurzeln der Menschen in ihren Verbindungen.

Hilft dabei, mit sich und der Welt in tieferem Kontakt und somit auch ins Verstehen zu kommen. Verschafft auch noch ein besseres Verständnis dafür, wie Systeme funktionieren und, dass ein „Schmetterlingsschlag" enorme Wirkungen auf Systeme haben kann. Ich hoffe, ich kann noch häufig der Schmetterling sein. Das aber ohne Anstrengung.

„Person" und „Biographie" können beide jeweils als Metaphern dienen, für die Erzeugung von Bedeutung und die Veränderung von Bedeutung. Insofern können sie als Lern- und Erlebensfeld zur Professionalisierung von Prozesskompetenz genutzt werden. Dies ist eine Form von Lernen, die „Bildung" herstellen kann, dergestalt, dass neue (Ein-)Bildungen von „Person" und „Biographie" möglich werden.

Ich trenne die persönliche und berufliche Weiterentwicklung nicht so sehr. So würde ich jetzt sagen, dass es wichtig und wertvoll ist, eine integrierte Persönlichkeit zu sein. Für mich das wertvollste Handwerkszeug bzw. die wertvollste Kompetenz auch in Bezug auf die Tätigkeit als Supervisor, Coach und Organisationsentwickler.

Meine Vielschichtigkeit zu erfahren. Dass es häufig, wenn es in meinem Leben Schwierigkeiten gibt, der Ursprung der Schwierigkeiten sehr wahrscheinlich an einem unbearbeiteten Prozess liegt. Wie ein Dreh- und Angelpunkt. „Der Schweinehund zieht immer mit". Ich finde dieses Bewusstwerden sehr erleichternd.

Übertragungsloser zu werden was Emotionen betrifft bei gleichzeitiger Klarheit über die eigene Biographie. Selbstreflexion intensiv wird mir so nicht in einer Ausbildung geboten, die ich bisher gemacht habe. Chance für mich. Danke!

Die auftretenden Unsicherheiten lassen sich durch biographische Arbeit verstehen, eventuell abstellen.

Ich bin noch mal neu auf meine Lebensthemen gestoßen und erlebe in der gesamten Gruppe, dass alle „neue" eigene Anteile entdecken und integrieren.

Die Auseinandersetzung mit der eigenen Lebensgeschichte schafft ein tieferes Verständnis für die eigene Person und meinen Verhaltensweisen. Die Erkenntnisse können in die Gegenwart integriert werden und als Ressource genutzt werden. Für das Tätigkeitsfeld als Supervisor, Coach und Organisationsentwickler ist die Selbstreflexion meines Erachtens unerlässlich, um eine gute Arbeitsfähigkeit herzustellen und die Beziehung zum Klienten/Coachee gut gestalten zu können. Die Reflexion der eigenen Biographie ist eine Grundlage für eine authentische und offene Kommunikation.

Die Idee Supervisorin zu werden hat ihre Wurzeln in meiner persönlichen Biographie. Im Grunde habe ich schon lange supervisorisch gearbeitet, weil das zutiefst meinen Talenten und Interessen entspricht. Das „Draufschauen" macht Sinn, um mir meine eigenen Anteile bewusst zu machen und das in den Supervisionsprozessen präsent zu haben, damit es keine Verunsicherungen gibt, von denen ich nichts mitbekomme.

Aufgrund biographischer Belastung beschäftige ich mich schon seit einiger Zeit mit therapeutischer Unterstützung mit meiner Entwicklung. Selbsterfahrungsanteile in der Weiterbildung waren eine gute Ergänzung. Es gibt in dieser Art Auseinandersetzung immer eine enge Wechselwirkung mit der Arbeit mit Menschen. Ich habe immer Auswirkungen in meiner Arbeit mit Menschen gespürt, wenn ich mich persönlich entwickele. Meine schon immer gut ausgeprägte Empathie hat durch besseres Erkennen eigener Grenzen andere Konturen bekommen. Ich kann Beziehungen sehr viel reifer leben. Das bessere Erkennen meiner eigenen Wirkmechanismen lassen mich im Kontakt selbstsicherer werden. Die Übungen haben mich sicherer im Kontakt mit Gegenübertragungen gemacht. Ich kann Dissens und Konflikte als etwas Konstruktives annehmen.

Ich bekomme einen besseren Blick auf die Bedeutung biographischer Einflüsse in der Supervision. Ich bin „sortierter", d. h. ich weiß an einigen Punkten mehr über meine eigenen empfindlichen Stellen und meine Perspektive auf „die Welt".

Da gibt es ja immer viel zu entdecken. Erkennen von Mustern.

Mich mit meiner Biographie zu beschäftigen heißt, mich und mein Handeln besser verstehen zu können, was wiederum dazu beiträgt, dass ich in der Supervision Situationen besser einschätzen kann.

Die Reflexionen über mich als Person halte ich für wesentlich, um im Bereich Supervision, Coaching und Organisationsentwicklung wirkungsvoll tätig werden zu können. Es zeigt besondere Stärken, Schwächen aber auch Grenzen auf.

Es ist für mich sehr sinnvoll. Ich lerne mich und meine Handlungsmotive, -mechanismen besser kennen. Es gibt viele Aha-Effekte. Ich lerne psychologische Grundlagen und kann mich und meine Potenziale und Grenzen realistischer einschätzen. Ich werde diesbezüglich sensibler. Außerdem motiviert mich die Beschäftigung mit meiner biografischen Entwicklung genauer hinzuschauen und hinzuhören (bei mir und anderen). Außerdem kann ich von dem erweiterten Verständnis der Zusammenhänge von biografischer Entwicklung und Verhaltensmuster in meiner Arbeit als Supervisor, Coach und Organisationsentwickler profitieren.

Ich werde dadurch klarer, ich verstehe dadurch Zusammenhänge. Die Beschäftigung mit meinen Ahnen gibt mir ganz viel Ruhe und Kraft. Außerdem lerne ich mich dadurch besser kennen!!

Dass ich auch meinen Klienten diesen Raum gebe.

Hilfreich war, auszusprechen, was mich bewegt und mit der Gruppe im geschützten Raum zu kommunizieren. Ich konnte auf der Ebene sprechen, wie es mir ein Bedürfnis ist, doch das scheint im Alltag sonst mit vielen Menschen nicht möglich.

Es gibt Gelegenheit, sich mit Behinderungen und Nöten auseinanderzusetzen und dann auch Lösungen zu finden.

Erkennen und Reflektieren eigener Entwicklungsschritte. Auslöser bestimmter Veränderungen wahrnehmen. Erdung meiner Persönlichkeit.

Das finde ich absolut sinnvoll. Die biographische Beschäftigung war ein Grund (neben anderen), mich für diese Weiterbildung anzumelden. Sinnvoll finde ich daran, mich sozusagen mit meiner Identität, meinen Handlungs-(Mustern), meinen Themen, die ich – bewusst und vor allem unbewusst), in die Kommunikation einbringe, zu beschäftigen. Das ist für mich eine persönliche und berufliche Weiter(bildung)-Entwicklung. Ausgebildet im systemisch-lösungsorientierten Ansatz, welcher mehr die Stärken in der Biografie benennt, finde ich es wichtig, meine Biografie auch auf die ‚Schwächen' bzw. auf das ‚Fehlende' anzusehen und daraus zu lernen, – und versöhnlich zu sein.

Durch die starke Selbstreflexion habe ich vergangene berufliche und private Veränderungsprozesse neu in den Blick genommen und einige relevante Schritte und Resultate für mich geklärt.

Die eigenen Themen im Blick haben, damit meine Übertragungen für mich diagnostisch verwertbar sind. Um arbeitsfähig zu bleiben bei eigenen Themen.

Persönliche und berufliche Weiterentwicklung und Ausprägung der eigenen Haltung und damit einhergehend ein klares Profil am Markt.

Da ich in mir eine neue Stabilität entwickelt und einen weiteren Blick auf meine Lebenserfahrung erarbeitet habe, kann ich diese Stabilität auch der Gruppe bieten und Erweiterungen für die Teilnehmer anbieten.

Na, alles [gemalter Smiley; Anm. d. Verf.]: Ich denke, dass meine biographische Entwicklung mein Handeln beeinflusst (entweder bewusst oder unbewusst). Von daher finde ich es sehr hilfreich, Anteile ins Bewusstsein zu holen, damit ich diese berücksichtigen kann (Besser, als wenn die plötzlich von hinten durchs Knie ‚geschossen kommen'!)

Das war das Wichtigste in meiner ganzen Entwicklung. Ich beherzige den Satz: es kommt alles von einer Biographie (Ich als Supervisorin) und es fällt alles auf eine Biographie (die möglichen Supervisanden/Coachees etc.). Wenn ich mir selbst beispielsweise meiner „schwachen" Anteile bewusst bin und dazu stehe, dann gehe(n) ich damit in Resonanz und kann möglicherweise den Raum dafür öffnen, dass mein Gegenüber es auch „tun" kann, im Sinne dynamischer Wechselwirkungen.

Dafür sensibilisiert zu werden, wo eigene Themen in die Supervisonsarbeit hineinwirken könnten. Zu lernen, damit umzugehen.

Durch die Selbsterfahrung bin ich in meiner Rolle als Supervisor, Coach und Organisationsentwickler klarer.

Ich halte diesen Aspekt für extrem wichtig. Ich bin dadurch noch aufmerksamer geworden, habe die Möglichkeit, schneller zu erkennen, ob ich in der Rolle als Supervisorin bleibe, erkenne Übertragung – Gegenübertragung.

Die Auseinandersetzung mit der eigenen Persönlichkeit bzw. der Vergangenheit klärt Altlasten und schafft Souveränität. Das Feld, das Klienten eröffnet werden kann, hat sich geweitet. Ich kann Klienten viel Raum geben für ihr Befinden und durch heikle Lagen führen.

Mich kennen, einschätzen und in Veränderungsprozessen bewegen, verorten, selbst führen zu können. Andere in Veränderungsprozessen begleiten zu können.

# 15. Interpretation des Erlebens von Systemaufstellungen im Weiterbildungsprozess

Über sinnlich erfahrbare, am eigenen Leib erspürte Veränderungsprozesse – so zeigen die erhobenen Daten – transportieren sich gehaltvolle Erkenntnisse zur Förderung von Selbstentwicklung und professioneller Rollenentwicklung. Im Kontext der untersuchten Professionalisierungsverläufe resultiert aus der persönlichen Klärungs- und Entwicklungsebene ein erheblicher Wissenszuwachs über eigene biografische Zusammenhänge sowie soziale Systeme und ihre Dynamiken in Veränderungsprozessen als Gesamtheit.

Systemaufstellungen anzuwenden, lässt Veränderungsprozesse „hautnah" und sinnlich erleben, sie beobachten, Unterschiede fühlen, emotionale Resonanz in sich selbst und im gruppendynamischen Geschehen spürbar werden. Darüber sind intensive und nachhaltig wirksame Entwicklungsimpulse und Lerneffekte entstanden. Sich dabei für die Themen Anderer hilfreich zur Verfügung zu stellen, daran zu lernen und für sich selbst davon zu profitieren, bildete einen weiteren förderlichen Aspekt von Systemaufstellungen, wie das inhaltsanalytisch untersuchte Datenmaterial ebenfalls zeigt (vgl. hierzu auch die Forschungsergebnisse zum hilfreichen Verhalten in Bierhoff & Frey, 2011; Bierhoff, 1980).

In der Kategorie mit Aussagen zum Erleben von Systemaufstellungen befinden sich die meisten und umfangreichsten Textstellen der Datensammlung. Die subjektiven Annahmen zur Bedeutung von Selbsterfahrung für die Entwicklung der professionellen Rolle im Vorfeld des einwöchigen Selbsterfahrungsseminars zum Thema „Berufliche Identitäten – Vorerfahrungen und Potenziale aus der eigenen Biographie", bei dem mit Systemaufstellungen gearbeitet wurde, zeigen eine stark ausgeprägte Hoffnung auf positive Ergebnisse. Als häufig verwendetes Wort bezieht sich „Hoffnung" zum Beispiel darauf, durch Selbsterfahrung Wege finden zu können, die zu mehr Klarheit in Bezug auf die eigene zukünftige Entwicklung führen, die das persönlich Erstrebenswerte realisieren helfen und die in der Person befindlichen und bisher noch unentdeckten Potenziale aktivieren und zur Geltung bringen können. Erhofft wird auch, dass die Selbsterfahrung dazu beiträgt, die Sensibilität sich selbst und Anderen gegenüber zu erhöhen, weil damit ein Zugewinn des Empathievermögens verbunden wird, welches als sehr wichtige Voraussetzung für die professionelle Handlungsebene erachtet wird. Auch bezieht sich die Vorstellung möglicher, durch Selbsterfahrung bewirkter Effekte darauf, dadurch eigene Blockaden und Hindernisse überwinden und neue Erfahrungen hinsichtlich eigener unbewusst wirksamer Dynamiken ermöglichen zu können, sowie darauf, grundsätzlich etwas Neues über sich selbst zu erfahren. Auch wird eine durch die Selbsterfahrung entstehende Verunsicherung für möglich gehalten, der ambivalent begegnet wird. In den meisten Fällen jedoch überwiegt die Annahme, dass sich gerade durch Selbsterfahrung persönliche Unsicherheiten verringern und Stärken vermehren lassen. So erhoffen sich viele Teilnehmende, dass ihnen ein Training in Selbsterfahrung auch im Hinblick auf das angestrebte Professionalisierungsziel dabei hilft, Selbstanteile und Anteile des Gegenübers in Beratungssituationen klarer erkennen und voneinander abgrenzen zu können, was mit einem qualitativ gesteigerten professionellen Handeln in Beratungssituationen gleichgesetzt wird.

Sich selbst besser zu kennen, wird vielfach als wichtige Voraussetzung dafür betrachtet, ein guter Supervisor, Coach oder Organisationsentwickler sein zu können. Die damit verbundene Hoffnung ist, dass durch Selbsterfahrung ein erhöhtes Sicherheitserleben sowie eine Verbesserung und Stärkung größerer Selbst-Bewusstheit erreicht werden kann, wodurch die persönlichen Potenziale und Konfliktdynamiken aus der eigenen Biografie klarer hervortreten, was wiederum die Handlungssicherheit im beruflichen Kontext steigern hilft.

Fehlende Selbsterfahrungsmöglichkeiten während des Professionalisierungsprozesses werden als Mangel an intensiven Erfahrungen mit sich selbst und der Gruppe empfunden und bedauert. Wichtige persönliche Themen würden ohne Selbsterfahrung nicht gelöst und entdeckt werden können, die für bearbeitungsnotwendig im Professionalisierungsprozess angenommen werden. Auch wird das Angebot von Selbsterfahrung als exklusiver, besonderer Erfahrungsraum betrachtet, für den sich ohne eine curriculare Einbindung möglicherweise keine Zeit genommen würde oder eine separate Entscheidung getroffen werden müsste, auch wenn dieses Angebot grundsätzlich für wichtig erachtet wird.

Die Heterogenität in der Lerngruppe und die bereits als recht hoch einzustufenden Eingangsvoraussetzungen für die Teilnahme an dem Professionalisierungsangebot des Kontaktstudiums bedingen unterschiedliche Vorerfahrungen mit Selbsterfahrungsangeboten. Sie reichen von eher geringen bis zu bereits relativ umfangreichen Selbsterfahrungsanteilen und bisher erlebten Bewältigungsphasen persönlicher und beruflicher Krisen. So differieren auch stellenweise entsprechend die Erwartungen an die Selbsterfahrung von viel bis wenig Neuem. In der Datenanalyse zeigte sich, dass auch diejenigen, die wenig Neues erwarteten, dennoch am Ende der Weiterbildung von einem durchaus bedeutsamen weiteren, durch die Selbsterfahrung bewirkten Zugewinn berichten.

Selbsterfahrung wird eine sehr hohe Sinnhaftigkeit beigemessen. Sie wird als Grundvoraussetzung für die Tätigkeit des Supervisors, Coaches und Organisationsentwicklers erachtet. Die Klärung von „Altlasten“ (Zitat aus der Datensammlung) und die Schaffung von Souveränität werden ihr als wirksame Effekte im Professionalisierungsprozess beigemessen und mit hinzugewonnener Klarheit, Sicherheit, Schnelligkeit im Erkennen und Verstehen sowie größerer Sensibilität attribuiert. Die Selbsterfahrung im Rahmen des Erlebens von Systemaufstellungen wird mehrheitlich als das Wichtigste im Erleben des Weiterbildungsprozesses herausgestellt. Die Wechselwirkung aus biografischer Entwicklung und professionellem Handeln wird als hoch bedeutsam empfunden und beschrieben.

Der Einbezug der eigenen Biografie und die mit ihr in Verbindung stehenden Themen in Bezug auf die aktuelle professionelle Entwicklung werden als besonders intensiv erlebt. Dabei wird insbesondere auch die erlebte und von anderen nicht in Zweifel gezogene Zugehörigkeit zur Lerngruppe und das respektvolle Interesse an der eigenen Person mit ihrer Geschichte als wirkungsvoll beschrieben. Die für einige unerwartete neue Erfahrung, dass die Zugehörigkeit bleibt, auch wenn man sich selbst in der Lerngruppe als vermeintlich schwach bei der Sichtbarmachung des eigenen Kontextes und individueller Schwierigkeiten erlebt und zeigt, wird als bedeutungsvoll benannt. Stattdessen die Erfahrung von Annahme und wertschätzender Beteiligung zu erleben, wirkt sich selbstwertsteigernd und potenzialentfaltend aus. Diesen Erfahrungen werden in der Folge weiterführende Entwicklungsschritte auf persönlicher und professioneller Ebene zugeschrieben.

Immer wieder fällt das genannte, als erlebte Veränderung beschriebene Merkmal „Zugewinn an Klarheit“ auf, ein Effekt, der insbesondere aus dem die Sinne berührenden Erleben durch Systemaufstellungen erfolgt. Klarheit wird als Ergebnis eines neuen Verstehens von Zusammenhängen im persönlichen Kontext bezeichnet und als Verwandlung von vormals als nebulös empfundenen Zuständen oder Situationen. Die neu gewonnene „freie Sicht“ wiederum wird mit einer verstärkten Fähigkeit, unterschiedliche Perspektiven einnehmen zu können, verbunden. Aus der erfahrungsbasierten Wirkung, sich selbst und andere neu und vielseitiger verstehen zu können, leitet sich eine Steigerung von Selbstsicherheit und Souveränität auch bezogen auf die professionelle Identität ab.

Die Verbindung aus Selbsterfahrung mit dem Fokus auf die biografische Entwicklungs- und Herkunftsgeschichte gibt im Kontext des Professionalisierungsprozesses hochwirksame Wechselwirkungseffekte zu erkennen. Wie die Beschäftigung mit der eigenen Herkunftsfamilie und dem damit verbundenen inneren und äußeren Konflikterleben mit dem Wunsch zusammenhängt, ein erfolgreicher Supervisor, Coach und Organisationsentwickler werden zu wollen, weisen die vielfach geäußerten Beschreibungen zur daraus resultierenden wachsenden Professionalität aus. Mit Hilfe der Erfahrungen aus der Arbeit mit Systemaufstellungen können Anliegen der Klienten tiefer verstanden und besser bearbeitet werden. Wachsende innere Sicherheit und Souveränität wirken sich stärkend auf das Selbstbewusstsein auch in der neuen professionellen Rolle aus. Diese zugewiesene Bedeutung wird als sehr hoch eingestuft bis hin zur Aussage, dass es ohne die Selbsterfahrung nicht möglich geworden wäre, heute als Supervisor, Coach und Organisationsentwickler zu arbeiten.

Vielfache Wechselwirkungsdynamiken durch die Beschäftigung mit unterschiedlichen sozialen Kontexten im Rahmen der Anwendung von Systemaufstellungen so hautnah miterlebt zu haben, hat vielfältige Erkenntnisse hinsichtlich der Bedeutung von Themen und Konflikten im Erleben Einzelner im Kontext ihrer sozialen Bezüge verdichtet ermöglicht und weiterführende Anregungen im persönlichen und professionellen Entwicklungsprozess stimulieren können. Insbesondere der Kontakt mit existenziellen Themen, wie beispielsweise Zugehörigkeit, Schuld, Verantwortung, Leben und Tod, fand starke Beachtung mit zugewiesenem Erkenntnisgewinn. Viele als besonders wertvoll eingestufte Erkenntnisse beziehen sich auf das Erleben und Verstehen von bislang ungeahnten Einflüssen in Familien und sozialen Kontexten auf die Entstehung und Lösung von Konflikten bzw. Symptomen. Die sich dabei als bedeutsam gezeigten dynamischen Einflüsse gelten als interessanter und starker Erkenntnisgewinn für die prozessführende Aufgabe als Supervisor, Coach und Organisationsentwickler. Aufmerksamer geworden zu sein für das Augenscheinliche und das Tiefgründige gleichzeitig sowie erkannt zu haben, wie dieses mit dem eigenen Rollenprofil und Anliegen für Beratungsanlässe in Verbindung stehen kann, werden als bedeutsame neue Erkenntnisse benannt.

Selbst Mut und teils Überwindung aufgebracht zu haben, eigenes persönlich Relevantes zu offenbaren und dafür den Beteiligten gegenüber Vertrauen bzw. einen Vertrauensvorschuss aufzubringen, werden im Nachhinein mit einer gesteigerten Empathie und vermehrtem Respekt sich selbst und Anderen gegenüber in Verbindung gebracht. Auf eine Sicherheit gebende und angstfreie Atmosphäre in der Beratungsarbeit zu achten, wurde als selbst erlebter und in seiner Bedeutung für Veränderungsprozesse erkannter Mehrwert beschrieben, der auch für übertragbar auf das professionelle Handeln als Supervisor, Coach und Organisationsentwickler angesehen wird.

Das Selbst- und Idealbild als Supervisor, Coach und Organisationsentwickler wird neu abgeglichen. Wechselwirkungsresonanzen in der Arbeit mit Klienten, die als destabilisierend empfunden werden, gelten nun nicht mehr als „unprofessionelles Handeln“, sondern als „natürliches Geschehen“

in Beratungsbeziehungen, welches als neue Erkenntnis die Rollensicherheit stärkt.

Das neu empfundene Erleben und Umgehen mit Verantwortungsübernahme und Zuständigkeit für Probleme und Konflikte im Herkunftssystem sowohl bei sich als auch bei anderen verbindet sich mit dem Rollenerleben und der sich entwickelnden Rollenidentität als Supervisor, Coach und Organisationsentwickler. Um professionell handeln zu können, braucht es nach Ansicht von Teilnehmenden die bewusste Wahrnehmung und Eigenverantwortung für die Versorgung eigener als „unversorgt“ (Zitat aus der Datensammlung) erlebter Anteile, um sie nicht dem Gegenüber aufzubürden. Als daraus entstandener Effekt wird beschrieben, dass es durch dieses Erfahrungsfeld im Zusammenhang mit der Dimension Verantwortung jetzt möglich sei, aus einer Ruhe heraus in dieser Rolle arbeiten zu können. Dies lässt sich als weiterer Beitrag zur Rollenklärung und Steigerung professionellen Wachstums auffassen, der Bestandteil guten professionellen Handelns ist.

Freude als emotionale Reaktion auf das Erleben von Systemaufstellungen und die daraus gewonnenen Erkenntnisse zu empfinden, zeichnet sich ebenfalls als wirkungsvoller und nachhaltig bedeutsamer Effekt bei dem Vorhaben aus, auf diese Weise sowohl die persönliche als auch berufliche Entwicklung vorangebracht und gestärkt zu haben.

Eine neue Offenheit, um wertungsfreier arbeiten und leben zu können, werden als Kriterien eines grundsätzlich guten menschlichen Miteinanders benannt. Das neue Erleben von mehr Souveränität und dem weiter geöffneten Zugang zu den eigenen Potenzialen werden als Vergrößerung von Freiräumen wahrgenommen, die – als weiterer Erkenntnisgewinn bewertet – in der Folge sich selbst und Anderen gegenüber nun in verstärktem Maße zugestanden und für reflexive Prozesse genutzt werden können.

Der angemessene Umgang mit Zeit in den erlebten Veränderungsprozessen wird ebenfalls angesprochen und als Erkenntniszuwachs in der Form beschrieben, dass Veränderungsprozessen Zeitdruck schadet und dass Supervisions-, Coaching- oder Organisationsentwicklungsprozesse eher Wahrnehmungen von Entschleunigung bewirken, ohne dadurch Langsamkeit zu erzeugen, um so nachhaltige, sinnvolle und kontextabhängig spezifische Veränderungsprozesse zu ermöglichen. Dass alles mit allem zusammenhängt und doch immer wieder alles anders sein kann, dass „Zeit-Lassen“, „Wirken-Lassen“ im Prozess und auch „präsente Zurückhaltung“ als sinnvolles Kommunikationsgeschehen in Beratungsprozessen erkannt wurde, führt als weitere neue Erkenntnis zur Wahrnehmung von Entlastung und dem Verständnis wichtiger weiterer Merkmale des Rollenprofils eines Supervisors, Coachs und Organisationsentwicklers, das auch durch die Erfahrung mit Systemaufstellungen entstanden ist.

Das Erlernen von „Prozesskompetenz“, ein in der Datensammlung enthaltenes Wort, geschieht besonders durch das Dabei- und Verwickeltsein in Prozesse mit spürbaren Veränderungsdynamiken, wie sie im Erleben der Systemaufstellungen aus unterschiedlichen Perspektiven wahrnehmbar wurden. Die dabei intensiv gefühlten Erfahrungen in der eigenen Aufstellungsarbeit bewirkten sowohl im familiären als auch im beruflichen Kontext progressive Entwicklungen, vor allem hinsichtlich eines nun möglich gewordenen „tieferen Verstehens“ (Zitat aus der Datensammlung) von Menschen in Veränderungsprozessen. Auch die Kontur der Beratungsangebote Supervision, Coaching und Organisationsentwicklung wurde gerade durch die Nähe zu therapeutisch wahrnehmbaren Prozessen eindeutiger.

Die Fokussierung auf das Selbst und dabei erlebt und erfühlt zu haben, welchen Einfluss biografisch bedingte Geschehnisse auf die Erlebens- und Handlungsebene von Menschen haben können, weckt das Verständnis dafür, weshalb „Menschen aufgrund ihrer Biographie manchmal nicht in der Lage sind, Sachen zu ändern, anzugehen oder zu lassen“ (Zitat aus der Datensammlung). Ein daraus hervorgehender Zuwachs an Akzeptanz und Respekt für das „So-geworden-Sein“ auch sich selbst gegenüber zeigt sich als Beitrag zur Identitätsstärkung und Profilbildung im Zuge der professionellen Rollenentwicklung.

Dass Teilnehmende den Systemaufstellungen eine hohe Bedeutung beimessen, hat einen Grund in dem Perspektivwechsel, den sie bewirken. Die Veränderung von Blickwinkeln wird als sehr relevant und wertvoll für den eigenen Entwicklungsprozess und die Herausstellung des eigenen Profils beschrieben, und zwar in dem Sinne, dass Antworten gefunden werden auf Fragen wie: „Wer bin ich?“, „Wo stehe ich?“, „Was will ich?“, „Was will ich nicht?“ (Zitate aus der Datensammlung), die in Verbindung mit der Tätigkeit als Supervisor, Coach oder Organisationsentwickler stehen. Die Klärung eigener Anliegen mit Systemaufstellungen steigert das Erleben von Selbstwirksamkeit. Sie stärken die Person, erwecken Freude an den erfahrenen Veränderungen, motivieren und spornen weiter an, das Professionalisierungsgeschehen interessiert zu betrachten, es wertzuschätzen, sich zunehmend selbstsicherer zu fühlen und die mit der Weiterbildung verbundenen erwünschten Ziele zu erreichen.

Selbsterfahrung mit Systemaufstellungen heißt auch Unerwartetes zu erleben und zu entdecken. Dem Unerwartetem wird häufig mit mehr oder weniger ängstlich-neugieriger Ambivalenz begegnet. Der geäußerte Wunsch, in der Weiterbildung auch etwas „Aufregendes“ erleben zu wollen (Zitat aus der Datensammlung), ist ebenfalls ein Kennzeichen der Erwartung an den Weiterbildungsprozess, dem mit Systemaufstellungen gut begegnet werden kann – selbst dann, wenn es bereits Vorerfahrungen mit diesem Verfahren gibt.

Die Möglichkeit, durch Systemaufstellungen ganzheitlich zu lernen, wird im Sinne eines intelligenten dynamischen Erkenntnisfeldes stark hervorgehoben. Intensität zu erleben, Prozessen auf Gefühlsebene zu begegnen, Teil von ihnen zu sein, erschließt mehrdimensionale Erkenntnisräume und bietet viele Möglichkeiten des Betrachtens und Verstehens an. Auf der Basis einer qualitativ guten Prozessführung, die als Person neben Sicherheit auch ein „Lernen am Modell" anbietet, bilden sich dabei auf selbstorganisierte Art und Weise individuelle Profile und neues Wissen mit dynamischem Charakter heraus. Dieses bleibt in den Reflexionsräumen im Innen und Außen virulent und zur weiteren Erkenntnisvermehrung nachhaltig sowohl kognitiv als auch in Form von inneren Bildern, Gefühlen und als besondere Gruppenereignisse verfügbar. Das „erfühlte Wissen" bleibt besonders präsent – für die Tätigkeit eines Supervisors, Coaches und Organisationsentwicklers, dessen Aufgabe es ist, Anliegen in dynamischen Veränderungsprozessen professionell zu bearbeiten, ein besonderes Fundament und fruchtbarer Boden.

Das Erleben starker emotionaler Prozesse im Rahmen von Systemaufstellungen wird neben der begrüßten Klärung eigener Konfliktlagen auch als gewinnbringend dahingehend betrachtet, durch das dabei ermöglichte Erleben „von außen und innen" grundsätzlich etwas über Dynamiken in Veränderungsprozessen sozialer Systeme zu erlernen. Das Fühlen von Veränderungsprozessen, ihrer Dynamik und zeitlichen Stimmigkeit, auch ausgedrückt als ein neues „Gespür für Veränderungsprozesse und Tempi" (Zitat aus der Datensammlung), wird als weiterer professioneller Zugewinn für die Arbeit mit Einzelpersonen, Teams und Organisationen bewertet.

Insbesondere aus der Erkenntnis, dass Veränderungsprozesse in komplexe Wechselwirkungsdynamiken eingebettet sind, die durch das „hautnahe Erleben" aus unterschiedlichen Perspektiven als ein wertvolles Erfahrungsfeld angesehen werden, resultiert ein Zugewinn an innerer Sicherheit, woraus sich wiederum ein klarer und selbstbewusster gewordenes professionelles Empfinden und Handeln ableitet. Die Furcht vor dem, was alles auf einen Berater zukommen kann, hat abgenommen, weil sich auf den Ebenen der Person, des Rollenbewusstseins und der Handlungsfähigkeiten ein für den nächsten Schritt ausreichend Sicherheit gebendes professionelles Selbst und ein Repertoire entwickelt haben, die es ermöglichen, im Handlungsfeld erfolgreich tätig sein zu können.

Das Erleben im dynamischen Geschehen von Systemaufstellungen mit Elementen der Selbststeuerung und Selbstorganisation wird als intensiv und bedeutsam empfunden. Dies wird auch mit Veränderungen auf der Ebene der professionellen Haltung in Verbindung gebracht. Eine veränderte Haltung –

verstanden als Summe innerer Grundeinstellungen, die das individuelle Denken, Fühlen und Handeln beeinflussen – gegenüber Veränderungsprozessen an sich stellt somit einen weiteren Beitrag im Professionalisierungsprozess dar.

Die in Systemaufstellungen mögliche personennahe und kontextuelle Erspürbarkeit von Konflikt- und Lösungsdynamiken über Resonanzen und ihrer als sinnhaft erscheinenden Bewegungen wirken sich sowohl persönlich als auch als Transferleistung positiv auf die in Beratungsprozessen gestaltete Qualität der Beziehungsebene zwischen Berater und Klient(en) aus. Sie vertiefen die Begegnung und das Spektrum möglicher Hypothesenbildungen und kreativer Ideen für die Bearbeitung der jeweiligen Anliegen.

Dem Erfahrungsfeld mit der Möglichkeit, Wissen erspüren zu können, wird eine hohe Relevanz beigemessen und ihm ein nutzbareres dynamisches Verstehen attestiert. Der Unterschied zwischen dem Wissen, dass es bei den Beteiligten Emotionen gibt, und dem Nachempfinden und Spüren dieser Emotionen wird als bedeutsam eingestuft und mit einer tieferen Ebene des Verstehens in Verbindung gebracht. Aus dem Erspüren wird ein Erkennen, es entstehen neue Impulse sich selbst und Anderen gegenüber, gleichsam wechselseitige Auslöser für die eigene Weiterentwicklung und Lehrstunde für die Beratung von Anliegen in Veränderungsprozessen. Auch die in diesem Feld gemachte Erfahrung von „Kraft und Energie“ bzw. „intensivem Eintauchen“ (Zitate aus der Datensammlung) werden als nützliche Lernerfahrung betrachtet. Denn Veränderungsprozesse brauchen auch Stärke und Energie, deren Aktivierung ebenfalls Bestandteil professioneller Prozessführung ist.

Sensibilität, Intuition, eine „scharfe“ und vielschichtige Wahrnehmung als neu gewonnene Erkenntnisse und Befähigungen auf professioneller Haltungs- und Handlungsebene in Prozessbegleitungen mit der Annahme, dass Veränderungen keinen Bauplan haben, vielseitig und einzigartig sind und feine Nuancen große Wirkungen im Beratungssystem entfalten und gerade die unsichtbaren, verborgenen Informationen oftmals Dynamik in Veränderungsprozesse bringen können, lassen sich als Merkmale einer hochwertigen Ebene von Kompetenzentwicklung auffassen. Ein dafür präsentes Empfindungsbewusstsein beim Supervisor, Coach und Organisationsentwickler begünstigt die Bearbeitung von Beratungsanliegen und den beruflichen Erfolg.

*Gütekriterien der empirischen Bearbeitung*

Den Veranschaulichungen der Datenanalyse und ihrer Interpretation folgt nun eine daran angebundene Erläuterung der im Verlauf ihrer Erarbeitung beachteten und berücksichtigten Gütekriterien qualitativer Forschung. Dazu zählen in erster Linie „Vertrauenswürdigkeit, Glaubwürdigkeit, Übertragbarkeit, Zuverlässigkeit und Bestätigbarkeit“ (Flick, 2012, S. 500), wobei die Vertrauenswürdigkeit ein zentrales Merkmal darstellt. So steht die Frage der Güte im Rahmen qualitativer Forschung auf der Ebene von Forschungsdesign und -methode bis zur Prozess- und Ergebnisevaluation auf dem Prüfstein. Reflexionen darüber, ob als weiteres Validitätskriterium „das erfasst wurde, was erfasst werden sollte“ (Mayring, 1999, S. 116), sowie Transparenz und Begründungen hinsichtlich der im Forschungsprozess getroffenen Entscheidungen mit Aussagen darüber, was auf welche Weise in der laufenden Forschung angewendet wurde, sind dabei mit von Bedeutung (vgl. Flick, 2012; Mayring, 1999, 2015).

Insbesondere der Austausch mit anderen Personen spielt im Rahmen qualitativen Forschungsvorgehens eine Rolle, denn als das wichtigste Kriterium bei der Validierung gilt die „interpersonale Konsensbildung“ (Bortz & Döring, 2015, S. 328). Inwieweit für Andere die Begründbarkeit beim Vorgehen im Umgang mit dem Datenmaterial, seiner Analyse und Interpretation nachvollziehbar ist, bilden sich aus diesem Maß Anhaltspunkte für die Validität der Ergebnisse einer qualitativen Studie heraus. Eine reflexive Verständigung über das Vorgehen beim Weg der Codierung und Interpretation erhöht die „Reliabilität von Interpretationen“ (Flick, 2012, S. 491). Dies trägt dazu bei, Aussagen zur Bewertung der erarbeiteten Ergebnisse und gewonnenen Erkenntnisse einer explorativen Studie fachgerecht zu entwickeln und abzusichern und bildet die „Voraussetzung für Validität“ (Mayring, 2015, S. 125).

Im Rahmen der als Dissertation durchgeführten Pilotstudie (vgl. Beermann, 2020), auf deren Basis im Anschluss die hier vorliegende zusätzliche Bearbeitung des Datenmaterials speziell zur Wirksamkeit von Systemaufstellungen in den untersuchten Weiterbildungsprozessen erfolgte, fand die reflexive Verständigung in Form der folgenden Maßnahmen statt:

- Regelmäßige Präsentation und Reflexion des Forschungsdesigns, der Vorgehensweise und des jeweiligen Bearbeitungsstandes in der Forschungssupervision mit erfahrenen Wissenschaftlern und Praxisexperten.
- Mehrmalige Präsentation („Vorsingen“) und diskurskritische Reflexion der Forschungstätigkeit im Verlauf ihrer Erarbeitung im interdisziplinären Doktorandenkolloquium an der Universität Oldenburg unter der Leitung und Beteiligung erfahrener Wissenschaftler und Praxisexperten.
- Beteiligung an der Präsentation und Reflexion der Dissertationsprojekte Anderer im interdisziplinären Doktorandenkolloquium an der Universität Oldenburg unter der Leitung und Beteiligung erfahrener Wissenschaftler und Praxisexperten.

- Interrater-Reflexion insbesondere zum Vorgehen bei der Kategorienkonstruktion, Datenanalyse, Codierung und Bildung des Kategoriensystems.
- Forschungssensible, transparente und reflexive Haltung der Forscherin im Umgang mit dem eigenen Vorgehen und den Hinweisen, Anregungen, Ideen und Korrekturen der am prozessualen Reflexionsgeschehen Beteiligten sowie im Rahmen eigener themenbezogener Recherchen und des Literaturstudiums.

Die Ergebnisse und Anregungen aus diesen aufgeführten Reflexionsräumen sind jeweils prozessual in die Bearbeitung und das forschende Vorgehen integriert worden. Insbesondere die Codierungen sind von der Forscherin mehrmals reflexiv-kritisch vorgenommen und überprüft worden. Im Rahmen der Interrater-Reflexion insbesondere zu Übereinstimmungen und Abweichungen hinsichtlich der Vorgehensweisen beim Umgang mit dem Datenmaterial, seiner Analyse und der Qualitätskriterien im Prozess der Codierung sind weitere zu beachtende Aspekte deutlich geworden. Die praktische Verbesserung der Güte der Codierungen und ihrer Gewichtungen standen dabei im Mittelpunkt, bei der Unstimmigkeiten diskutiert und konsensual weiterentwickelt wurden. Die Interrater-Reflexion erfolgte mehrfach im dialogisch-inhaltsanalytischen Diskurs.

# 16. Erkenntnisse und Schlussfolgerungen – Systemaufstellungen als Faktor für wirksame Veränderung in Weiterbildungsprozessen

Als ein in besonderem Maße erkennbarer Einflussfaktor gibt sich im Rahmen der Datenanalyse der hohe Stellenwert der Systemaufstellungen für die Weiterbildungsteilnehmenden zu erkennen. Das Erleben der Systemaufstellungen und ihrer Wirkungsweise wurden als sehr bedeutsames Ereignis im Professionalisierungsprozess beschrieben. Sie ermöglichten eine individuelle, sehr persönliche Perspektive und eine Metabetrachtung sozialer Systeme in einem lebendigen, intensiven Erfahrungsraum für die Gestaltung erwünschter Veränderungsprozesse.

Die Bearbeitung von subjektiv als dysfunktional erlebten Beziehungsmustern und Konflikten wurde in Begleitung des professionell geschulten Systemaufstellungsleiters und der Lerngruppe als sinnvoll und hilfreich wahrgenommen. In diesem prozessualen selbstorganisierten Geschehen vollzog sich dabei ein autopoietischer, offener, unvorhersehbarer Prozess, in dem Potenziale und Wechselwirkungen spürbar, verstehbar und veränderbar werden konnten. Dabei wurden insbesondere Gefühle, körperliche Empfindungen und verbale Reaktionen als Impulse für den erwünschten Veränderungsprozess beachtet und integriert. Aus den sich innerhalb der Aufstellungsprozesse entwickelnden Reaktionen und Impulsen der Repräsentanten, etwas Bestimmtes ausdrücken, sich physisch und räumlich verändern zu wollen, sowie durch weitere intervenierende Gestaltungsformen entwickelte sich ein sinnlicher und beobachtbarer Veränderungsprozess mit einer jeweils einzigartigen, nicht vorhersehbaren Dynamik.

Die Motivation für die Arbeit mit Systemaufstellungen blieb hoch und schuf damit auch eine energievolle und aktive Lernumgebung. Die gruppendynamische Beteiligung war intensiv und ermöglichte allen zugleich eine psycho- und systemdynamisch räumliche und sinnlich erfahrbare Bearbeitungsform von für die Lernenden relevanten Themen.

Diese Entwicklungs- und Bildungsprozesse erfolgten dabei selbstorganisiert über die Sinne, die Emotionen, den Körper. Innerhalb ihres Verlaufs konnten sich durch das mit dem Konflikterleben in Verbindung stehende Ausdrücken emotionaler Reaktionen psychische Entlastungsreaktionen einstellen. Die aus Verlauf und Ergebnis der Systemaufstellungen vielfach sich selbst und dem relevanten Bezugssystem gegenüber entstehenden Haltungs- und Einstellungsänderungen blieben, den Ergebnissen in dieser Spezialauswertung nach zu urteilen, relativ nachhaltig im spürbaren Erinnerungsraum der Beteiligten erhalten. Die intensiven Gefühle, die Bilder und die Sprache der Veränderung, das Neuverstehen komplexer Zusammenhänge entfalteten ihre Wirkung während und relativ stabil auch nach den erlebten Systemaufstellungen und setzten weiterführende Impulse frei.

In dieser Resonanzphase blieb das besondere Erlebnis der Systemaufstellungen sehr präsent, wirkte auf die weitere Entwicklung ein und erzeugte neue Muster im Denken, Handeln und Fühlen. Sowohl aus der Perspektive der Bearbeitung eines eigenen Anliegens als auch aus der Perspektive der beteiligten Repräsentanten und Beobachter wurden intensive emotionale Reaktionen benannt, aus denen für die persönliche und professionelle Entwicklung stark förderliche neue Informationen und Erkenntnisse gewonnen wurden. Über diese am eigenen Leib erspürten Veränderungsprozesse transportierten sich gehaltvolle Erkenntnisse zur Förderung von Selbstentwicklung und professioneller Rollenentwicklung. Auch wurde im Kontext des untersuchten Professionalisierungskontextes ein Zuwachs an Wissen über die Dynamik sozialer Systeme als Gesamtheit konstatiert.

Veränderungsprozesse auf diese verdichtete Art und Weise direkt und sinnlich zu erleben, sie zu beobachten, Unterschiede zu fühlen, in emotionaler Resonanz mit sich selbst und im gruppendynamischen Geschehen sowie Teilhaber an Veränderungsprozessen anderer Teilnehmer sein zu können, ermöglichte intensive und nachhaltig wirksame Entwicklungsimpulse. Sich für die Themen Anderer hilfreich zur Verfügung zu stellen, daran zu lernen und für sich selbst davon zu profitieren, bildete einen weiteren förderlichen Aspekt.

Das Erleben sinnlicher Intensität mit sich selbst und in der Gruppe, die spürbare Wechselwirkungsdynamik zwischen biografischem Kontext und professionellem Entwicklungsverlauf mit den dabei prozessual bedeutsam werdenden Themen und Anliegen erzeugten eine starke Stimulation für die persönliche und professionelle Entwicklung zum Supervisor, Coach und Organisationsentwickler. Sich selbst in dieser Form des physisch-intensiven Prozesserlebens mit Anderen zu erleben, darüber neue Einsichten zu gewinnen, „Altlasten zu klären“, Neues zu entdecken und zu verstehen, führte aus unterschiedlichen Perspektiven zu einer größeren Klarheit, Sicherheit und inneren Ausgeglichenheit, die für die Gestaltung der neuen Berufsrolle als wichtiges Fundament eingestuft wurden. Die in Systemaufstellungen mögliche Verdichtung auf das Wesentliche für den individuell bedeutsamen nächsten Entwicklungsschritt gab vielfach starken Anschub und vitalisierte die Weiterbildungsprozesse in besonderem Ausmaß.

# 17. Wie es weiterging – die Befragung zwei Jahre danach

Zwei Jahre nach Beendigung der Weiterbildung habe ich im Rahmen einer kommunikativen Validierung meiner Forschungsergebnisse im November 2019 erneut die Teilnehmenden befragt. Aus den in der Pilotstudie ermittelten neun Faktoren habe ich dafür Aussagen transponiert und den ehemaligen Teilnehmern und Teilnehmerinnen in Form eines Fragebogens übermittelt. Zusätzlich habe ich im Dezember 2019 die Absolventen und Absolventinnen zu einer persönlichen kommunikativen Validierung in einem Gruppensetting eingeladen, um auch im direkten Austausch mit den Beforschten die Validität meiner Ergebnisse selbst überprüfen und reflektieren zu können.[57] Auf diese Weise war es möglich, auch die Ergebnisse der Pilotstudie zur Wirksamkeit von Systemaufstellungen im Professionalisierungsprozess mit einem Abstand von zwei Jahren zu überprüfen. Das Ergebnis dieser weiteren Befragung zum Aspekt der Systemaufstellungen stelle ich im Folgenden vor. Die vollständige Auswertung der Nachbefragung und Gruppendiskussion befindet sich noch in der Bearbeitung. Ihre Ergebnisse können zu einem späteren Zeitpunkt beschrieben werden.

Mit folgenden aus meinen Forschungsergebnissen abgeleiteten Aussagen habe ich die ehemaligen Teilnehmenden um ihre Einschätzung zum Aspekt der Systemaufstellungen im Weiterbildungsprozess gebeten. Als Antwortmöglichkeiten gab es sowohl eine skalierende als auch eine den jeweiligen Zahlenwert erläuternde Option in dieser Form:

stimme überhaupt nicht zu — stimme voll und ganz zu

0 1 2 3 4 5 6

Mit meinem gewählten Zahlenwert verbinde ich diese Bedeutung: ______________

[57] Zwei Jahre nach Abschluss der Weiterbildung: Von den 21 Absolventen des Kontaktstudiums „Supervision, Coaching und Organisationsentwicklung“ an der Universität Oldenburg haben 15 Personen einen ausgefüllten Fragebogen zurückgesandt. An der kommunikativen Validierung im Gruppensetting haben 9 Personen teilgenommen.

**Aussage 1**
„Die Selbsterfahrung in der Weiterbildung, in der es um mich und meinen biographischen Hintergrund ging, hat mich in der persönlichen Entwicklung deutlich unterstützt. Ich empfand sie als sehr intensiv, und ich hätte nicht gedacht, dass sie eine solche Bedeutung für meinen Wunsch, Supervisor, Coach und Organisationsentwickler werden zu wollen, haben könnte. Die Bearbeitung meiner persönlichen Themen haben mir geholfen, mich gut in der neuen Rolle als Berater einzufinden."

Nennungen der Befragten zu Aussage 1:

| Skalenwert | 0 | 1 | 2 | 3 | 4 | 5 | 6 |
|---|---|---|---|---|---|---|---|
| Häufigkeit absolut | | | | 1 | 2 | 3 | 9 |
| Häufigkeit in Prozent | | | | 6,7 | 13,3 | 20 | 60 |

Bei der Option „Mit meinem gewählten Zahlenwert verbinde ich diese Bedeutung" haben nicht alle Befragten ihren Skalenwert näher erläutert. Es sind folgende Aussagen formuliert worden:

> Genau, ich hätte „nie" gedacht, dass diese persönliche Lernerfahrung bzw. die Teilhabe an den Erfahrungen der Weiterbildungskollegen so „ertragreich" sein könnten.
>
> Ich habe den Studiengang genau deshalb gewählt, weil dort diese Angebote gemacht wurden und ich wusste, dass ich das brauche und das eine Art der Entwicklung darstellt, die mir persönlich liegt.
>
> Es hat sehr zu meinem persönlichen Wachstum beigetragen.
>
> Hat für mich große Bedeutung gehabt hinsichtlich der anstehenden internen Supervision im eigenen beruflichen Kontext.
>
> Die Selbsterfahrung war insbesondere erhellend hinsichtlich der Frage der Zeitdimension in biographischen Konstruktionen.
>
> Ich hatte das Gefühl, dass meine Geschichte die Gruppe überfordert.
>
> In Kombination mit einer begleitenden Therapie im privaten Rahmen hat es mir sehr geholfen, meine Ressourcen zu aktivieren, aber auch die Grenzen handhabbarer gemacht. Eine berufliche Veränderung und die Entscheidung nur Teilselbstständigkeit als Supervisorin zu arbeiten, war die Folge und hat sich als stabiles Konstrukt erwiesen.

Da ich schon sehr viel (Aufstellungs-)Selbsterfahrungspraxis hatte, hat mich das nicht überrascht. – Es war in der Tat sehr intensiv und wirkungsvoll.

Ja, es ist ein Weg, der weitergeht, auch in meinem Leben heute.

Die Selbsterfahrungstage waren für mich die wichtigste Erfahrung.

**Aussage 2**
„Die Systemaufstellung meines Herkunftssystems und das der anderen empfand ich als sehr emotional. Die Dinge, die dabei passiert sind, die Bilder und Gefühle, die ich dabei erlebte, empfand ich körperlich, kognitiv und emotional sehr stark. Ich habe mich lange daran erinnert und die Bilder begleiten mich teilweise heute noch in den konkreten Bearbeitungen und auch in meinem persönlichen und privaten Lebensprozessen."

Nennungen der Befragten zu Aussage 2:

| Skalenwert | 0 | 1 | 2 | 3 | 4 | 5 | 6 |
|---|---|---|---|---|---|---|---|
| Häufigkeit absolut | | | 1 | 2 | 3 | 2 | 7 |
| Häufigkeit in Prozent | | | 6,7 | 13,3 | 20 | 13,3 | 46,7 |

Auf die Option „Mit meinem gewählten Zahlenwert verbinde ich diese Bedeutung" wurden folgende Aussagen formuliert:

Aus meiner Systemaufstellung habe ich sehr viel für meine persönlichen und privaten Lebensprozesse „gezogen". Auch aus den vielen anderen Aufstellungen. Aktuell bin ich „wieder" mit diesem Thema beschäftigt und würde gerne mehr zu Aufstellungen im supervisorischen Kontext lernen.

Auch wenn ich einen Teil der Selbsterfahrungswoche nicht mitbekommen habe, haben mich die Aufstellungen sehr bewegt.

Einige für mich relevante Aufstellungen habe ich in guter Erinnerung, andere habe ich „vorbeiziehen lassen".

Sie [die Bilder; Anm. d. Verf.] sind zum Teil der Schlüssel zu dem, was mich heute besonders interessiert und wo ich weitergehe.

Sie haben Auswirkungen auf meine Familienkonstellation und meinem Verhalten darin.

Es hat für mich keine Aufstellung gegeben, was ich sehr bedauert habe.

Die Erzeugung emotionaler Intensitäten ist meines Erachtens keine sonderliche Leistung.

Ich habe leider keine Systemaufstellung gemacht, sondern ein Ritual vorgenommen. Das war zwar auch sehr intensiv aber keine Aufstellung. Das fand ich sehr schade.

**Aussage 3**
„Die Systemaufstellungen insgesamt haben mir auch wichtige Einblicke in dynamische Veränderungsprozesse sozialer Systeme ermöglicht. Was in Familien alles Bedeutung haben kann, war mir bis dahin so in dieser Tragweite nicht bewusst. Ich habe davon viel für meine Beratungsarbeit mitnehmen können. Ich bin sicher, dass meine persönlichen Erfahrungen dafür notwendig waren und ich das nicht allein aus einem Lehrbuch hätte lernen können."

Nennungen der Befragten zu Aussage 3:

| Skalenwert | 0 | 1 | 2 | 3 | 4 | 5 | 6 |
|---|---|---|---|---|---|---|---|
| Häufigkeit absolut | | | | 1 | 2 | 4 | 8 |
| Häufigkeit in Prozent | | | | 6,7 | 13,3 | 26,7 | 53,3 |

Auf die Option „Mit meinem gewählten Zahlenwert verbinde ich diese Bedeutung" wurden folgende Aussagen formuliert:

Absolut!

Trotz bereits langjähriger Weiterbildung in Aufstellungsverfahren war es verblüffend zu sehen, wieviel Unentdecktes es gibt.

Ich meine, aktuell viel aus den Aufstellungen/dynamischen Prozessen in der 2,5-jährigen Begleitung eines Teams gelernt zu haben. Ein wichtiger Begriff ist dabei „Würdigung" des/der Vorangegangenen, -m/Geschehenem in einer Form der Beschreibung, ohne zu sehr zu werten. „Würdigung" – „Zugehörigkeit" sind für mich sehr bedeutsame Begriffe geworden, mir fällt selbst auf, dass ich in vielen Zusammenhängen so denke, spreche und vor allem: fühle.

Da ich mich auch vorher schon mit Aufstellungsarbeit beschäftigt habe, war mir klar, dass es ein wichtiger Teil der Ausbildung werden wird.

Die Arbeit ist für mich sehr wirkungsvoll und nachhaltig. Ich habe bereits in einer anderen Fortbildung damit Erfahrungen sammeln können. Die begleitende Therapie hat den Boden für diese Arbeit bereits gut vorbereitet.

Systemaufstellungen waren für mich keine neue Erfahrung.

Stimme voll und ganz zu.

Ich hatte schon viel Erfahrung mit Aufstellungen, dennoch war dies eine weitere große Bereicherung.

Stellenwert war mir bewusst, aber es war eindrucksvoll, es live zu erleben.

Die Tragweite war mir schon vorher bewusst, weil ich die Methode der Systemaufstellung schon vorher kannte.

*Interpretation der Nachbefragung*

Die Auskünfte der befragten Absolventen zwei Jahre nach Beendigung ihrer Weiterbildung und vier Jahre und zwei Monate nach dem Erleben des einwöchigen Selbsterfahrungsseminars mit Systemaufstellungen weisen den in der Pilotstudie ermittelten Erkenntnissen eine relativ hohe Bedeutung zu, worüber eine nachhaltige Wirksamkeit und Wirkungsweise des subjektiven Erlebens von Systemaufstellungen zum Ausdruck kommt. Die fokussierte Verbindung des Einbezugs biografischer Konstellationen und Themen mit dem Wunsch nach einer neuen und erfolgreichen Rollenentwicklung zum Supervisor, Coach oder Organisationsentwickler – als beispielhaft gewähltes Professionalisierungsfeld – werden in ihrer Wechselwirkung und Transferleistung bestätigt.

Diesen Ergebnissen zufolge lässt sich der angewandten Methode der Systemaufstellung eine relativ langanhaltende Wirksamkeit und positive Wirkungsweise beimessen. Ihre spezielle Charakteristik in der Art und Weise der Bearbeitung von Problemen und Veränderungswünschen ermöglicht eine Gleichzeitigkeit komplexer innerer und äußerer Dynamiken und ermöglicht persönliches und fachliches Wachstum sowie den Zugewinn an neuen Erkenntnissen. Die erlebte Wirkung von Systemaufstellungen führte zu einem als wertvoll erachteten Wissenszuwachs und gelingenden Transfer in das professionelle Handlungsfeld mit einer als authentisch wahrgenommenen Entwicklung der Berufsrolle. Systemaufstellungen können somit auch als wertvolles didaktisches Instrument für das Erreichen erwünschter Lern- bzw. beruflicher Weiterbildungsziele gelten.

Die Intensität des Verfahrens als ganzheitliches Erleben im Lehr- und Lernprozess drückt sich unter anderem über die auch nach vier Jahren, die seit dem Selbsterfahrungsseminar vergangen waren, noch sehr präsenten inneren Bilder und Gefühle aus. Die in den Systemaufstellungen sehr sinnlich erlebten Eindrücke blieben somit über Jahre erinnerbar und verfügbar, wie die erhobenen Aussagen zeigen. Die im Körpergedächtnis (vgl. Bauer, 2014; Böhle, 2016) gespeicherten lebendigen Informationen halten in gewisser

Weise einen konstruktiven Spannungsbogen aufrecht, über den sowohl die Erinnerung an erlebte Problemlösungsprozesse stattfindet als auch aktuelle weitere persönliche und berufliche Entwicklungsfragen und Entwicklungsschritte im Interesse der Selbstentwicklung stehen. So gesehen fördern Systemaufstellungen eine besondere sinnliche Intelligenz und Kreativität, die wertvolle Fähigkeiten herausbilden können. Die teils innerhalb und außerhalb der Systemaufstellungen mit Überraschungseffekten erlebte und beobachtete Bedeutung zwar nicht sichtbarer, aber doch vorhandener und die Dynamik beeinflussender Bindungen zwischen Mitgliedern in sozialen Systemen offenbart die unbewusste Ebene wirksamer Zusammenhänge (vgl. Boszormenyi-Nagy, Spark & Gangloff, 2015). Sie können Entwicklungsprozesse kraftvoll hemmen oder beflügeln und zeigten, dass sie sowohl für das Persönliche als auch für die Tätigkeit als Supervisor, Coach und Organisationsentwickler im Umgang mit Einzelnen und Gruppen von starker Bedeutung sein können. Hieraus erschließen sich für die Selbstführung und berufliche Aufgabe der Prozessführung im Handlungsfeld Beratung haltungsrelevante Merkmale im Denken, Fühlen und Handeln für die Zusammenarbeit mit Klienten.

# 18. Wirkfaktoren und Wirkungsweise in Systemaufstellungen im Ergebnis

Die theoretische und empirische Bearbeitung der Forschungsfrage, ob Systemaufstellungen in Weiterbildungsprozessen Wirkung entfalten und auf welche Weise, ermöglicht auch die Beantwortung der Frage, inwieweit sich die einbezogenen allgemeinen Wirkfaktoren aus der Psychotherapieprozessforschung, die Erkenntnisse aus der pädagogisch-psychologischen Lehr- und Lernforschung sowie ihre Übertragung auf Professionalisierungsprozesse und die den Systemaufstellungen zugeschriebenen Wirkungsphänomene darin zeigen, worauf ich im Folgenden eingehen möchte. Hinsichtlich der Überlegung, wie sich die allgemeinen Wirkfaktoren in der Veränderungsprozessgestaltung mit Systemaufstellungen zeigen, können aus dem Forschungsdesign und den Ergebnissen die im Folgenden genannten Hypothesen abgeleitet werden.

## 18.1 Wirkfaktor Qualität der Beziehung und motivationale Klärung

Die Arbeit mit Systemaufstellungen ist in die Standards guter Therapie und Beratung eingebunden. Systemaufstellungen werden häufig in Form mehrtägiger Seminare im Gruppensetting durchgeführt, können aber auch nur eine kurze zeitliche Frequenz umfassen oder auch im Einzelsetting erfolgen. Ich beziehe mich hier auf die hauptsächliche Gestaltungsform im Gruppensetting. Eine Systemaufstellung beginnt im Allgemeinen damit, dass die Seminar- und Aufstellungsleitung offen in die Gruppe fragt, wer (als Nächster) ein Thema bearbeiten möchte. Der Impuls, ein persönliches Anliegen mittels einer Systemaufstellung bearbeiten zu wollen, kommt von den Teilnehmenden selbst und basiert auf Freiwilligkeit und Selbstmotivation. In dieser Eingangsphase – ebenso wie in der sich an die Aufstellung anschließenden Gesprächssequenz am Ende des Aufstellungsprozesses – wird die Person mit einem Anliegen (der Klient) eingeladen, sich neben die Aufstellungsleitung zu setzen, wobei sich beide weiterhin im Kreis der Gruppe befinden. So wird die räumliche Nähe verringert und die persönliche Nähe zwischen der Aufstellungsleitung und dem Klienten intensiviert. Es folgt ein Erstgespräch im Beisein aller Gruppenmitglieder, in dem die Aufstellungsleitung mit dem Klienten, der ein persönliches Anliegen mittels einer Systemaufstellung bearbeiten möchte, eine Beziehung aufbaut und auch sein Anliegen, seine Veränderungswünsche und seine Bereitschaft für eine anliegenbezogene Veränderung erkundet und klärt. Mit diesem Gespräch beginnt bereits der Interventionsprozess „Systemaufstellung“ und der Aufbau des „Energiefeldes“ für eine Aufstellung. Auf dieser Basis erfolgt eine kooperative Entscheidung darüber, ob der Zeitpunkt für eine Systemaufstellung zu dem geschilderten Anliegen passend ist und ob der Klient dazu in der Lage und bereit ist.

Während des Aufstellungsprozesses achtet die Aufstellungsleitung sehr aufmerksam auf den Klienten, das Aufstellungsgeschehen selbst, auf die gesamte Gruppe und in hohem Maße auf sich selbst und ihre wahrgenommenen Resonanzen. Sie handelt im Sinne und zugunsten der Person und ihres Anliegens, um einen möglichst sinnvollen, veränderungswirksamen Prozess zu gestalten. Dabei achtet sie auf die Stabilität bzw. Instabilität ihres Arbeitsbündnisses mit dem Klienten im Verlauf des gesamten Aufstellungsprozesses. Sie führt oder begleitet mit einer Haltung der Offenheit, Präsenz und Authentizität den Aufstellungsprozess und stellt sich dabei als Kooperationspartner in den Dienst des Klienten, seines Anliegens und auch der Gruppe. Auch nach Beendigung einer Aufstellung führt die Aufstellungsleitung mit dem Klienten in der Regel ein abschließendes Gespräch und rundet gemeinsam mit ihm den Aufstellungsprozess ab.

## 18.2 Wirkfaktor Ressourcenaktivierung

Systemaufstellungen beinhalten zahlreiche Möglichkeiten, Ressourcen zu aktivieren, und beziehen im Prinzip ihr Wesen daraus. Sie bieten die Möglichkeit, aus bisher nicht zugänglichen Quellen zu schöpfen und die Energieflüsse für das Leben und die Gesundheit zu entstören und damit neue Freiräume zu eröffnen. Dies kann zum Beispiel über den Einbezug von Ressourcenpersonen oder -elementen oder speziellen Interventionsformen zur Problementlastung geschehen. Die Systemaufstellung an sich ist ein Bewegungsprozess, eine Hinbewegung auf einen neuen, leichteren Zustand als vorher, womit die Mobilisierung von Ressourcen und die Entfaltung von Potenzialen einhergehen. Diese bleiben über die intensive Erlebensform und Speicherung im Körpergedächtnis relativ lange verfügbar und werden darüber zu spürbaren Stärkungsmitteln im Leben.

## 18.3 Wirkfaktor Problemaktualisierung und Entwicklungsperspektive oder: Inmitten der Schwierigkeit liegen die Möglichkeiten

In einer Systemaufstellung, mit der ein Anliegen bearbeitet wird, findet gleichzeitig eine Problemaktualisierung statt. Einstein war der Ansicht, dass inmitten der Schwierigkeit die Möglichkeiten liegen, was einem auch beim Blick auf Systemaufstellungen in den Sinn kommen kann. Häufig zeigt sich das Problem in dem in der Regel zu Beginn vom Klienten selbst aufgestellten

Ausgangsbild und damit in der Externalisierung seines intra- und interpersonellen Konfliktes. Der sich im Verlauf der Systemaufstellung entwickelnde Prozess ist gleichsam eine Art möglicher Wegbereitung zur Bewältigung des Problems. Das sowohl aktualisierte Problem als auch die Konstellation, in der sich das Problem als Lösungsbild zeigt, werden ganzheitlich sowohl individuell als auch in der Wechselwirkungsbeziehung mit den beteiligten Personen oder Elementen des gewählten Kontextes erfahrbar, was gerade über die besondere Gleichzeitigkeit der Ebenen des Denkens, Handelns und Fühlens sowie weiterer energetischer Dimensionen des Feldes im Aufstellungsprozess intensiv spürbar wird. Was der Klient aus dieser Anregung für sich selbst und sein Handeln ableitet, bleibt seiner individuellen Sinngebung und seinen Impulsen überlassen, wozu die Aufstellungsleitung und die Beteiligten weitere Ideen einfließen lassen können. Bei Systemaufstellungen entsteht ja vielfach ein über den Klienten hinausgehender systemdynamischer Entwicklungsprozess, der mehr beinhaltet als das, was die einzelne Person des Klienten betrifft.

Prüft man weiterhin, inwieweit sich ebenso die generischen Prinzipien in Systemaufstellungen entdecken lassen, so finden sich auch hierfür Anhaltspunkte. Sie bezeichnen Wirkfaktoren in dynamischen Veränderungsprozessen, die das Geschehen in seinem Verlauf durch Prozessmerkmale beschreiben. Eine Systemaufstellung beinhaltet ein Prozessgeschehen, welches die Wellenbewegung von Stabilität und Instabilität aufweist und sich dabei auch in der Beziehung zwischen Aufstellungsleitung und Klient manifestiert. In einer Systemaufstellung können Interaktionsmuster identifiziert und analysiert und ebenso gezielt unterbrochen werden, und es kann Neues angeregt werden. Energie und Motivation bzw. die Bedeutung des Kairos als „genau richtiger Augenblick" findet sich im Geschehen der Arbeit mit Systemaufstellungen ebenfalls wieder. Der in den generischen Prinzipien beachtete Zyklus in Veränderungsprozessen lässt sich ebenfalls in Systemaufstellungen erkennen (s. auch Abb. 13).

Eine Systemaufstellung zu leiten, folgt nicht einem festen Ablauf, obwohl bestimmte Elemente immer wieder vorkommen und ritualisiert angewendet werden können. Manche Prozessphasen in unterschiedlichen Aufstellungen wirken ähnlich, vor allem, wenn die Aufstellungsleitung mit bestimmten Positionen der Repräsentanten und sprachlichen Ausdrucksformen interveniert. Es scheint universelle Prozessdynamiken zu geben, die sich in den meisten Fällen als wirkungsvoll im Sinne einer guten Lösung bzw. Heilung erweisen. Diese Interventionen orientieren sich an wissenschaftlichen Erkenntnissen über menschliche Grundbedürfnisse, wie sie unter anderem Klaus Grawe in seinen Untersuchungen postuliert hat (vgl. Grawe, 2000). Dabei geht es um das Grundbedürfnis nach Bindung und Zugehörigkeit, womit das Bedürfnis des Menschen nach Mitmenschen und nach Nähe zu Bezugspersonen gemeint ist. Ein weiteres Grundbedürfnis ist das nach Orientierung und Kontrolle, womit Grundüberzeugungen des Menschen gemeint sind, dass im Leben Kontrollmöglichkeiten bestehen, es vorhersehbar ist und es sich lohnt, sich einzusetzen. Als weiteres Grundbedürfnis gilt das nach Selbstwerterhöhung und Schutz, was auch das Bedürfnis umfasst, sich selbst als gut, kompetent, wertvoll und von Anderen geliebt zu fühlen. Schließlich gilt als menschliches Grundbedürfnis Lustgewinnung und Unlustvermeidung, welches sich in dem Bestreben, erfreuliche, lustvolle Erfahrungen herbeizuführen und schmerzhafte, unangenehme zu vermeiden, ausdrückt.

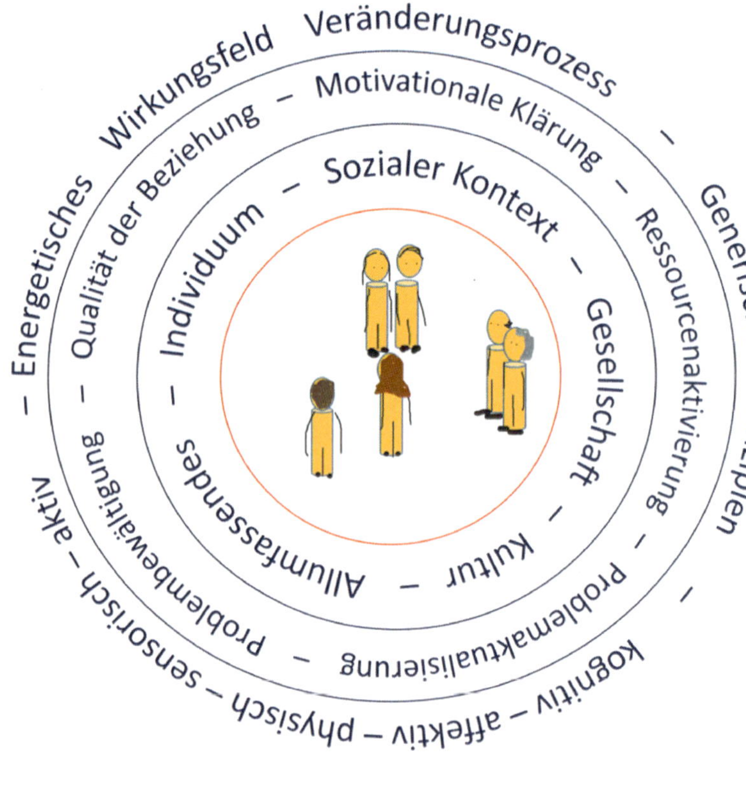


Abb. 13: Komplexes dynamisches Wirkungsfeld Systemaufstellung (eigene Darstellung)

Die Arbeit mit Systemaufstellungen erfolgt durchgängig personalisiert, indem das Vorgehen im Prozess dynamisch und an die Problemstellung und die Wünsche, Ziele, intrapsychischen und sozialen Bedingungskonstellationen sowie an die Veränderungsprozesse eines Klienten angepasst wird. Beim Erleben von Systemaufstellungen werden zudem Fähigkeiten aktiviert, die Probleme oder Fragestellungen aus neuen Perspektiven wahrnehmen lassen, worüber sich der „innere Raum“ vergrößert, was sich wiederum prozessförderlich auswirkt. Dies wird auch als Transzendenzfähigkeit bezeichnet, die sich auf das menschliche Vermögen bezieht, im Umgang mit als krisenhaft wahrgenommenen Themen bzw. Situationen offen und interessiert bleiben zu können. Als Voraussetzung dafür wird angenommen, dass dies insbesondere dann gelingt, wenn eine Einordnung in einen größeren Sinnzusammenhang, bezogen auf sich selbst und andere, im Bewusstsein erfolgt. Eine dazu durchgeführte Studie zeigte diesen Zusammenhang auf, der zumeist mit einer Steigerung der psychischen Gesundheit einhergeht (vgl. Mitschke-Collande, 2010).

# 19. Zum Verhältnis von Wissenschaft und Liebe

*„Nichts von der Atmosphäre,*
*nichts von der Magie des Augenblicks,*
*nichts vom inneren Wachsen der Sätze,*
*nichts von der emotionalen Berührung,*
*wenn etwas Stimmiges geschieht.*
*Nichts davon ist in den dürren*
*Theoriesätzen zu finden."*
(Drexler, 2015, S. 10)

Es geht um viel Liebe in Systemaufstellungen. Es geht in verdichteter Form um den guten Platz im Leben, um Leere und Fülle, Glück und Unglück, Geben, Nehmen und Ausgleich, um Bindung, Trennung, Verstrickung, Loyalität, Verlust und die Sehnsucht nach Zugehörigkeit, Würdigung, Annahme, das Geliebtwerden, das Lieben Anderer und die Selbstliebe. Es geht um die Verarbeitung von Angst und Schrecken, von Terror, Gewalt, von Schuld und Scham und Verantwortung – individuell und kollektiv. Es geht um das Gestern, das Heute, das Morgen, die Vielfalt des Reifens und Werdens und Eingebundenseins in Gesellschaft, Kultur und Universum. Es geht um das Kontinuum zwischen Leben und Tod mit alldem, was darauf passieren kann, und dem Finden von Glück mit einem „Gefühl der Freude und der Fülle" (Weber, 2013, S. 19). Es geht um das Öffnen und Empfangen, Spüren, Wahrnehmen und Bewusstwerden, Denken und Handeln, um die Unterbrechung von Altem für Neues. Es geht um Veränderung und Entwicklung. Es geht bei der Anwendung von Systemaufstellungen um sensible Prozessarbeit mit einem hohen Ausmaß an dynamischer Komplexität, mit der es sinnvoll und sprachgewandt umzugehen gilt. Das kann laut und ganz leise vor sich gehen.

Das klingt alles andere als wissenschaftlich? Was ist wissenschaftlich? Wissenschaftsphilosophisch betrachtet geht es der Wissenschaft vor allem darum, wissenschaftliche Denkgesetze zu finden und aufzustellen. Was die Ziele der Wissenschaft sind, wird seit jeher kontrovers diskutiert. In den Naturwissenschaften wird versucht, über empirische Methoden „objektive Aussagen" über unsere Welt zu finden, wozu auch gehört, bestimmte in ihr aufgefundene Phänomene zu erklären. In den Geistes- und Gesellschaftswissenschaften hingegen werden wissenschaftlich untersuchte Gegenstandsbereiche stets subjektbezogen beobachtet und interpretiert, ohne einen Anspruch von Objektivierung zu vertreten. Ganz gleich, um welche wissenschaftliche Disziplin es geht, allen gemeinsam ist, dass sie auf die Schaffung neuen Wissens abzielen und eine bestimmte Art der Zuverlässigkeit für ihre Aussagen in Anspruch nehmen. Sie beabsichtigen, über spezifische Wege ihres Vorgehens zufriedenstellende und als valide zu bezeichnende Ergebnisse im Sinne einer Erkenntnissicherheit zu erlangen.

Die Wissenschaft fragt danach, was erfüllt sein muss, damit eine bestimmte Aussage als gültig bzw. wahr akzeptiert werden kann und von welchen anderen Aussagen oder Phänomenen dies abhängt. Dabei ist die Validität wissenschaftlicher Aussagen relativ zu ihren Hintergrundannahmen. Steinbrink trifft in seinem Essay zum Thema „Was ist wissenschaftlich?" die Aussage: „Wenn die wissenschaftliche Forschergemeinde alles richtig gemacht hat, stellt sich Kohärenz zwischen allen Theorien, Hypothesen, phänomenologischen Gesetzen etc. und eine Übereinstimmung dieses gesamten Konstrukts mit der empirischen Basis ein. Ich wage zu behaupten, dass das dadurch gewährleistete Minimalziel der Zuverlässigkeit der Wissenschaft in den allermeisten Diskursen Konsens ist" (Steinbrink, 2015, S. 4).

Und kann auch die Liebe wissenschaftlich erforscht werden? Und wenn ja, wie? Das wird im Wissenschaftsdiskurs kontrovers beantwortet (vgl. Mees, 1997). Welche Erkenntnisse gibt es zum Verhältnis von Wissenschaft und Liebe? Bei meiner Recherche dazu fand ich vor allem Studien, die in diesem Zusammenhang über biochemische und neurologische Reaktionen, Botenstoffe im Gehirn, Hormone und dem Vergleich von Liebesrausch und Drogenrausch berichten. Bindungen zwischen Lebewesen können demnach biochemischen Reaktionen zugeordnet werden, und es kann der Einfluss von Hormonen wie zum Beispiel Oxytocin – natürlich ausgeschüttet oder künstlich verabreicht – auf das Bindungsverhalten bzw. Bindungsempfinden nachgewiesen werden. Ist Liebe also nur einfach Biochemie?

Laut Duden kann Liebe Folgendes bedeuten:[58]

- ein starkes Gefühl des Hingezogenseins bzw. eine starke, im Gefühl begründete Zuneigung zu einem (nahestehenden) Menschen;
- eine auf starker körperlicher, geistiger oder seelischer Anziehung beruhende Bindung an einen bestimmten Menschen, verbunden mit dem Wunsch nach Zusammensein, Hingabe o. Ä.;
- sexueller Kontakt, Verkehr;
- eine gefühlsbetonte Beziehung zu einer Sache, Idee o. Ä.;
- bei Verwendung ohne Plural in Redensarten „mit großer Sorgfalt und innerer Anteilnahme";
- Gefälligkeit, freundschaftlicher Dienst;
- ein geliebter Mensch.

---

[58] Vgl. Duden online unter https://www.duden.de/node/89682/revision/ 241931 (Abrufdatum: 05.07.2020).

Der Online-Duden zeigt dazu auch diese „Wortwolke“ (s. Abb. 14).[59]

Abb. 14: Typische Verbindungen zum Wort „Liebe“ aus dem Duden

Jule Specht (2014), Professorin an der Berliner Humboldt-Universität, hat in ihrer Veröffentlichung „Was wir aus wissenschaftlichen Studien für die Liebe lernen können“ eine „Dreieckstheorie der Liebe“ entwickelt, wonach drei Einflussgrößen zum Gefühl der Liebe beitragen: das Gefühl von Nähe und Verbundenheit, sexueller Leidenschaft und Verantwortung gegenüber dem geliebten Menschen. Im Jahr 2000 wurde Michael Lukas Moeller als erstem Preisträger der „Otto-Mainzer-Preis für die Wissenschaft von der Liebe“ verliehen, womit seine wissenschaftlichen Leistungen für das Verstehen der Bedingungen von Liebe und Sexualität gewürdigt wurden.

Die Zeitschrift „Forschung & Lehre – Alles, was die Wissenschaft bewegt“ hat in ihrer Dezemberausgabe von 2018 ein Heft zum Thema Liebe herausgegeben, in dem der Sozialpsychologe Hans-Werner Bierhoff aus sozialpsychologischer Perspektive Liebe als „eine Einstellung, die eine affektive (Zuneigung, Zärtlichkeitsgefühle, Leidenschaft, Freude in Bezug auf die geliebte Person), kognitive (Aufwertung und Idealisierung der geliebten Person) und Verhaltenskomponente (Annäherung an und Umarmung der geliebten Person) aufweist“ (Bierhoff, 2018, S. 1042), definiert.

---

[59] Vgl. Duden online unter https://www.duden.de/rechtschreibung/Liebe, abgerufen am 05.07.2020.

In der Kunst, Musik, Literatur und im Film findet die Liebe vielfältige Ausdrucksformen und zieht die Menschen an. Gibt es vielleicht ein individuelles und kollektives Suchen nach Erkenntnissen im Umgang mit der Liebe? Ein Lehrbuch oder Handbuch der Liebe lässt sich in Bibliotheksverzeichnissen bisher nicht finden, es könnte noch geschrieben werden. Der Autor Hanns-Josef Ortheil schreibt in seinem Buch „Die große Liebe“:

> […], was ist passiert, als er verschwunden war? fragte sie, erst als er verschwunden war, kam plötzlich der Moment, in dem ich dachte, ich habe mich gerade verliebt. Gab es das? fragte sie, gab es das wirklich, einen ganz bestimmten Moment? Ja, sagte ich, ich weiß es noch genau, Du sagtest *Es ist schön hier mit Ihnen*, genau das war der Moment, *es ist schön hier mit Ihnen* hörte ich und hatte das Gefühl, als öffnete sich irgendwo eine kleine, winzige Tür, sie sprang plötzlich auf, und ich stand auch schon auf der anderen Seite, es war ein Sprung, Zauberei, ich konnte nicht mehr zurück. Seltsam, antwortete sie, auch bei mir begann es genau in diesem Moment, *es ist schön hier, nicht wahr?* wollte ich fragen, dann rutschte mir der Satz aber aus, und ich sagte, *es ist schön hier mit Ihnen*, einen Moment war ich sehr irritiert, ich saß da, als hätte ich einen furchtbaren, peinlichen Fehler begangen, doch dann dachte ich, was schämst Du Dich jetzt, es stimmt doch, es ist schön, hier mit ihm zu sitzen. (Ortheil, 2003, S. 14; Hervorhebungen im Original)

Im Allgemeinen wird mit Liebe das schönste, leidvollste und wichtigste Gefühl verbunden, das Menschen erleben können, und ihre Kategorien sind vielfältig: Partnerliebe, Elternliebe, Geschwisterliebe, Freundesliebe, Selbstliebe, Liebe zur Natur, zu Tieren, zur Arbeit, zu Lebendigem und Nichtlebendigem, zu all dem, wohin sich Menschen intensiv hingezogen fühlen können, gleichsam einer Hinwendungsenergie. Liebe gilt als Phänomen und wird, bezogen auf manche ihrer Aspekte, epochenabhängig und kulturabhängig unterschiedlich gestaltet, erlebt und interpretiert. Schon lange wird als Metapher und Symbol für die Liebe das Herz gewählt. Es gibt sie in wahrgenommener Fülle und Leere. Ein absoluter Mangel an Liebe bedroht das Überleben, sagt die Evolutionspsychologie (vgl. Buss, 2004).

In dem sehr alten Buch der Bibel (2017) findet sich das „Hohelied der Liebe“ (1. Korinther 13), das auch ohne Konfessionsbezug eine weitere tiefgehende Perspektive über das Verhältnis von Liebe und Erkenntnis zum Ausdruck bringt:

> Wenn ich mit Menschen- und mit Engelzungen redete und hätte der Liebe nicht, so wäre ich ein tönendes Erz oder eine klingende Schelle. Und wenn ich prophetisch reden könnte und wüsste alle Geheimnisse und alle Erkenntnis und hätte allen Glauben, sodass ich Berge versetzen könnte, und hätte der Liebe nicht, so wäre ich nichts. Und wenn ich alle meine Habe den Armen gäbe und meinen Leib dahingäbe, mich zu rühmen, und hätte der Liebe nicht,

> so wäre mir's nichts nütze. Die Liebe ist langmütig und freundlich, die Liebe eifert nicht, die Liebe treibt nicht Mutwillen, sie bläht sich nicht auf, sie verhält sich nicht ungehörig, sie sucht nicht das Ihre, sie lässt sich nicht erbittern, sie rechnet das Böse nicht zu, sie freut sich nicht über die Ungerechtigkeit, sie freut sich aber an der Wahrheit; sie erträgt alles, sie glaubt alles, sie hofft alles, sie duldet alles. Die Liebe höret nimmer auf, wo doch das prophetische Reden aufhören wird und das Zungenreden aufhören wird und die Erkenntnis aufhören wird. Denn unser Wissen ist Stückwerk und unser prophetisches Reden ist Stückwerk. Wenn aber kommen wird das Vollkommene, so wird das Stückwerk aufhören. Als ich ein Kind war, da redete ich wie ein Kind und dachte wie ein Kind und war klug wie ein Kind; als ich aber ein Mann wurde, tat ich ab, was kindlich war. Wir sehen jetzt durch einen Spiegel in einem dunklen Bild; dann aber von Angesicht zu Angesicht. Jetzt erkenne ich stückweise; dann aber werde ich erkennen, gleichwie ich erkannt bin. Nun aber bleiben Glaube, Hoffnung, Liebe, diese drei; aber die Liebe ist die größte unter ihnen.

Der Japaner Masaru Emoto forschte im Gebiet der alternativen Medizin und befasste sich dabei mit dem „Geheimnis des Wassers“ und entdeckte dabei eine Resonanz bezogen auf die Liebe. Er machte kleinste Muster in gefrorenen Wassertröpfchen sichtbar und beobachtete und analysierte ihre Veränderungen mittels magnetischer Resonanztechnologie, nachdem er dem Wasser bestimmte Botschaften zugewiesen hatte. Er vertritt die Idee, dass Wasser sowohl mit dem individuellen als auch kollektiven Bewusstsein eng verbunden ist. Gleichwohl gelten seine Annahmen in der klassischen Wissenschaft als fragwürdig, da sie die dort geltenden Qualitätsanforderungen nicht erfüllen und seine Erkenntnisse empirisch nicht haltbar sind.

Das auf der nächsten Seite abgebildete Foto zeigt ein von Emoto dokumentiertes gefrorenes Wasserkristall, das vorab 24 Stunden lang den Worten Liebe und Dankbarkeit (in japanisch) ausgesetzt war. Emoto schrieb zu diesem Bild: „The biggest catalyst for me was gazing upon the crystal of love and gratitude. Water taught me that those words shine most beautifully. In fact, I think they're the key words in the coming age of the great transition. Love and gratitude make up the essence of life“ (Emoto, 2010, S. 16; vgl. auch Bachmann, 2006) (s. Abb. 15).

Als ein ganz großer Repräsentant der Wissenschaft gilt Albert Einstein. Er soll über den Zusammenhang zwischen Liebe und Wissenschaft gesagt haben: „Die wichtigste Erkenntnis meines Lebens ist die, dass wir in einem liebenden Universum leben“. Und: „Der Fortgang der wissenschaftlichen Entwicklung ist im Endeffekt eine ständige Flucht vor dem Staunen“ (Einstein, 2015, o. S.).

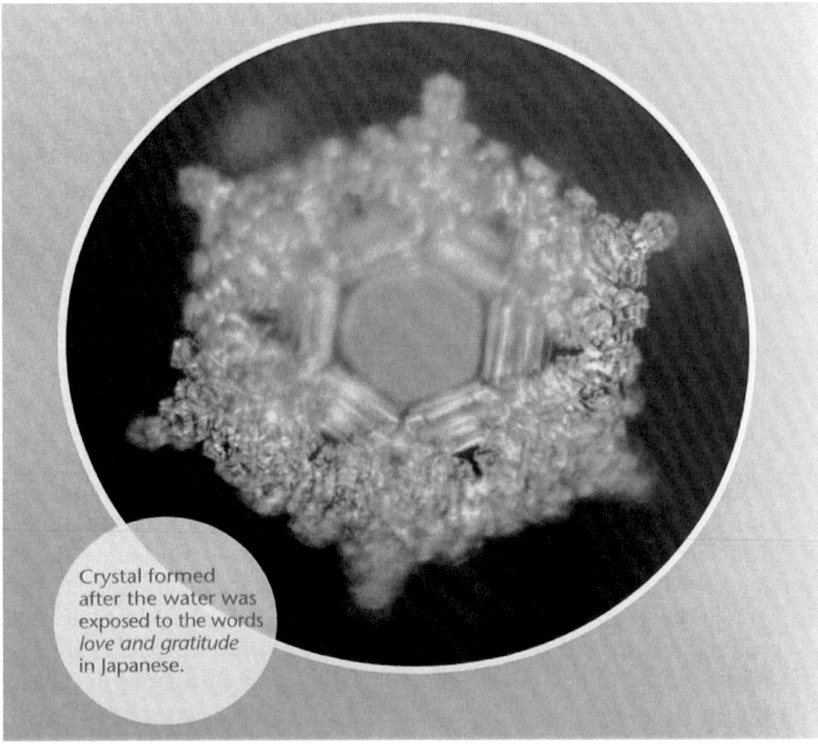


Abb. 15: Wasserkristall „Love and Gratitude“ (Quelle: Emoto, 2010, S. 14)

In Systemaufstellungen entstehen vielerlei Resonanzen. Es lassen sich dabei zahlreiche Informationen über die Liebe, über die Wirkungen von Bindungen im Zusammenhang mit Ereignissen und ihren Spuren, die sie hinterlassen, sowie die Wünsche, die sich mit ihnen verbinden, wahrnehmen, lernen und erforschen. Dies ist eine Form der Wissensvermittlung und Erkenntnisbildung zu einem großen Thema, das sich in dynamischen Zusammenhängen befindet. Systemaufstellungen erzeugen hilfreiche Erkenntnisse für Entwicklungs- und Veränderungsprozesse, ganz gleich, für welche System-Konstellation. In ihnen zeigen sich sowohl verallgemeinerbare als auch spezifische Aspekte. Sie enthalten ein interessantes und emotionales Erkenntnispotenzial, welches sich in vielerlei Richtungen weiter erforschen ließe. Das Verlangen ihrer weiteren Ergründung ist das eine und das andere die Faszination des Erlebens ihrer Wirkung.

# 20. Resümee und Ausblick

Der Erkenntnisgewinn dieser Forschungsarbeit kann sowohl für die wissenschaftliche Aus- und Weiterbildung in Beratungs- und Therapieberufen als auch für die Weiterbildungs-, Therapie- und Beratungsforschung sowie ihrer jeweiligen Praxisfelder interessant sein.

In Zeiten kompetenzorientierten Lernens gewinnt die reflexive Beschäftigung mit der eigenen Person im Kontext ihrer Geschichte, ihrer aktuellen Situation und den von ihr mittels Professionalisierungszielen angestrebten Veränderungen zunehmend an Bedeutung. Systemaufstellungen als angewandte Methode in Weiterbildungsprozessen sind dafür besonders geeignet, wie im Rahmen dieser Bearbeitung deutlich wurde. Die persönliche und professionelle Entwicklung der Beteiligten hat durch diese Intervention innerhalb kürzester Zeit einen entscheidenden Anschub mit langanhaltender Resonanz erhalten. Die hier vorgestellten Ergebnisse im Kontext einer dreijährigen Verlaufsstudie sowie einer Nachbefragung nach zwei weiteren Jahren zum subjektiven Erleben von Systemaufstellungen bei angehenden und fertig ausgebildeten Supervisoren, Coaches und Organisationsentwicklern beschreiben und belegen diesen als wirksam zu bezeichnenden Einfluss. Ebenso zeigt die vorliegende Bearbeitung, wie im Prozess der Anwendung von Systemaufstellungen die als evident geltenden Wirkfaktoren in der Psychotherapieprozessforschung sowie das ihnen innewohnende emergente Theoriemodell infolge des Zusammenspiels ihrer Eigenschaften erkennbar werden können. Unterstellt bleibt dabei weiterhin die grundsätzliche Unvollständigkeit der Erklärung komplexer Systeme, wie sich auch Systemaufstellungen begreifen lassen können.

Das Angebot von Systemaufstellungen, so ließe sich auf der Basis dieser Ergebnisse ableiten, erzeugt ein Bildungsklima, das wesentliche Erkenntnisse der pädagogisch-psychologischen Lehr- und Lernforschung und der Veränderungsprozessforschung enthält und darüber hinaus aufgrund seiner innovativen Charakteristik auch neue Anhaltspunkte liefert. Systemaufstellungen ermöglichen ein schöpferisches Tun; auch wenn dieser Begriff vielleicht etwas altmodisch klingt, so bezeichnet er doch die schöne Verbindung aus Kreativität und Gestaltungskraft mit dem gewissen Etwas, das hinzukommt, ohne dass man das zuvor wissen kann, und etwas Neues entstehen lässt, dem meist auch eine Harmonie und Schönheit oder auch Kunstvolles attestiert wird. Im Prozess der Entstehung verwandelt sich etwas, und etwas Neues kommt in die Sinneswelt hinein.

> So ist es immer, wenn man sich für das künstlerische Schaffen oder überhaupt für das menschliche Schaffen hingibt an die schaffenden Kräfte der Natur. Wie die schaffenden Kräfte der Natur selber gleichsam aus einem Unendlichen heraus arbeiten, so daß man immer viel mehr herausfinden kann aus dem, was entsteht, als dasjenige ist, was man zunächst hineingelegt hat, so ist es, wenn man sich beim künstlerischen Schaffen mit den schöpferischen Kräften und Mächten der Natur verbindet. Man führt dann nicht nur engbegrenzte Impulse aus, sondern man kommt dazu, daß man zuletzt eine Art von Werkzeug wird für die schöpferischen Mächte der Welt und daß eben viel mehr aus der Sache herauswächst, als man ursprünglich beabsichtigen konnte. (Steiner, 1923, S. 21)

Die Wechselwirkungen aus persönlicher Selbsterfahrung und daraus subjektiv abgeleitetem Erkenntnisgewinn für die sich individuell entwickelnde Persönlichkeit und professionelle Identität und Performanz im Handlungsfeld bilden sich in den Aussagen der Beforschten in erstaunlichem Ausmaß ab. Sie beschreiben ein komplexes Wirkungsfeld von Bildungsentwicklung, in dem neues ex- und implizites Wissen insbesondere auf essenziellen, die Methodik tragenden Fachebenen wie Haltung und Prozessführungskompetenzen mit einem vertieften Verständnis individueller und kontextueller Konflikt- und Veränderungsdynamiken entstanden ist. Die sich in der Nachbefragung zeigende langanhaltende Wirkung bestätigt zudem die Bedeutung dieses emotionsfokussierten didaktisch-methodischen Angebotes und seiner damit einhergehenden Transformationsprozesse sowie seine Vollwertigkeit für den ganzen Menschen in Privat- und Berufsleben. Systemaufstellungen liefern in gewisser Weise Entwicklungsbausteine in Form wichtiger Nährstoffe, die in angemessener Dosis aufgenommen Wachstum und Reifegrad fördern. Daraus können hilfreiche Vorgänge der Umwandlung und gesunden Weiterentwicklung resultieren.

Erwachsenenbildungsprozesse im Kontext von (psychosozialer) Aus- und Weiterbildung mit Systemaufstellungen lassen Lehren und Lernen sehr konkret und Universitäten bzw. Bildungsstätten persönlich, nahbar und ökologisch werden. Für Professionalisierungsziele, bei denen die fachkompetente Arbeit mit Menschen und Organisationen im Mittelpunkt steht, erscheint das als eine sehr angemessene und sinnvolle Voraussetzung. Wissensvermittlung, Erkenntnisgewinnung, Transfer und persönliche Entwicklung gehen dabei Hand in Hand. Auf der Basis einer humanistisch orientierten Haltung trägt die Schulung emotionaler Intelligenz und systemdynamischer Kompetenzen zum Wachstum von Beziehungs- und Reflexionsfähigkeiten im Umgang mit der eigenen Person und in der Beziehung mit anderen Menschen bei. Eine solche Bildungskultur erhält darüber eine starke Bedeutung für die Entwicklung von Einzelnen in Anbindung an die Gesellschaft.

Auf diese Weise können sich wechselseitige Absichten und Fähigkeiten synchronisieren und weitere Zugänge zu einem erfüllten Leben für sich selbst und für die Gemeinschaft eröffnen. Die Begegnung mit sinnerfüllten Bildungsorten, die intensive persönliche Momente beinhalten, kann dem Leben weitere Orientierung geben. Mit der Erinnerung an einen solchen Ort verbindet sich individuell vielfach ein Wendepunkt im Verständnis der Dinge und eine Bewusstwerdung sowie Ordnung von Gedanken und Gefühlen, was zu einer stabilen Basis mit guten Zukunftsaussichten beitragen kann.

Systemaufstellungen lassen als eine mögliche Form der Interventionspraxis Veränderungsprozesse lebendig erfahrbar werden, können neue Perspektiven eröffnen und in einer transparenten, respektvollen sowie interessanten Atmosphäre dazu anregen, die subjektiv bedeutsamen Fragen zu stellen und hilfreiche Antworten darauf zu finden. Sie können zudem als Bestandteil einer anliegenbezogenen, verantwortungsbewussten Handlungs- und Aktionsforschung bzw. partizipativen Forschungspraxis betrachtet werden, worüber eine besondere Nähe zwischen Theorie und Praxis hergestellt wird (vgl. Moser, 2008; Unger, 2013; Zuber-Skerritt, 2012; Zuber-Skerritt & Teare, 2013). Dabei werden interdisziplinäre theoretische Annahmen praxisnah und verbinden sich mit sinnlich-erfahrbarem Veränderungsprozessgeschehen im Sinne erwünschter und attraktiver Neuausrichtungen und dem Wachrufen bisher noch nicht gekannter Informationen. Dies stellt im Sine einer transdisziplinären Wissensgenerierung eine Win-Win-Situation für Theorie und Praxis dar. Durch Berührung und Beobachtung in interaktionellen Austauschprozessen können Wechselwirkungsprozesse zwischen der subjektiven und kollektiven sozialen Wirklichkeit neu verstanden und verändert werden. Über diese Erfahrungen entstehen Zuwächse an Verständnis und Handlungsoptionen und eine sinnvolle Einordnung des Ganzen (vgl. hierzu auch das Kohärenzgefühl und Modell der Salutogenese von Antonovski, 1997). Gerade auch in Weiterbildungsprozessen insbesondere für beratende Handlungsfelder, wie sie hier beispielhaft untersucht wurden, ist dies von großer Bedeutung, da diese Tätigkeiten eine Form der Zusammenarbeit zwischen Menschen in unterschiedlichen dynamischen Zusammenhängen moderner Gesellschaften und dem dazugehörigen sozialen Wandel repräsentieren. Jede individuelle Geschichte eines Menschen oder einer Organisation ist ein Teil davon, und ihre Resonanz bestimmt die Prozessverläufe mit. Die sich mittels Systemaufstellungen gestaltende Lernumgebung spürt auf, was Entwicklung hemmt, was die tiefere Bedeutung dieser Hemmnisse im Zusammenhang mit ihren Einflussgrößen ist und wandelt die Beschäftigung mit Hindernissen in wertvolle Erkenntnisse, die sinnvolle Beiträge für Leben,

Arbeiten und Bildung sein können. Systemaufstellungen in Weiterbildungsprozessen nähren damit auch das Verständnis eines gefühlvollen globalen Kompetenzbegriffes.

Es dürfte sich lohnen, Systemaufstellungen noch umfassender und vertiefter interdisziplinär zu erforschen, zu reflektieren und ihre professionelle Anwendung zu unterstützen, um ihr Wirkungspotenzial sinnvoll in geeigneten Kontexten zur Verfügung zu stellen. Diese Veröffentlichung versteht sich als beispielhafter Bestandteil eines prozessoffenen zirkulären Diskurses und möchte zur Reflexion und Weiterentwicklung von Systemaufstellungen in ihren vielfältigen Anwendungsfeldern beitragen.

Können also Systemaufstellungen einen Quantensprung in Weiterbildungsprozessen bewirken? Mit diesem Buch liegt zu dieser Frage erstmals ein umfassender Einblick in das subjektive Erleben von Systemaufstellungen in Weiterbildungsprozessen vor. Ihre von den Teilnehmenden empfundene Wirkung gleicht einem Quantensprung im umgangssprachlichen Sinne eines bemerkenswerten Fortschritts, der die persönliche und fachliche Entwicklung innerhalb kürzester Zeit ein sehr großes Stück vorangebracht hat, wobei dieser Effekt über lange Zeit bestehen bleibt und als ein erfolgreicher erinnerbarer Impulsgeber auch die weitere Entwicklung positiv stimuliert.

# Literatur


Achleitner, K. (2017). Ursachenforschung in der Therapie durch verdeckte Aufstellungsarbeit. Masterarbeit. Campus am Interuniversitären Kolleg für Gesundheit und Entwicklung. Universidad Central de Nicaragua, Graz.

Aguilar-Raab, C., Grevenstein, D., Gotthardt, L., Jarczok, M. N., Hunger, C., Ditzen, B. & Schweitzer, J. (2018). Changing me, changing us: Relationship quality and collective efficacy as major outcomes in systemic couple therapy. Family Process, 57(2), 342–358.

Ajdukovic, M., Cajvert, L., Judy, M., Knopf, W., Kuhn, H., Madai, K. & Voogd, M. (2015). ECVision. Ein europäisches Kompetenzprofil für Supervision und Coaching. Wien.

Alex, K. (2016). Mein Körper erinnert sich. Symptomaufstellungen lassen Gefühle sprechen. 3. Auflage. Gollenshausen: Verlagshaus Alex.

Ameln, F. & Kramer, J. (Hg.). (2016). Organisationen in Bewegung bringen. Berlin, Heidelberg: Springer.

Amtsblatt der Europäischen Union (2017, Juni). Empfehlung des Rates vom 22. Mai 2017 über den Europäischen Qualifikationsrahmen für lebenslanges Lernen und zur Aufhebung der Empfehlung des Europäischen Parlaments und des Rates vom 23. April 2008 zur Einrichtung des Europäischen Qualifikationsrahmens für lebenslanges Lernen. Verfügbar unter https://www.dqr.de/media/content/EQR_Empfehlung_2017de.pdf

Antonovsky, Aaron (1997). Salutogenese: Zur Entmystifizierung der Gesundheit. Tübingen: dgvt.

APA (2006). Presidential Task Force on Evidence-Based Practice. Evidence-Based Practice in Psychology. In: American Psychologist 61, 4, S. 271–285. Verfügbar unter https://www.apa.org/pubs/journals/features/evidence-based-statement.pdf

Arbeitskreis Deutscher Qualifikationsrahmen (AK DQR) (2011, März). Deutscher Qualifikationsrahmen für lebenslanges Lernen. Verfügbar unter https://www.dqr.de/media/content/Der_Deutsche_Qualifikationsrahmen_fue_lebenslanges_Lernen.pdf

Arnold, M. (2002). Aspekte einer modernen Neurodidaktik: Emotionen und Kognitionen im Lernprozess. Dissertation. München: Vögel.

Arnold, R. (2018). Wie man lehrt, ohne zu belehren. 29 Regeln für eine kluge Lehre. Das LENA-Modell. 4. Auflage. Heidelberg: Carl Auer.

Arnold, R. & Erpenbeck, J. (2014). Wissen ist keine Kompetenz. Dialoge zur Kompetenzreifung. Baltmannsweiler: Schneider Hohengehren.

Asen, E. & Fonagy, P. (2014). Mentalisierungsbasierte therapeutische Interventionen für Familien. In: Familiendynamik 39 (3), 234–249.

Bachmann, K. (2006). Wasser. $H_2O$ ist nicht zu fassen: Wie Forscher versuchen, die Rätsel des exzentrischen Elements zu entschlüsseln. In: Geo, Jg. 31, 7.

Balint, M. & Balint, E. (1976). Psychotherapeutische Techniken in der Medizin. 2. Aufl. Stuttgart: Klett.

Ballreich, R., Ciompi, L., Glasl, F. & Schlippe, A. (2016). Die Macht der Emotionen. Affektlogik im Konflikt und in der Konfliktbearbeitung. 4 DVD-Videos (587 min). Stuttgart: Concadora Verl.

Bandura, A. (1976). Lernen am Modell. Ansätze zu einer sozialkognitiven Lerntheorie. Stuttgart: Klett.

Bandura, A. (1979). Sozialkognitive Lerntheorie. Stuttgart: Klett-Cotta.

Bandura, A. (1992). Self-efficacy mechnism in psychobiologic functioning. In: Self-efficacy: thought control of action. Bristol:Taylor & Francis, 355–394.

Bandura, A. (2012). Self-efficacy. The exercise of control. 13. printing. New York: Freeman.

Bänninger-Huber, E. (2002). Psychotherapieforschung. Stiefkind Prozessforschung. In: Deutsches Ärzteblatt (4), 153–154.

Bariso, J. (2018). EQ applied. The real World-Guide to Emotional Intelligence: Borough Hall Germany. Verfügbar unter https://static1.squarespace.com/static/583c6b966a49631ee358baae/t/5e6fc2a18f982c29ebe046ac/1584382656868/EQApplied.pdf

Bariso, J. (2019). EQ- Emotionale Intelligenz. Wie es im Privat- und Berufsleben gelingt, emotionale Reaktionen zu kontrollieren und Emotionen sinnvoll zu nutzen. München: Vahlen.

Barton, A. & Lazarsfeld, P. (1979). Einige Funktionen von qualitativer Analyse in der Sozialforschung. In: Christel Hopf (Hg.). Qualitative Sozialforschung. Stuttgart: Klett-Cotta, 41–89.

Bastian, J., Combe, A. & Langer, R. (2016). Feedback-Methoden: Erprobte Konzepte, evaluierte Erfahrungen. 4. Aufl. (Qualitative Sozialforschung). Stuttgart: Klett-Cotta.

Bateson, G. & Holl, H. G. (2005). Geist und Natur. Eine notwendige Einheit. Frankfurt am Main: Suhrkamp.

Bateson, G. & Holl, H. G. (2017). Ökologie des Geistes. Anthropologische, psychologische, biologische und epistemologische Perspektiven. Frankfurt am Main: Suhrkamp.

Bauer, J. (2011). Warum ich fühle, was du fühlst. Intuitive Kommunikation und das Geheimnis der Spiegelneurone. 16. Aufl. München: Heyne.

Bauer, J. (2014). Das Gedächtnis des Körpers.Gekürzte Ausgabe. Leipzig: Lagato Verl.

Bauer, J. (2015). Selbststeuerung: Die Wiederentdeckung des freien Willens. 3. Aufl. Wien: Huber.

Bauer, J. (2019). Wie wir werden, wer wir sind. Die Entstehung des menschlichen Selbst durch Resonanz. München: Blessing.

Bauer, P. & Weinhardt, M. (Hg.). (2020). Systemische Kompetenzen entwickeln. Grundlagen, Lernprozesse und Didaktik. Göttingen: Vandenhoeck & Ruprecht.

Bauer, U., Bittlingmayer, U. H. & Scherr, A. (Hg.). (2012). Handbuch Bildungs- und Erziehungssoziologie. Wiesbaden: Springer VS.

Bauer-Bäck, S. (2008). Möglichkeiten und Grenzen systemischer Aufstellungen in der Sozialen Arbeit. Diplomarbeit. Fachhochschule St. Pölten.

Baumann, S. (2019). Systemische Therapie wird viertes Richtlinienverfahren. In: Psychotherapeutenjournal, 42–46.

Baumert, J. & Kunter, M. (2006). Stichwort: Professionelle Kompetenz von Lehrkräften. In: Zeitschrift für Erziehungswissenschaft 9 (4), 469–520. Online verfügbar unter http://www.schulentwicklung.bayern.de/unterfranken/userfiles/SETag2010/Baumert.pdf

Baur, J., Berker, P. & Nemann, M. (Hg.). (2015). Supervision in der Beobachtung: Forschungs- und praxisbezogene Perspektiven. Opladen: Budrich.

Baxa, G. L. (2001). Aufstellungen als Übergangsritual. In: Derselbe Wind lässt viele Drachen steigen: systemische Lösungen im Einklang. Heidelberg: Auer-Systeme, 130–142.

Baxa, G. L. (Hg.). (2004). Verkörperungen. Systemische Aufstellung, Körperarbeit und Ritual. 2., erw. Aufl. Heidelberg: Auer-Systeme.

Beck, D. E. & Cowan, C. (2014). Spiral Dynamics. Mastering Values, Leadership and Change. New York, NY: John Wiley & Sons.

Becker, U. & Kingreen, T. (2018). SGB V – Recht des öffentlichen Gesundheitswesens: Textausgabe, 20. Aufl., Stand: 7. März 2018. Sonderausgabe, dtv Beck-Texte im dtv, Vol. 5559. München: dtv.

Beermann, A. (2020). Veränderungsprozesse professioneller und persönlicher Entwicklung. Wirkfaktoren und Wirkungsweisen in Professionalisierungsprozessen am Beispiel von Supervisoren, Coaches und Organisationsentwicklern. Göttingen: V & R Unipress.

Beesdo-Baum, K. (2011). Ressourcenaktivierung. In: Wittchen, H.-U. & Hoyer, J. (Hg.). Klinische Psychologie & Psychotherapie. 2. Aufl. 491–502. Berlin, Heidelberg: Springer.

Benecke, C., Frank, C., Kläui, C., List, E., Will, H., Gast, L. et al. (2016). Psychoanalyse im 20. Jahrhundert. Freuds Nachfolger und ihr Beitrag zur modernen Psychoanalyse. Stuttgart: Kohlhammer. Online verfügbar unter http://www.content-select.com/index.php?id=bib_view&ean=9783170284296

Benner, D. (2003). Wilhelm von Humboldts Bildungstheorie. Eine problemgeschichtliche Studie zum Begründungszusammenhang neuzeitlicher Bildungsreform. 3., erw. Aufl. Weinheim: Juventa.

Bents, H. (Hg.). (1996). Erfolg und Mißerfolg in der Psychotherapie. Regensburg: Roderer.

Berger, P. L., Luckmann, T. & Plessner, H. (2018). Die gesellschaftliche Konstruktion der Wirklichkeit. Eine Theorie der Wissenssoziologie. 27. Auflage. Frankfurt am Main: Fischer Taschenbuch (Fischer, 6623).

Berreth, A. (2009). Organisationsaufstellung und Management. Zugl.: Basel, Univ., Diss., 2008 u. d. T.: Berreth, Andrea: Methodische Innovationen und ihre Lesarten. Heidelberg: Systemische Forschung im Carl-Auer-Verl.

Bestermann, J. (2019). Stakeholderbasierte Ermittlung und Auswahl von Nachhaltigkeitsindikatoren: Fallstudie und Systemaufstellung in einem Unternehmen der Bio-Lebensmittelbranche. Dissertation, Universität Bremen.

Bierhoff, H.-W. (1980). Hilfreiches Verhalten. Stuttgart: UTB.

Bierhoff, H.-W. (2018). Stile der Liebe. Die Sicht eines Psychologen. In: Forschung & Lehre, 12, 2018, 1042–1044.

Bierhoff, H.-W. & Frey, D. (2011). Sozialpsychologie – Individuum und Soziale Welt. Göttingen: Hogrefe.

Bieri, P. (2005). Wie wäre es, gebildet zu sein? Pädagogische Hochschule Bern. Bern, 04.11.2005. Verfügbar unter http://futur-iii.de/wp-content/uploads/sites/6/2015/05/Bieri- Bildung.pdf

Bion, R. W. & Beland, H. (2018). Erfahrungen in Gruppen und andere Schriften. 5. Auflage. Stuttgart: Klett-Cotta.

Birke, B. (Hg.). (2012). Qualitätsentwicklung der Weiterbildung an Hochschulen. Österreichische Qualitätssicherungsagentur. Wien: facultas.

BMBF (Bundesministerium für Bildung und Forschung) (Hg.). (2011). Deutscher Qualifikationsrahmen für Lebenslanges Lernen. Verabschiedet vom Arbeitskreis Deutscher Qualifikationsrahmen (AK DQR) am 22. März 2011. Arbeitskreis Deutscher Qualifikationsrahmen für Lebenslanges Lernen; Deutschland; Ständige Konferenz der Kultusminister der Länder in der Bundesrepublik Deutschland. Online verfügbar unter http://www.akkreditierungsrat.de/fileadmin/Seiteninhalte/Sonstige/BMBF_DQR_aktuell.pdf

Boeckh, A., Gahleitner, S. B., Hüsgen-Adler, M., Kolbe, C., Kriz, J., Längle, A., Wardetzki, B, (2019), Fühlen und Erleben in der Humanistischen Psychotherapie. Originalausgabe. Gießen: Psychosozial.

Boeger, A. (2018). Psychologische Therapie- und Beratungskonzepte: Theorie und Praxis. 3. Aufl., Stuttgart: Kohlhammer.

Böhle, F. (2016). Körpergedächtnis jenseits von sensomotorischer Routine und nur subjektiver Bedeutsamkeit. In: M. Heinlein, O. Dimbath, L. Schindler & P. Wehling (Hg.). Der Körper als soziales Gedächtnis. Wiesbaden: Springer VS (Memory Studies), 19–47.

Bohnsack, F. (2008). Martin Bubers personale Pädagogik. Bad Heilbrunn: Klinkhardt (Schriftenreihe zur Humanistischen Pädagogik und Psychologie).

Bollas, C. (1997). Der Schatten des Objekts. Das ungedachte Bekannte. Zur Psychoanalyse der frühen Entwicklung. Stuttgart: Klett-Cotta.

Bordin, E. S. (1979): The generalizability of the psychoanalytic concept of the working alliance. Psychotherapy: Theory, Research and Practice, 16, S. 252-260. APA Psychnet.

Boring, F. M. & Offermanns, N. (2009). Botschaften aus dem indigenen Feld. Rituelle Elemente und Zeremonien in Systemaufstellungen. Heidelberg: Auer-Verl. (Systemaufstellungen).

Borst, U. (2020). Systemische Therapietheorie und Fallkonzeption. In: Familiendynamik, 45, 2, S. 97, Stuttgart: Klett-Cotta.

Bortz, J. & Döring, N. (2015). Forschungsmethoden und Evaluation: Für Human- und Sozialwissenschaftler, 5. Aufl. (Springer-Lehrbuch). Berlin: Springer.

Boszormenyi-Nagy, I., Spark, G, M. & Gangloff, S. A. (2015). Unsichtbare Bindungen. Die Dynamik familiärer Systeme. 10. Aufl. Stuttgart: Klett-Cotta.

Botton, A. de (2019). Ein sinnvolles Leben. The School of Life. 1. Auflage. München: Süddeutsche Zeitung Edition.

Bourquin, P. & Nazarkiewicz, K. (Hg.). (2018). Einflüsse der Welt. Individuelles Schicksal im kollektiven Kontext. Praxis der Systemaufstellung. Göttingen: Vandenhoeck & Ruprecht (Jahrbuch der Deutschen Gesellschaft für Systemaufstellungen).

Bowlby, J. (2018). Trennung. Angst und Zorn. 2. Auflage. München: Ernst Reinhardt Verl. (Bindung und Verlust/John Bowlby; Band 2).

Bowlby, J. & Andres, M. (2016). Frühe Bindung und kindliche Entwicklung. 7. Auflage. München, Basel: Ernst Reinhardt Verl.

Brackett, M. (2019). Permission to Feel: Unlocking the Power of Emotions to Help Our Kids, Ourselves, and Our Society Thrive. New York: Celadon Books.

Brackwehr, L. & Mayer, C.-H. (2015). Der Einsatz von Aufstellungsarbeit in der Mediation. Eine qualitative Studie über Anwendungsbeispiele aus der Praxis. Frankfurt M., Bern u. a.: PL Academic Research (Studien zur interkulturellen Mediation, Bd. 6).

Brandstätter, V., Schüler, J., Puca, R. M. & Lozo, L. (2018). Motivation und Emotion: Allgemeine Psychologie für Bachelor (Springer Lehrbuch). Berlin: Springer.

Bremer H. (2016): Sozialisationstheorie und Erwachsenenbildung. In: Tippelt, R., von Hippel, A. (Hg.), Handbuch Erwachsenenbildung/Weiterbildung. Springer VS, Wiesbaden, 1–18.

Breuer, H. (2018). Personalmarketing für die Generation Z. Eine systemische Analyse unter Anwendung einer Systemaufstellung. Bachelorarbeit. Universität Bremen. Verfügbar unter https://uni-bremen.de/fileadmin/user_upload/fachbereiche/fb7/nm/Dokumente/E_Schrifenreihe_2018_05.pdf

Brisch, K. H. (Hg.). (2017). Bindung und seelische Entwicklungswege. Grundlagen, Prävention und klinische Praxis. 4 Auflage. Stuttgart: Klett-Cotta.

British Psychological Society, Annual meeting of the British Psychological Society (1992). Self-efficacy: thought control of action. [s.l.], Bristol, Pa.: Taylor and Francis.

Broich, J. D. (2011). Kulturtheorie und Kulturkritik in Sigmund Freuds „Das Unbehagen in der Kultur". Digitale Originalausgabe. München: Grin Verlag.

Brun, E. (2005). Les Constellations Familiales: une nouvelle approche thérapeutique. Effets générés par la mise en place d'une Constellation Familiale à court et moyen terme. Dissertation. Université Catholique de Paris, Lyon. Ecole de Psychologues Practiciens. Online verfügbar unter https://www.yumpu.com/fr/document/read/45888206/estelle-brun-resume-des-resultats-significatifs-et-arte-systemica

Buchholz, M. B. & Gödde, G. (2006). Das Unbewusste in der Praxis. Erfahrungen verschiedener Professionen. Orig.-Ausg. Gießen: Psychosozial-Verl. (Das Unbewusste, ein Projekt in drei Bänden).

Buhr, F. (2017). Das Potenzial einer Work-Family-Balance für die Entwicklung von Unternehmen – eine innovative Analyse mithilfe von Systemaufstellungen. Dissertation. Münster: Lit Verlag.

Bulling, K. (2019). The Systems Constellation as an Instrument for Change Agents: A Case Study, General Conceptual Model and Exploration of Intervention Effects. Wiesbaden: Springer Gabler (Systemaufstellungen in Wissenschaft und Praxis).

Buss, D. M. (2004). Evolutionäre Psychologie. Pearson Studium: München.

Buschfeld, D. & Cleef, M. (Hg.). (2018). Vielfalt des Lernens im Rahmen berufsbezogener Standards. Münster, New York: Waxmann (Beiträge zur Schulentwicklung).

Callsen-Bracker, L. (2018). Die Funktion von Spiegelneuronen. Fachhochschule Kiel, Fachbereich Soziale Arbeit und Gesundheit.

Caspar, F. & Lieb, K. (2017): Psychotherapieforschung. In: Psychotherapie: Funktions- und störungsorientiertes Vorgehen. München: Elsevier, 653–666.

Castonguay, L. & Beutler, L. E. (2006). Principles of therapeutic change: a task force on participants, relationships and techniques factors. Journal Clinic Psychology, 62, 6, 631–638, American Psychological Association.

Castonguay, L. & Muran, C. (2015). Fostering collaboration between researchers and clinicians through building practice-oriented research: An introduction. Psychotherapy Research, 25, 1–5. American Psychological Association.

Cendon, E. (Hg.). (2016). Theorie und Praxis verzahnen. Lebenslanges Lernen an Hochschulen. Münster: Waxmann (Ergebnisse d. wissenschaftlichen Begleitung des Bund-Länder-Wettbewerbs Aufstieg duch Bildung: offene Hochschulen, Band 3).

Cierpka, M. (Hg.). (2008). Handbuch der Familiendiagnostik. 3., aktualisierte und erg. Aufl. Heidelberg: Springer.

Ciompi, L. (2016). Die emotionalen Grundlagen des Denkens. Göttingen: Vandenhoeck & Ruprecht.

Ciompi, L. (2019). Affektlogik. Über die Struktur der Psyche und ihre Entwicklung. Heidelberg: Auer Verl. (Systemische Horizonte).

Coats, S. W. (1998). Having a mind of one's own and holding the other in mind. Commentary on paper by Peter Fonagy and Mary Target. Psychoanalytic Dialogues, 8, 1, 115-148.

Cohen, D. B. (2006). „Family Constellations“: An Innovative Systemic Phenomenological Group Process From Germany. In: The Family Journal 14 (3), 226–233.

Cohen, D. B. (2008). Systemic Family Constellations and their use with prisoners serving long-term sentences for murder of rape. Dissertation. Faculty of Saybrook Graduate School and Research Center, San Francisco. Verfügbar unter http://www.konstelia cijos-d.lt/multisites/konsteliacijos/images/stories/Simonos/cohen-2008-dissertation-family-constellations.pdf

Combe, A. & Helper, W. (Hg.). (2002). Pädagogische Professionalität: Untersuchungen zum Typus pädagogischen Handelns. Frankfurt am Main: Suhrkamp.

Cuijpers, P., Geraedts, A. & van Oppen, P. (2011). Interpersonal psychotherapy for depression: a meta-analysis. In: American Journal of Psychiatry (168), 581–592.

Daimler, R, Sparrer, I. & Varga von Kibéd, M. (2016). Basics der Systemischen Strukturaufstellungen. Eine Anleitung für Einsteiger und Fortgeschrittene. 5., überarb. Aufl. München: Kösel.

Damasio, A. R. (2013). Ich fühle, also bin ich. Die Entschlüsselung des Bewusstseins. 10. Auflage. München: List (List-Taschenbuch, 60164).

Deimling, D. (2017). Sinnstrukturen und Muster nachhaltiger Unternehmen im Kontext der Wachstumskritik. Eine Untersuchung unter Einsatz einer Systemaufstellung. Dissertation. Münster: Lit Verlag (Nachhaltigkeit und Management, Band 13).

Dewe, B. & Ferchhoff, W. (2011). Professionelles soziales Handeln: Soziale Arbeit im Spannungsfeld zwischen Theorie und Praxis. 4. Aufl., Weinheim: Juventa.

Dick, M. (2016). Professionsentwicklung als Forschungs- und Handlungsfeld. In: H. Grünwald, P. Müller-Locher & M. Schlegel: Was wirkt in der Psychotherapie? Ergebnisse der Praxisstudie ambulante Psychotherapie zu 10 unterschiedlichen Verfahren. Originalausgabe. Hg. v. Agnes von Wyl, Volker Tschuschke, Aureliano Crameri, Margit Koemeda und Peter Schulthess. Gießen: Psychosozial-Verlag (Forschung psychosozial), S. 9–26.

Dick, M., Marotzki, W. & Mieg, H. (Hg.). (2016). Handbuch Professionsentwicklung. Bad Heilbrunn: Verlag Julius Klinkhardt (UTB, Band-Nr. 8622).

Die Bibel (2017). Nach Martin Luthers Übersetzung. Stuttgart: Deutsche Bibegesellschaft.

Dodson, L. S. (1992). Der Prozess der Veränderung. In: Moskau, G.. Müller, G. F. (Hg.). Virginia Satir. Wege zum Wachstum: Ein Handbuch für die therapeutische Arbeit mit Einzelnen, Paaren, Familien und Gruppen, S. 1-10. Paderborn: Junfermann.

Doppler, K., Simon, F. B. & Wimmer, R. (2017). Change im Fluss der Dinge. Klaus Doppler, Fritz B. Simon und Rudi Wimmer in einem Trialog über Prinzipien des Wandels. In: Organisationsentwicklung 36, S. 4–11.

Döring-Meijer, H. (Hg.). (2004). Systemaufstellungen. Geheimnisse und Verstrickungen in Systemen. Ein neuer dynamischer Beratungsansatz in der Praxis. Paderborn: Junfermann.

Drexler, D. (2015). Einführung in die Praxis der Systemaufstellungen. Heidelberg: Auer Verl. (Compact).

Duncan, B. & Reese, R. (2013). Empirically Supported Treatments, Evidence-Based-Treatments and Evidence-Based Practice. In: I. B. Weiner (Hg.). Handbook of psycholo-gy. 2nd ed. Hoboken, N.J: Wiley, 489–513.

Ebert, A. & Kistler, E. (2007). Qualifizierung und Weiterbildung: Ein Bericht auf Basis der Erhebung zum DGB-Index Gute Arbeit 2007. Internationales Institut für Empirische Sozialökonomie (INIFES) Stadtbergen, Dezember 2007. Online verfügbar unter https://www.koop-son.de/fileadmin/user/Dokumente/Arbeitswelt_im_Wandel_2009/DGB_Index_Gute_Arbeit_Qualifizierung_u.Weiterbildung.pdf

Eckert, J. (2017). Bindungstheorie und Humanistische Psychotherapie. In: Bindung in Psychologie und Medizin: Grundlagen, Klinik und Forschung – ein Handbuch. Stuttgart: Kohlhammer, S. 306–315.

Edding, C. & Schattenhofer, K. (Hg.). (2015). Handbuch Alles über Gruppen: Theorie, Anwendung, Praxis. Julius Beltz GmbH & Co. KG. 2., überarbeitete und erweiterte Aufl. Weinheim: Beltz.

Egger, R. & Bauer, M. H. (Hg.). (2017). Lernweltforschung. Bildungspartnerin Universität: Tertiäre Weiterbildung für eine erfolgreiche Zukunft. Bd. 21. Wiesbaden: Springer VS.

Egger, R. & Merkt, M. (Hg.). (2012). Lernwelt Universität: Entwicklung von Lehrkompetenz in der Hochschullehre (Lernweltforschung). Wiesbaden: Springer VS.

Ehlert, U. & Känel, R. von (Hg.). (2011). Psychoendokrinologie und Psychoimmunologie. Berlin, Heidelberg: Springer Berlin Heidelberg.

Einstein, A. (2015). Einstein sagt. Zitate, Einfälle, Gedanken. München: Piper ebooks.

Emoto, M. (2010). Messages from Water and the Universe. China: Hay House.

Erpenbeck, J. & Heyse, V. (2007). Die Kompetenzbiographie. Wege der Kompetenzentwicklung. 2., aktualisierte und überarb. Aufl. Münster, New York, München, Berlin: Waxmann.

Erpenbeck, J. & Sauter, W. (2013). So werden wir lernen! Kompetenzentwicklung in einer Welt fühlender Computer, kluger Wolken und sinnsuchender Netze. Berlin: Springer Gabler.

Erpenbeck, J., Rosenstiel, L. von, Grote, S. & Sauter, W. (2017). Handbuch Kompetenzmessung. Erkennen, verstehen und bewerten von Kompetenzen in der betrieblichen, pädagogischen und psychologischen Praxis. 3. Auflage 2017. Stuttgart: Schäffer-Poeschel.

Eschenbacher, S. (2018). Transformatives Lernen im Erwachsenenalter. Dissertation. Frankfurt a. M.: Peter Lang.

Essen, S. (2015). Selbstliebe als Lebenskunst. Ein systemisch-spiritueller Übungsweg. 3., überarb. Aufl. Heidelberg: Auer-Verl. (Systemaufstellungen).

Europäische Kommission. (2006, Dezember 31). Empfehlung des europäischen Parlaments und des Rates zu Schlüsselkompetenzen für lebensbegleitendes Lernen (Amtsblatt der Europäischen Union, 2006&962/EG).

Europäische Kommission. (2008). Der Europäische Qualifikationsrahmen für lebenslanges Lernen (EQR). Luxemburg: Amt für Amtliche Veröff. der Europ. Gemeinschaften.

Fatzer, G. (2011). Ganzheitliches Lernen. Handbuch zur humanistischen Pädagogik, Schul- und Organisationsentwicklung. Bergisch Gladbach: EHP.

Faulstich, J. (2007). Aufstellungen im Kontext systemische Organisationsberatung. Teilw. zugl.: Kassel, Univ., Diplomarbeit, 2006. Heidelberg: Verl. für Systemische Forschung im Carl-Auer-Verl. (Organisationsaufstellungen und -beratung). Online verfügbar unter http://deposit.dnb.de/cgi-bin/dokserv?id=2869714&prov=M&dok_var =1&dok_ext=htm

Fischer, A. & Frommberger, D. (Hg.). (2013). Vielfalt an Übergängen in der beruflichen Bildung – zwölf Ansichten. Baltmannsweiler: Schneider.

Fisseni, H.-J. (2003). Persönlichkeitspsychologie. Ein Theorienüberblick. 5., unveränd. Aufl. Göttingen: Hogrefe.

Flick, U. (2012). Qualitative Sozialforschung. Eine Einführung. 6. Aufl., Orig.-Ausg., vollst. überarb. und erw. Neuausg. Reinbek bei Hamburg: Rowohlt-Taschenbuch-Verl. (Rororo Rowohlts Enzyklopädie, 55694).

Flückiger, C. (Hg.). (2018). Die Psychotherapie-Debatte. Was Psychotherapie wirksam macht. Bern: Hogrefe.

Flückiger, C. & Grosse Holtforth, M. (2017). Ressourcenaktivierung und Beziehungsgestaltung: Bedürfnisbefriedigung in der Psychotherapie. In: Frank, R. Hg.). Therapieziel Wohlbefinden: Ressourcen aktivieren in der Psychotherapie, S. 35–44. Berlin, Heidelberg: Springer.

Flückiger, C. & Studer, R. (2009). Die Berner Ressourcen-Taskforce – Ressourcenaktivierung und Problembearbeitung unter der Lupe. Verhaltenstherapie & Psychosoziale Praxis, 41, 3, S. 569–578.

Flückiger, C. & Wüsten, G. (2015). Ressourcenaktivierung: Ein Manual für Psychotherapie, Coaching und Beratung. Klinische Praxis. Bern: Huber/Hogrefe.

Flückiger, C., Regli, D. & Grawe, K. (2005). Allgemeine Psychotherapie im Gruppensetting: Das Zusammenspiel von gruppen- und interventionsspezifischen Wirkfaktoren. Gruppenpsychotherapie und Gruppendynamik, 41, 3, S. 306–322.

Foerster, H. von (2015). Einführung in den Konstruktivismus. Ungekürzte Taschenbuchausgabe, 15. Auflage. München, Berlin, Zürich: Piper (Veröffentlichungen der Carl-Friedrich-von-Siemens-Stiftung, Band 5).

Fonagy, P. & Roth, G. (2004). Ein Überblick über die Ergebnisforschung anhand nosologischer Indikationen, Teil I und II. In: Psychotherapeutenjournal, 204–218 und 300–314.

Fonagy, P., Gergely, G., Jurist, E. L. & Target, M. (2018). Affektregulierung, Mentalisierung und die Entwicklung des Selbst. 6. Auflage. Stuttgart: Klett-Cotta.

Fornaro, P. (2016). „Bedeutsame Momente“ in der Therapie. Mikroprozessforschung im Spannungsfeld zwischen quantitativen und qualitativen Methoden am Beispiel der Systemischen Paartherapie. In: Systeme 30 (2), S. 132–162.

Forsyth, D. R. (2019). Group dynamics. Seventh edition. Boston, MA, Australia, Brazil, Mexico, Singapore, United Kingdom, United States: Cengage.

Frank, R. (2017). Therapieziel Wohlbefinden: Ressourcen aktivieren in der Psychotherapie. Berlin: Springer.

Franke, U. (1997). Systemische Familienaufstellung. Eine Studie zu systemischer Verstrickung und unterbrochener Hinbewegung unter besonderer Berücksichtigung von Angstpatienten. Zugl.: München, Univ., Diss., 1996. 2. Aufl. München, Wien: Profil (Reihe systemische Therapie, Bd. 1).

Franke, U. (2005). In My Mind's Eye: Family Constellations in Individual Therapy and Counselling: Family Constellations in Therapy and Counselling. Heidelberg: Auer Verl.

Franke, U. (2017). Wenn ich die Augen schließe, kann ich dich sehen. Familien-Stellen in der Einzeltherapie und -beratung: ein Handbuch für die Praxis. Unter Mitarbeit von Bert Hellinger. 6. Auflage. Heidelberg: Auer Verl.

Freud, S. (1890). Psychische Behandlung (Seelenbehandlung). GW V, 287-315. GW V. Verfügbar unter http://www.psyalpha.net/themen/behandlungstechnik/freud-technische-schriften/sigmund-freud-1890a-psychische-behandlung-seelenbehandlung.

Freud, S. (2015). Sigmund Freud: Gesammelte Werke (Sämtliche Werke). Andhofs große Literaturbibliothek. Dinslaken.

Freud, S. & Lorenzer, A. (2004). Das Unbehagen in der Kultur. Und andere kulturtheoretische Schriften. 9. unveränd. Aufl. Frankfurt am Main: Fischer-Taschenbuch-Verl. (Fischer Taschenbuch Psychologie, 10453).

Frevert, U. (2011). Gefühlswissen. Eine lexikalische Spurensuche in der Moderne. Unter Mitarbeit von Ute Frevert, Christian Bailey, Pascal Eitler, Benno Gammerl, Bettina Hitzer, Margrit Pernau et al. Frankfurt, M., New York, NY: Campus-Verl.

Frevert, U. & Frevert, B. (2019). Die Macht der Gefühle. Deutschland 19|19: eine Ausstellung von Ute und Bettina Frevert. Berlin: Stiftung Erinnerung Verantwortung Zukunft; Bundesstiftung zur Aufarbeitung der SED-Diktatur.

Frevert, U. & Wulf, C. (2012). Die Bildung der Gefühle. In: Zeitschrift für Erziehungswissenschaften (ZfE), 15, 1-10. Wiesbaden: Springer VS.

Fried, J. (Hg.). (2003). Wissenskulturen. Beiträge zu einem forschungsstrategischen Konzept. Berlin: Akad.-Verl. (Wissenskultur und gesellschaftlicher Wandel, Bd. 1).

Fröhlich, W. (Hg.). (2004). Qualitätsentwicklung in der postgradualen Weiterbildung. Internationale Entwicklungen und Perspektiven. Münster: Waxmann.

Fuhr, R. & Gremmler-Fuhr, M. (1988). Faszination Lernen. Transformative Lernprozesse im Grenzbereich von Pädagogik und Psychotherapie. Köln: Ed. Humanistische Psychologie.

Furman, B. & Ahola, T. (2016). Es ist nie zu spät, erfolgreich zu sein: Ein lösungsfokussiertes Programm für Coaching von Organisationen, Teams und Einzelpersonen. Heidelberg: Carl Auer.

Gassmann, D. & Grawe, K. (2006). General change mechanisms: The relation between problem activation and resource activation in successful and unsuccessful therapeutic interactions. Clinical Psychology and Psychotherapy, 1–11.

Gehlert, T. (2020). System-Aufstellungen und ihre naturwissenschaftliche Begründung. Grundlage für eine innovative Methode zur Entscheidungsfindung in der Unternehmensführung. 1st ed. 2020 (Systemaufstellungen in Wissenschaft und Praxis). Online verfügbar unter https://doi.org/10.1007/978-3-658-29167-9

Gehlert, T. & Klein, P. (2016). Aufstellungsmythen im Lichte der Wissenschaft. Online verfügbar unter https://integral-systemics.com/wp-content/uploads/2018/10/Artikel_Aufstellungsmythen.pdf

Gell-Mann, M. (2000). Das Quark und der Jaguar. Vom Einfachen zum Komplexen; die Suche nach einer neuen Erklärung der Welt. Ungekürzte Taschenbuchausg., 3. Aufl. München: Piper (Serie Piper, 2296).

Gelo, O., Pritz, A. & Rieken, B. (Hg.). (2016). Psychotherapy Research. Foundations, Process, and Outcome. Springer-Verlag. Softcover reprint of the original 1st ed. 2015. Wien: Springer.

Gelo, O. & Salvatore, S. (2016). A dynamic systems approach to psychotherapy: A metatheoretical framework for explaining psychotherapy change processes. Journal of Counseling Psychology, 63, 4, 379–395.

Gigerenzer, G. & Kober, H. (2008). Bauchentscheidungen: Die Intelligenz des Unbewussten und die Macht der Intuition. München: Goldmann.

Glasersfeld, E. von (2016). Wege des Wissens: Konstruktivistische Erkundungen durch unser Denken. 3. Aufl. Systemische Horizonte. Heidelberg: Carl Auer.

Gleich, M. (2008). Organisationsaufstellungen als Beratungsinstrument für Führungskräfte. Eine empirische Analyse. Teilw. zugl.: Hamburg, Helmut-Schmidt-Univ., Diplomarbeit, 2006. Heidelberg: Auer-Verl. (Organisationsaufstellung, Management).

Gminder, C. U. (2006). Nachhaltigkeitsstrategien systemisch umsetzen. Eine qualitative Exploration der Organisationsaufstellung als Managementmethode. DUV Deutscher Universitäts-Verlag. Online verfügbar unter http://gbv.eblib.com/patron/FullRecord.aspx?p=748754.

Gödde, G. & Zirfas, J. (Hg.). (2018). Kritische Lebenskunst. Analysen – Orientierungen – Strategien. Stuttgart: Metzler Verl.

Gödde, G. & Zirfas, J. (2018). Selbstsorge in der Antike. In: G. Gödde & J. Zirfas (Hg.). Kritische Lebenskunst. Analysen – Orientierungen – Strategien. Stuttgart: Metzler

Verl., S. 322–334. Online verfügbar unter https://link.springer.com/chapter/10.1007/978-3-476-04644-4_42#citeas

Goleman, D. (2017). Soziale Intelligenz. Wer auf andere zugehen kann, hat mehr vom Leben. München: Droemer eBook.

Gonçalves, M. & Ribeiro, A. (2012). Therapeutic change, innovative moments and the reconceptualization of the self: A dialogical account. In: International Journal of Dialogical Science.

Graf, U. & Iwers, T. (Hg.). (2019). Beziehungen bilden. Wertschätzende Interaktionsgestaltung in pädagogischen Handlungsfeldern. Bad Heilbrunn: Klinkhardt (Schriftenreihe zur Humanistischen Pädagogik und Psychologie).

Grawe, K. (1996). Umrisse einer zukünftigen Psychotherapie. In: H. Bents (Hg.). Erfolg und Mißerfolg in der Psychotherapie. Regensburg: Roderer, S. 38–58.

Grawe, K. (1999). Wie kann Psychotherapie noch wirksamer werden? In: Verhaltenstherapie und psychosoziale Praxis 31 (2), 185–199.

Grawe, K. (2000). Psychologische Therapie. 2., korrigierte Aufl. Göttingen: Hogrefe.

Grawe, K. (2004). Neuropsychotherapie. Göttingen: Hogrefe. Online verfügbar unter http://ebooks.ciando.com/book/index.cfm/bok_id/4245

Grawe, K. (2005). (Wie) kann Psychotherapie durch empirische Validierung wirksamer werden? In: Psychotherapeutenjournal (1), 4–11. Verfügbar unter https://www.psychotherapeutenjournal.de/ptk/web.nsf/gfx/B97907A81656381A412579F70033816F/$file/ptj_2005-1.pdf.

Grawe, K. (1995). Grundriss einer Allgemeinen Psychotherapie. Psychotherapeut, 40, 130–145.

Grawe, K. & Caspar, F. (2012). Allgemeine Psychotherapie. In: Senf, W. & Broda, M. (Hg.). Praxis der Psychotherapie. Ein integratives Lehrbuch, S. 33-46. Stuttgart: Thieme.

Grawe, K. & Grawe-Gerber, M. (1999). Ressourcenaktivierung. Ein primäres Wirkprinzip der Psychotherapie. In: Psychotherapeut 44 (2), 63–73.

Grawe, K. & Meyer, A. E. (1994). Vergleichende Psychotherapieforschung: Evolution of Psychotherapy; Hamburg, 27.–31. Juli 1994 (1 Video (VHS, 177 Min.)). Dortmund: Video-Cooperative-Ruhr.

Grawe, K., Donati, R. & Bernauer, F. (1994). Psychotherapie im Wandel: Von der Konfession zur Profession. Göttingen: Hogrefe.

Greenberg, L. S. (2016). Emotionsfokussierte Therapie. 2. Auflage. München, Basel: Ernst Reinhardt Verl. (Wege der Psychotherapie).

Greve, J. (Hg.). (2011). Emergenz. Zur Analyse und Erklärung komplexer Strukturen. Berlin: Suhrkamp (Suhrkamp-Taschenbuch Wissenschaft, 1917).

Greve, W. (Hg.). (2018). Das Selbst. Psychologische Perspektiven. Verfügbar unter https://hildok.bsz-bw.de/frontdoor/index/index/searchtype/all/start/3/rows/10/yearfq/2018/docId/890

Greve, W. & Thomsen, T. (2019). Entwicklungspsychologie. Eine Einführung in die Erklärung menschlicher Entwicklung. Wiesbaden: Springer (Basiswissen Psychologie). Verfügbar unter http://dx.doi.org/10.1007/978-3-531-93432-7

Grosse Holtforth, M., Lutz, W. & Grawe, K. (2009). Interventionsbezogene Diagnostik. In: Hautzinger, M. & Pauli, P. (Hg.). Psychotherapeutische Methoden, S. 1–74. Göttingen: Hogrefe.

Groth, T. & Stey, G. (Hg.). (2007). Potenziale der Organisationsaufstellung. Innovative Ideen und Anwendungsbereiche. Heidelberg: Auer (Systemaufstellungen). Online verfügbar unter http://deposit.dnb.de/cgi-bin/dokserv?id=2877923&prov=M&dok_var=1 &dok_ext=htm

Grunwald, K. & Thiersch, H. (Hg.). (2016). Praxishandbuch lebensweltorientierte Soziale Arbeit. Handlungszusammenhänge und Methoden in unterschiedlichen Arbeitsfeldern. Juventa Verlag. 3., vollständige überarbeitete Auflage. Weinheim, Basel: Beltz Juventa (Grundlagentexte Pädagogik).

Grünwald, H., Müller-Locher, P. & Schlegel, M. (2016). Was wirkt in der Psychotherapie? Ergebnisse der Praxisstudie ambulante Psychotherapie zu 10 unterschiedlichen Verfahren. Gießen: Psychosozial-Verl. (Forschung psychosozial).

Gutmark, B. J. (2014). Systemische Aufstellungen im organisationalen Kontext. Eine empirische Untersuchung zur Wirksamkeit von Organisationsaufstellungen. Dissertation, Technische Universität Darmstadt. Darmstadt. Online verfügbar unter http://nbn-resolving.de/urn:nbn:de:tuda-tuprints-38373

Häcker, T. H. (2012). Portfolio im Kontext einer reflektierenden Lehrer/innenbildung. In: R. Egger & M. Merkt (Hg.). Lernwelt Universität: Entwicklung von Lehrkompetenz in der Hochschullehre (Lernweltforschung). Wiesbaden: Springer VS, S. 263–289.

Hain, P. (2012). Das Geheimnis psychotherapeutischer Wirkung. Heidelberg: Carl Auer.

Haken, H. (1983). Synergetik: Eine Einführung. Nichtgleichgewichts-Phasenübergänge und Selbstorganisation in Physik, Chemie und Biologie. 2. Aufl., Berlin, Heidelberg: Springer.

Haken, H. (2004). Die Selbstorganisation komplexer Systeme: Ergebnisse aus der Werkstatt der Chaostheorie. Wiener Vorlesungen im Rathaus, Bd. 103. Wien: Picus.

Haken, H. & Schiepek, G. (2010). Synergetik in der Psychologie. Selbstorganisation verstehen und gestalten. Göttingen, Bern: Hogrefe.

Hanft, A., Pellert, A., Cendon, E. & Wolter, A. (Hg.). (2015): Weiterbildung und Lebenslanges Lernen an Hochschulen. Ergebnisse der wissenschaftlichen Begleitung zur ersten Förderphase der ersten Wettbewerbsrunde des Bund-Länder-Wettbewerbs: „Aufstieg durch Bildung: offene Hochschulen“. Wissenschaftliche Begleitung des Bund-Länder-Wettbewerbs „Aufstieg durch Bildung: offene Hochschulen“. Frankfurt.

Hartung, S. & Spitta, W. (2020). Lehrbuch der Systemaufstellungen: Grundlagen, Methoden, Anwendung. Heidelberg: Springer.

Hativa, N. & Goodyear, P. (Hg.). (2002). Teacher Thinking, Beliefs and Knowledge in Higher Education. Dordrecht, s.l.: Springer Netherlands. Online verfügbar unter http://dx.doi.org/10.1007/978-94-010-0593-7

Haubl, R., Hausinger, B. & Voß, G. (Hg.). (2013). Riskante Arbeitswelten: Zu den Auswirkungen moderner Beschäftigungsverhältnisse auf die psychische Gesundheit und die Arbeitsqualität. Frankfurt am Main: Campus.

Hauke, G. & Lohr, C. (2020). Emotionale Aktivierungstherapie (EAT). Embodiment in Aktion. Stuttgart: Klett-Cotta (Leben lernen).

Hausinger, B. (2008). Supervision: Organisation – Arbeit – Ökonomisierung: Zur Gleichzeitigkeit des Ungleichzeitigen in der Arbeitswelt. Arbeit und Leben im Umbruch. Bd. 15, Mering: Hampp.

Hausner, S. (2017). Auch wenn es mich das Leben kostet! Systemaufstellungen als Lösungshilfe bei Krankheiten und anhaltenden Symptomen. 4. Auflage. Heidelberg: Carl-Auer.

Heidbrink, H., Lück, H. & Schmidtmann, H. (2009). Psychologie sozialer Beziehungen. Stuttgart: Kohlhammer.

Hein, J. (2012). Analyse (in)direkter Effekte von Coaching anhand der generischen Prinzipien – eine empirische Fallstudie. In Schiersmann, C. & Thiel, H. (Hg.). Interdisziplinäre Beratungsforschung. Beratung als Förderung von Selbstorganisationsprozessen: Empirische Studien zur Beratung von Personen und Organisationen auf der Basis der Synergetik. Bd. 5, S. 132–144. Göttingen: Vandenhoeck & Ruprecht.

Heiner, M. (2004). Professionalität in der sozialen Arbeit: Theoretische Konzepte, Modelle und empirische Perspektiven. Stuttgart: Kohlhammer.

Heinlein, M., Dimbath, O., Schindler, L. & Wehling, P. (Hg.). (2016). Der Körper als soziales Gedächtnis. Wiesbaden: Springer VS (Soziales Gedächtnis, Erinnern und Vergessen – Memory Studies).

Heinrich, M., Hüther, G. & Senf, M. (2020). #Education For Future. Bildung für ein gelingendes Leben. München: Goldmann.

Heinzel, S., Tominschek, I. & Schiepek, G. (2014). Nonlinear Dynamics, Psychology, and Life Sciences, Vol. 18, No. 2, pp. 155–176. Society for Chaos Theory in Psychology & Life Sciences.

Hellinger, B. (2015). Ordnungen der Liebe. Ein Kursbuch. 11. Aufl. Heidelberg: Carl-Auer.

Hellinger, B. (2018). Die Quelle braucht nicht nach dem Weg zu fragen. Ein Nachlesebuch. Heidelberg: Carl Auer.

Helmrich, C. (2013). Die Kommunikation im Familienstellen: Über die Interaktion der Beteiligten in Theorie und Praxis. Heidelberg: Carl Auer Verl.

Hentschel, U. (2005). Die Therapeutische Allianz. In: Psychotherapeut 50 (6), 305–317.

Hericks, N. (Hg.). (2018). Hochschulen im Spannungsfeld der Bologna-Reform. Erfolge und ungewollte Nebenfolgen aus interdisziplinärer Perspektive. Wiesbaden: Springer VS.

Herpertz, S., Caspar, F. & Lieb, K. (2017). Psychotherapie: Funktions- und störungsorientiertes Vorgehen – mit Zugang zur Medizinwelt. Frankfurt a M: Urban & Fischer.

Herwig-Lempp, J. (2014). Der Unterschied zwischen Theorie und Praxis ist in der Praxis größer als in der Theorie. Corax, 5, S. 20–23.

Heucke, T. (2018). Genogramm und Systemaufstellungen. Wie Zugehörigkeit kränkt und heilt. Stuttgart: Kohlhammer.

Heyse, V., Erpenbeck, J. & Ortmann, S. (Hg.). (2010). Grundstrukturen menschlicher Kompetenzen. Praxiserprobte Konzepte und Instrumente. Münster: Waxmann.

Heyse, V., Erpenbeck, J. & Ortmann, S. (Hg.). (2015). Kompetenz ist viel mehr. Erfassung und Entwicklung von fachlichen und überfachlichen Kompetenzen in der Praxis. Münster: Waxmann (Kompetenzmanagement in der Praxis, Band 9).

Heyse, V., Erpenbeck, J. & Ortmann, S. (Hg.). (2019). Kompetenzen voll entfaltet. Praxisberichte zum Kompetenzmanagement. Münster: Waxmann (Kompetenzmanagement in der Praxis, Band 12).

Hilbert, A. & Martin, A. (2015). Wirkfaktoren des psychotherapeutischen Prozesses. In: Psychotherapeut 3, 185–186.

Hitzer, B. (2011). Emotionsgeschichte – ein Anfang mit Folgen. In: H-Soz-Kult 23.11.2011, http://hsozkult.geschichte.hu-berlin.de/forum

Hobson, R. P. & Trunk, C. (2014). Die Wiege des Denkens. Soziale und emotionale Ursprünge symbolischen Denkens. Gießen: Psychosozial-Verl. (Sachbuch Psychosozial).

Holland, J. H. (2014). Complexity. A very short introduction. 1. ed. Oxford: Oxford Univ. Press (Very short introductions, 392).

Holm-Hadulla, R. M. (2000). Die therapeutische Beziehung. Psychotherapeut, 45, 124–136.

Hopf, C. (Hg.). (1979). Qualitative Sozialforschung. Stuttgart: Klett-Cotta.

Höppner, G. (2001). Heilt Demut, wo Schicksal wirkt? Evaluationsstudie zu Effekten des Familien-Stellens nach Bert Hellinger. München, Wien: Profil.

Höppner, G. (2006). Heilt Demut, wo Schicksal wirkt? Evaluationsstudie zu Effekten des Familien-Stellens nach Bert Hellinger. Heidelberg: Carl Auer.

Horn, K. (2019). Connected to the Unknown – mit Systemaufstellungen die digitale Transformation meistern. Göttingen: Vandenhoeck & Ruprecht.

Hörr, B. & Jütte, W. (Hg.). (2017). Weiterbildung an Hochschulen. Der Beitrag der DGWF zur Förderung wissenschaftlicher Weiterbildung. Bielefeld: W. Bertelsmann Verl.

House, R., Kalisch, D. & Maidman, J. (Hg.). (2018). Humanistic psychology. Current trends and future prospects. London, New York: Routledge Taylor & FrancisGroup.

Howard, K., Moras, K., Brill, P., Martinovich, Z. & Lutz, W. (1996). Evaluation of Psychotherapy: Efficacy, Effectiveness, and Patient Progress. In: The American psychologist 51, S. 1059–1064.

HRK (Hochschulrektorenkonferenz). (2012). Fachgutachten zur Kompetenzorientierung in Studium und Lehre. HRK-Fachgutachten ausgearbeitet für die HRK von Niclas Schaper unter Mitwirkung von Oliver Reis und Johannes Wildt so wie Eva Horvath und Elena Bender.

Huber, M. (2017). Lernen und Emotion. In: Jugendhilfe 55, 450–457.

Huber, M.& Krause, S. (Hg.). (2018). Bildung und Emotion. Emotion und Gefühl im Kontext pädagogischer und anthropologischer Überlegungen. Wiesbaden: Springer VS.

Hürler, S. (2009). Der Ton macht die Musik. Abschlussarbeit für den Ausbildungslehrgang 2009/2010 zur Bodybliss-Trainerin Thema Resonanz und Töne.

Hüther, G. (2020). Internetdokument https://www.gerald-huether.de/mediathek-page/populaerwissenschaftliche-beitraege/inhaltliche-uebersicht/lernen/ (03.04.2020).

Hurrelmann, K., Bauer, U., Grundmann, M. & Walper, S. (Hg.). (2015). Handbuch Sozialisationsforschung, 8. Aufl., Weinheim, Basel: Beltz.

Janssen, P. L. & Sachs, G. (2018). Psychodynamische Gruppenpsychotherapie. Theorie, Setting und Praxis. Stuttgart: Schattauer.

Jerusalem, M. & Hopf, D. (Hg.). (2010). Selbstwirksamkeit und Motivationsprozesse in Bildungsinstitutionen. Unveränd. Nachdr. der letzten Aufl. Weinheim: Beltz (Zeitschrift für Pädagogik, Beiheft, 44).

Jossberger, H. & Gruber, H. (2009). Lernen von Lehrenden im Arbeitsprozess. In: O. Zlatkin-Troitschanskaia (Hg.). Lehrprofessionalität. Bedingungen, Genese, Wirkungen und ihre Messung. Weinheim, Basel: Beltz (Beltz-Bibliothek), S. 567–576.

Judy, M. & Knopf, W. (Hg.). (2016). In the mirror of competences. Supervision and coaching in Europe: concepts and competences [Im Spiegel der Kompetenzen: Supervision und Coaching in Europa: Konzepte und Kompetenzen]. Wien: Facultas (Band 4 der Reihe Supervision, Coaching, Organisationsberatung).

Jütte, W. & Lobe, C. (2017). Stichwort: Zielgruppenforschung in der wissenschaftlichen Weiterbildung. Schwerpunktthema: Zielgruppen wissenschaftlicher Weiterbildung. In: ZHWB Zeitschrift Hochschule und Weiterbildung (1), 7–12.

Jütte, W., Walber, M. & Lobe, C. (2017). Das Neue in der Hochschullehre. Lehrinnovationen aus der Perspektive der hochschulbezogenen Lehr-Lern-Forschung. Wiesbaden: Springer VS.

Jung, C. G. (2011). Die Dynamik des Unbewussten: Gesammelte Werke 8. Düsseldorf: Patmos.

Kaimer, P. & Preß, H. (2016). Diskussion: Wampold, B.E./Z.E. Imel (2015) The Great Psychotherapy Debate: The Evidence for What Makes Psychotherapy Work. Second Edition. New York: Routledge. In: Systeme 2, 237–246.

Kalb, R. (2007). Organisationsaufstellungen – eine Ressource der lernenden Organisation. Zugl.: Innsbruck, Univ., Diplomarbeit, 2006. Heidelberg: Verl. für Systemische Forschung im Carl-Auer-Verl. (Organisationsaufstellungen, Management).

Kauffeld, S., Paulsen, H. & Ulbricht, S. (2016). Wirksamkeitsforschung in der Weiterbildung: Ergebnisbezogene und prozessbezogene Evaluation. In: Handbuch Professionsentwicklung, S. 464–476.

Kaminski, G. (1988). Ökologische Perspektiven in psychologischer Diagnostik? Zeitschrift für differentielle und diagnostische Psychologie, 9, 155–168.

Kannicht, A. & Schmid, B. (2015). Einführung in systemische Konzepte der Selbststeuerung. Heidelberg: Carl-Auer-Verl. (Compact).

Karasu, T. B. (1984). The psychiatric therapies. Washington: American Psychiatric Association.

Katsarov, J., Schiersmann, C., Schmidtpott, S., Schober, K. & Weber, P. C. (2014). Professionell beraten: Qualtätsstandards für die Beratung in Bildung, Beruf und Beschäftigung. Bielefeld: Bertelsmann.

Keller, R. & Meuser, M. (Hg.). (2011). Körperwissen. Wiesbaden: VS-Verl. (Wissen, Kommunikation und Gesellschaft).

Kember, D. & Kwan, K.-P. (2000). Lecturers'approaches to teaching and their relationship to conceptions of good teaching. In: Instructional Science 28 (5), 469–490.

Klein, P. & Limberg-Strohmaier, S. (2012). Das Aufstellungsbuch. Familienaufstellung, Organisationsaufstellung und neueste Entwicklungen. Wien: Braumüller.

Kleve, H. (2011). Aufgestellte Unterschiede. Systemische Aufstellung und Tetralemma in der Sozialen Arbeit. Heidelberg: Carl-Auer-Verl. (Systemische soziale Arbeit).

Knörenschild, S. (2004). Systemaufstellungen zur Konfliktlösung als Instrument der Organisationsberatung. Hamburg: Diplom.de (Wirtschaft). Verfügbar unter www.diplom.de/

Kohlhauser, M. & Assländer, F. (2005). Organisationsaufstellungen evaluiert. Studie zur Wirksamkeit von Systemaufstellungen in Management und Beratung. Heidelberg: Carl-Auer-Verl.

Konir, G. (2012). Konfliktanalyse durch Systemaufstellungen: Aufstellungsarbeit als mediatives Element in intra- und interpersonellen Konflikten. Riga: AV Akademikerverl.

Köth, A. (2007). Zur Wirkungsweise von „Standort-Aufstellungen" als pädagogisch-therapeutische Interventionstechnik. Eine katamnestische Studie aus einer ambulanten Psychotherapiegruppe. Zugl.: Frankfurt (Main), Univ., Diss., 2006. Hamburg: Kovač (Studienreihe Psychologische Forschungsergebnisse, 123). Online verfügbar unter http://www.verlagdrkovac.de/978-3-8300-2917-5.htm

Košinár, J. (2014). Professionalisierung in der Lehrerausbildung: Anforderungsbearbeitung und Kompetenzentwicklung im Referendariat. Studien zur Bildungsgangforschung, 36, Leverkusen: Budrich.

Krapp, A. (2005). Emotion und Lernen – Beiträge der Pädagogischen Psychologie. In: Zeitschrift für Padagogik 51, 603–609.

Krapp, A. & Weidenmann, B. (Hg.). (2001). Pädagogische Psychologie. Ein Lehrbuch. 4., vollst. überarb. Aufl. Weinheim: Beltz PVU.

Krathwohl, D. R., Bloom, B. S. & Masia, B. B. (1978). Taxonomie von Lernzielen im affektiven Bereich. 2. Aufl. Weinheim, Basel: Beltz (Beltz-Studienbuch, 85).

Kriz, J. (2001). Grundkonzepte der Psychotherapie. Weinheim: Beltz.

Kriz, J. (2005). Von den Grenzen zu den Passungen. In: Psychotherapeutenjournal (1), S. 12–20.

Kriz, J. (2011). Chaos, Angst und Ordnung. Wie wir unsere Lebenswelt gestalten. 3., bearb. Aufl. Göttingen: Vandenhoeck & Ruprecht.

Kriz, J. (2014). Grundkonzepte der Psychotherapie. 7., überarb. und erw. Aufl. Weinheim, Basel: Beltz.

Kriz, J. (2017). Subjekt und Lebenswelt. Personzentrierte Systemtheorie für Psychotherapie, Beratung und Coaching. Göttingen: Vandenhoeck & Ruprecht.

Kriz, J. & Simon, F. B. (2019). Der Streit ums Nadelöhr. Körper, Psyche, Soziales, Kultur – wohin schauen systemische Berater? Heidelberg: Carl-Auer Verl. (Systemische Therapie und Bcratung).

Kriz, J. & Tschacher, W. (Hg.). (2017): Synergetik als Ordner. Die strukturierende Wirkung der interdisziplinären Ideen Hermann Hakens. Pabst Science Publishers. Lengerich: Pabst Science Publishers.

Kriz, W. C. (2000). Lernziel Systemkompetenz. Planspiele als Trainingsmethode. Göttingen: Vandenhoeck & Ruprecht.

Kronberger, H. & Aichhorn, W. (2015). Selbstorganisation in der stationären Psychotherapie. Die Strukturierung therapeutischer Prozesse durch Begegnung. Göttingen, Bern: Hogrefe (Systemische Praxis, Bd. 5).

Kroyer, A. (2018). Sind Sie gut aufgestellt? Aktuelle Entwicklungen in der Systemischen Organisationsberatung unter besonderer Berücksichtigung von Systemaufstellungen. Masterarbeit. Sigmund Freud Privatuniversität, Wien. Universitätsinstitut für Beratungs- und Managementwissenschaften.

Krüger, J. (2014). Perspektiven pädagogischer Professionalisierung. Wiesbaden: Springer VS.

Krüger, J. & Frommer, J. (2017). Qualitative Methoden in der Psychotherapieforschung. In: Handbuch Qualitative Forschung in der Psychologie. Wiesbaden: Springer.

Kumbier, D. (2016). Aufstellungsarbeit mit dem Inneren Team. Methoden- und Praxisbuch für Gruppen. Stuttgart: Klett-Cotta (Leben lernen, 282). Online verfügbar unter http://www.content-select.com/index.php?id=bib_view&ean=9783608203295

Laloux, F. (2015). Reinventing Organizations: Ein Leitfaden zur Gestaltung sinnstiftender Formen der Zusammenarbeit. München: Vahlen.

Lambert, M. J., Bergin, A. E., Garfield, S. L., Richard, M., Vogel, H. & Baier, E. (Hg.). (2013). Bergin & Garfields Handbuch der Psychotherapie und Verhaltensmodifikation. Tübingen: DGVT-Verl.

Lang, F. R., Martin, M. & Pinquart, M. (2011). Entwicklungspsychologie – Erwachsenenalter. Göttingen: Hogrefe (Bachelorstudium Psychologie).

Lang, H. (Hg.). (2004). Was ist Psychotherapie und wodurch wirkt sie? Würzburg: Königshausen und Neumann.

Langlotz, E. R. (2015). Symbiose in Systemaufstellungen. Mehr Autonomie durch Selbst-Integration. Wiesbaden: Springer.

Lazarus, R. S. (1994). Emotion und Adaption. Oxford: Oxford University Press.

Lay, R. (1993). Vom Sinn des Lebens. [Der Kompass für ein erfülltes Dasein]. Korrigierte und vom Autor überarb. Ausg., 2. Aufl., Taschenbuchausg. Frankfurt/M, Berlin: Ullstein (Ullstein, Nr. 34684 : Sachbuch).

Leonhard, T., Košinár, J. & Reintjes, C. (Hg.). (2018). Praktiken und Orientierungen in der Lehrerbildung: Potentiale und Grenzen der Professionalisierung. Bad Heilbrunn: Klinkhardt.

Levold, T. & Wirsching, M. (Hg.). (2014). Systemische Therapie und Beratung. Das große Lehrbuch. Heidelberg: Carl-Auer-Verl. (Systemische Therapie, Beratung).

Lewin, K. (1969). Grundzüge der topologischen Psychologie. Bern, Stuttgart: Huber.

Lewin, K. (1982). Feldtheorie des Lernens. In: K. Lewin (Hg.). Kurt-Lewin-Werkausgabe. Bern: Huber, 157–162.

Lieb, H. (Hg.). (1998). Selbsterfahrung für Psychotherapeuten: Konzepte, Praxis, Forschung. Göttingen: Hogrefe.

Lieb, H. (2016). Zeigen als Lehrmethode. Theorie und Praxis. In: Beratung lehren: Erfahrungen, Geschichten, Reflexionen aus der Praxis von 30 Lehrenden. S. 251–263, Weinheim: Beltz.

Liebertz, C. (Hg.). (2004). Das Schatzbuch der Herzensbildung. Grundlagen, Methoden und Spiele zur emotionalen Intelligenz. München: Don Bosco.

Lin-Klitzing, S. & Arnold, K.-H. (Hg.). (2019). Wolfgang Klafki: Allgemeine Didaktik, Fachdidaktik, Politikberatung. Beiträge zum Marburger Gedenksymposium. Bad Heilbrunn: Klinkhardt.

List, E. (2014). Psychoanalyse. Geschichte, Theorien, Anwendungen. Wien: facultas.wuv. Online verfügbar unter http://gbv.eblib.com/patron/FullRecord.aspx?p=1913398

Lockert, M. (Hg.). (2018). Perlen der Aufstellungsarbeit. Tools für systemisch Praktizierende. Heidelberg: Carl-Auer Verl.

Lou, Y., Abrami, P. C. & d'Apollonia, S. (2001). Small Group and Individual Learning with Technology: A meta-analysis. In: Review of Educational Research (3), 449–521.

Luborsky, L. & Singer, B. (1975). Comparative studies of psychotherapies. Is it true that „everywon has one and all must have prizes"? In: Archives of General Psychiatry 32 (8), 995–1008.

Luhmann, N. (2002). Soziale Systeme. Grundriß einer allgemeinen Theorie. Darmstadt: Wiss. Buchges (Theorie der Gesellschaft/Niklas Luhmann).

Luhmann, N. (2017). Systemtheorie der Gesellschaft. Berlin: Suhrkamp.

Lutz, W. & Grawe, K. (2007). Psychotherapieforschung: Grundlagen, Konzepte und neue Trends. In: Strauß, B., Hohagen, F. & Caspar, F. (Hg.). Lehrbuch Psychotherapie, S. 727-768. Göttingen: Hogrefe.

Lutz, R. (2017). Euthyme Therapie und Salutogenese. In: Therapieziel Wohlbefinden: Ressourcen aktivieren in der Psychotherapie. Berlin: Springer, S. 79–93.

Lutz, W. (Hg.). (2010). Lehrbuch Psychotherapie. Bern: Huber (Psychologie-Lehrbuch).

Lutz, W., Neu, R. & Rubel, J. (2019). Evaluation und Effekterfassung in der Psychotherapie. Göttingen: Hogrefe (Standards der Psychotherapie, Band 5).

Mahr, A. (2003). Konfliktfelder – wissende Felder. Systemaufstellungen in der Friedens- und Versöhnungsarbeit.

Main, M. (Hg.). (1995). Attachment: Overview with implications for clinical work. New York: Atlantic Press.

Mandl, H. & Kopp, B. (2006). Lehren in der Weiterbildung aus pädagogisch-psychologischer Sicht. Sechs Leitprinzipien didaktischen Handelns. In: E. Nuissl (Hg.). Vom Lernen zum Lehren, S. 117–128. Online verfügbar unter https://www.die-bonn.de/doks/2006-lehr-lernforschung-01.pdf

Mandl, H. & Reinmann-Rothmeier, G. (Hg.). (2016). Wissensmanagement. Informationszuwachs – Wissensschwund? Die strategische Bedeutung des Wissensmanagements. Reprint 2016. Berlin/Boston: De Gruyter Oldenbourg (FWS - Forum Wirtschaft und Soziales).

Maturana, H. & Varela, F. (1987). Der Baum der Erkenntnis. Die biologischen Wurzeln des menschlichen Erkennens. Wien: Scherz.

Mayer, C.-H. & Hausner, S. (Hg.). (2015). Salutogene Aufstellungen. Beiträge zur Gesundheitsförderung in der systemischen Arbeit. Göttingen: Vandenhoeck & Ruprecht (Systemische Therapie).

Mayring, P. (1999). Einführung in die qualitative Sozialforschung. Eine Anleitung zu qualitativem Denken. 4. Aufl. Weinheim: Beltz.

Mayring, P. (2015). Qualitative Inhaltsanalyse. Grundlagen und Techniken. 12., überarb. Aufl. Weinheim: Beltz (Beltz Pädagogik). Online verfügbar unter http://content-select.com/index.php?id=bib_view&ean=9783407293930

Mayring, P. (2016). Einführung in die qualitative Sozialforschung. Eine Anleitung zu qualitativem Denken. 6., überarbeitete Auflage. Weinheim, Basel: Beltz. Online verfügbar unter http://content-select.com/index.php?id=bib_view&ean=9783407294524

McLeod, J. (2011). Beraten lernen: Das Übungsbuch zur Entwicklung eines persönlichen Beratungskonzeptes. Beratung, Vol. 3, Tübingen: DGVT.

Mees, U. (1997). Liebe und Verliebtsein. In: Einblicke 25, S. 12–15. Online verfügbar unter https://uol.de/einblicke/25/liebe-und-verliebtsein

Mentzos, S. (2017). Lehrbuch der Psychodynamik. Die Funktion der Dysfunktionalität psychischer Störungen. Göttingen, Bristol, CT, U.S.A.: Vandenhoeck & Ruprecht.

Mey, G. & Mruck, K. (Hg.). (2017). Handbuch Qualitative Forschung in der Psychologie. Wiesbaden: Springer VS.

Mezirow, J. (1997). Transformative Erwachsenenbildung. Baltmannsweiler: Schneider-Verl. Hohengehren (Grundlagen der Berufs- und Erwachsenenbildung, Bd. 10).

Mezirow, J. & Taylor, W. (2009). Transformative Learning in Practice. Insights from Community, Workplace and Higher Education.

Michel, K. (2019). Krankheitsaufstellungen: Wie Familienaufstellungen Krankheiten und ihre Ursachen sichtbar machen. Grafing: Aquamarin.

Mieg, H. (2016). Profession: Begriff, Merkmale, gesellschaftliche Bedeutung. In: M. Dick, W. Marotzki & H. Mieg (Hg.). Handbuch Professionsentwicklung. Bad Heilbrunn: Klinkhardt (UTB, Band-Nr. 8622), S. 27–39.

Miller, R. (2011). Beziehungsdidaktik. s.l.: Beltz Verlagsgruppe. Online verfügbar unter http://www.content-select.com/index.php?id=bib_view&ean=9783407292117

Mitschke-Collande, C. von (2010). Die Kompetenz der Transzendenzfähigkeit. Eine Studie zur Bewusstseinsforschung. Dissertation, Carl von Ossietzky Universität, Oldenburg.

Möller, H. (2012). Was ist gute Supervision? Grundlagen, Merkmale, Methoden. Kassel: University Press.

Mösler, T., Poppek, S., Kempler, J. C., Rose, A. & Dorrmann, W. (2015). Der Blick auf sich selbst: Selbsterfahrung in der Psychotherapie. Tübingen: Psychotherapie-Verl.

Moser, H. (2008). Instrumentenkoffer für die Praxisforschung: Eine Einführung. 4. Aufl., Freiburg im Breisgau: Lambertus.

Moskau, G. (Hg.). (1992). Virginia Satir, Wege zum Wachstum. Ein Handbuch für die therapeutische Arbeit mit Einzelnen, Paaren, Familien und Gruppen. Paderborn: Junfermann.

Müller-Christ, G. & Pijetlovic, D. (2018). Komplexe Systeme lesen. Das Potential von Systemaufstellungen in Wissenschaft und Praxis. Berlin: Springer Gabler.

Nazarkiewicz, K., Bourquin, P. & Wagner, P. (2019). Essenzen der Aufstellungsarbeit. Praxis der Systemaufstellung (Jahrbuch der Deutschen Gesellschaft für Systemaufstellungen).

Nazarkiewicz, K. & Kuschik, K. (2015). Qualität in der Aufstellungsleitung [Themenheft]. Kontext, 46(2).

Nerin, W. F. (1992). Familienrekonstruktion in Aktion. Virginia Satirs Methode in der Praxis; eine Tagesreise ans Licht. 2. Aufl. (Innovative Psychotherapie und Humanwissenschaften).

Neuhauser, J. & Hellinger, B. (Hg.). (2004). Wie Liebe gelingt. Die Paartherapie Bert Hellingers. 4. Aufl. Heidelberg: Carl-Auer-Systeme-Verl. (Systemaufstellungen).

Niehus-Jung, M. & Jung, C. G. (Hg.). (2011). Die Dynamik des Unbewußten. Sonderausg., 4. Aufl. Ostfildern: Patmos-Verl. (Edition C. G. Jung, Bd. 8).

Nittel, D. & Seltrecht, A. (2008). Der Pfad der „individuellen Professionalisierung": ein Beitrag zur kritisch-konstruktiven erziehungswissenschaftlichen Berufsgruppenforschung; Fritz Schütze zum 65. Geburtstag. BIOS – Zeitschrift für Biographieforschung, Oral History und Lebensverlaufsanalysen, 21(1), 124–145.

Nissen, B. (Hg.). (2012). Bibliothek der Psychoanalyse. Wendepunkte: Zur Theorie und Klinik psychoanalytischer Veränderungsprozesse. Gießen: Psychosozial.

Nissen, B. & Ahumada, J. L. (2009). Die Entstehung des Seelischen. Psychoanalytische Perspektiven. Gießen: Psychosozial-Verl. (Bibliothek der Psychoanalyse).

Nitzschke, B. (Hg.). (2011). Die Psychoanalyse Sigmund Freuds. Konzepte und Begriffe. Wiesbaden: VS (Schlüsseltexte der Psychologie).

Nonaka, I. & Takeuchi, H. (2012). Die Organisation des Wissens: Wie japanische Unternehmen eine brachliegende Ressource nutzbar machen. 2. Aufl.. Frankfurt am Main: Campus.

Norcross, J. C. (Hg.). (2011). Psychotherapy relationships that work. Evidence-based responsiveness. 2. ed. New York, NY: Oxford Univ. Press.

Norcross, J. C., Lambert, M. J. & Wampold, B. E. (2019). Psychotherapy Relationships That Work, 2 Vol Set, Oxford: Oxford University Press.

Nuissl, E. (Hg.). (2006). Vom Lernen zum Lehren. Lern- und Lehrforschung für die Weiterbildung. Bonn: Deutsches Institut für Erwachsenenbildung.

OECD. (Hg.) (2005). Definition und Auswahl von Schlüsselkompetenzen: Zusammenfassung. Internetdokument: https://www.oecd.org/pisa/35693281.pdf

OECD. (Hg.) (2018). Our Youth for an inclusive and sustainable World. The OECD PISA global competence framework. Internetdokument: https://www.oecd.org/education/Global-competency-for-an-inclusive-world.pdf

Oevermann, U. (2003). Kodifiziertes methodisiertes Wissen und persönliche Erfahrung in der professionalisierten Praxis stellvertretender Krisenbewältigung. In: J. Fried (Hg.). Wissenskulturen. Beiträge zu einem forschungsstrategischen Konzept. Berlin: Akad.-Verl. (Wissenskultur und gesellschaftlicher Wandel, Bd. 1), S. 195–210.

Ong, A. D., Benson, L., Zautra, A. J. & Ram, N. (2017): Emodiversity and Biomarkers of inflammation. In: Emotion.

Orlinsky, D. (1994). Learning from many masters. Ansätze zu einer wissenschaftlichen Integration psychotherapeutischer Behandlungsmodelle. In: Psychotherapeut (39), S. 2–9.

Orlinsky, D. (2009). The „Generic Model of Psychotherapy" After 25 Years: Evolution of a Research-Based Metatheory. In: Journal of Psychotherapy Integration 19, 319–339.

Ortheil, H.-J. (2003). Die große Liebe. Luchterhand: München.

O'Sullivan, E. (1999). Transformative learning. Educational vision for the 21st century. New York, London: St. Martin's Press; Zed Books.

O'Sullivan, E. (2004). Learning Toward an Ecological Consciousness: Selected Transformative Practices. Hg. v. Edmund V. O'Sullivan und Marilyn M. Taylor. New York: Palgrave Macmillan.

O'Sullivan, E., Morrell, A. & O'Connor, M. A. (Hg.). (2002). Expanding the boundaries of transformative learning. Essays on theory and praxis. lst ed. New York, N.Y.: Palgrave.

Otto, H.-U., Thiersch, H., Treptow, R. & Ziegler, H. (Hg.). (2018). Handbuch Soziale Arbeit. Grundlagen der Sozialarbeit und Sozialpädagogik. 6., überarbeitete Auflage. München: Ernst Reinhardt Verl.

Peseschkian, N. (2015). Die Anwendung der Positiven Psychotherapie im Rahmen der Suchtbehandlung unter Einbeziehung von Geschichten und Lebensweisheiten. In: Aspekte der Soziotherapie chronisch mehrfach beeinträchtigter Abhängiger. Lengerich: Pabst Science Publ, S. 55–68.

Peseschkian, N. (2018). Es ist leicht, das Leben schwer zu nehmen. Aber schwer, es leicht zu nehmen. Geschichten und Lebensweisheiten. 4 CDs (circa 263 min). München: Herder audio.

Peters, U. H. (1984). Wörterbuch der Psychiatrie und medizinischen Psychologie. 3., überarb. und erw. Aufl. München: Urban & Schwarzenberg.

Petersen, C. M., Schiersmann, C. & Weber, P. C. (2014). Professionell beraten: Kompetenzprofil für Beratende in Bildung, Beruf und Beschäftigung. Bielefeld: Bertelsmann.

Petry, X. (2016). Zur Geltung von Erkenntnissen in der Psychotherapieforschung. In: Psychotherapie-Wissenschaft, Band 6 (1).

Peyton, S. (2015). Das Gesundheitspotenzial von Aufstellungen aus der Perspektive der Gehirnphysiologie. In: C.-H. Mayer & S. Hausner (Hg.). Salutogene Aufstellungen. Beiträge zur Gesundheitsförderung in der systemischen Arbeit. Göttingen: Vandenhoeck & Ruprecht (Systemische Therapie), S. 135–155.

Pfadenhauer, M. (Hg.). (2005). Professionelles Handeln. Wiesbaden: VS, Verl. für Sozialwiss.

Pfäffli, B. K. (2015). Lehren an Hochschulen. Eine Hochschuldidaktik für den Aufbau von Wissen und Kompetenzen. 2., überarb. und erw. Aufl. Bern: Haupt (UTB, 4325). Online verfügbar unter http://www.utb-studi-e-book.de/9783838543253

Pfammatter, M., Junghan, U. M. &Tschacher, W. (2012). Allgemeine Wirkfaktoren der Psychotherapie: Konzepte, Widersprüche und eine Synthese. In: Psychotherapie 17 (1), 17–31.

Philipp, W. de (Hg.). (2018). Systemaufstellungen im Einzelsetting. Platz lassen, Raum geben. Heidelberg: Carl-Auer-Systeme (Systemaufstellungen). Verfügbar unter http://deposit.dnb.de/cgi-bin/dokserv?id=2716819&prov=M&dok_var=1&dok_ext=htm

Piazza-Bonin, E., Neimeyer, R. A., Alves, D. & Smigelsky, M. (2016). Innovative moments in humanistic therapy II: Analysis of change processes across the course of three cases of grief therapy. In: Journal of Constructivist Psychology 29 (3), 298–317.

Pircher, R. (2014). Wissensmanagement, Wissenstransfer, Wissensnetzwerke. Konzepte, Methoden, Erfahrungen. 5. Aufl. s.l.: Publicis. Online verfügbar unter http://gbv.eblib.com/patron/FullRecord.aspx?p=1757965.

Plamper, J. (2012). Geschichte und Gefühl. Grundlagen der Emotionsgeschichte. 1. Aufl. München: Siedler.

Pointner, S. (2018). Die Wiederentdeckung der Berührbarkeit. Warum Gefühle wieder salonfähig sind. Wien: Orac.

Polanyi, M. (1985). Implizites Wissen. Frankfurt am Main: Suhrkamp (Suhrkamp-Taschenbuch Wissenschaft, 543).

Porschen, S. (2008). Implizites Wissen als vertikale Betrachtung von Wissen. In: Austausch impliziten Erfahrungswissens. Neue Perspektiven für das Wissensmanagement. S. 57–71. Wiesbaden: VS Verlag für Sozialwissenschaften.

Pritzel, M. & Markowitsch, H. J. (2017). Warum wir vergessen. Psychologische, natur- und kulturwissenschaftliche Erkenntnisse. Berlin: Springer.

Pühl, H. (Hg.). (2017). Therapie & Beratung. Das aktuelle Handbuch der Supervision: Grundlagen-Praxis-Perspektiven. Gießen: Psychosozial.

Raich, K. (2009). Nachhaltigkeitsfördernde Faktoren bei systemischen Aufstellungsverfahren. ExpertInnen- und KlientInnensicht insbesondere am Beispiel von klassischen Systemaufstellungen und Dialogisch-Systemischer Aufstellungsarbeit. Dissertation. Universität Innsbruck, Innsbruck.

Rashid, T. & Seligman, M. (2018). Positive psychotherapy. Clinical manual. Oxford, New York: Oxford University Press.

Rauscher, K.-H. (2003). Weiterbildung in Systemaufstellungen. Grundzüge und Details der Aufstellungsarbeit Bert Hellingers auf verschiedenen Anwendungsgebieten. Kimratshofen, Greut 1: Glückshof-Verl. Rauscher.

Reich, K. (1998). Die Ordnung der Blicke. Perspektiven des interaktionistischen Konstruktivismus. Neuwied: Luchterhand.

Reinlaßöder, R. & Furman, B. (2011). Jetzt gehts! Erfolg und Lebensfreude mit lösungsorientiertem Selbstcoaching. LebensLust. Heidelberg: Carl Auer.

Reinmann, G. & Mandl, H. (2006). Unterrichten und Lernumgebungen gestalten. In: A. Krapp & B. Weidenmann (Hg.). Pädagogische Psychologie. 5. Aufl., S. 612–658, Weinheim: Beltz.

Reisner, A. (2005). The Common Factors, Empirically Validated Treatments, and Recovery Models of Therapeutic Change. In: The Psychological Record 55.

Revenstorf, D. (2014). Humanistische Psychotherapie. Theorien, Methoden, Wirksamkeit. Orig.-Ausg. Gießen: Psycho-sozial-Verl. (Therapie & Beratung).

Rieforth, J. (1997). Entwicklungsprozesse von beruflichen Fachkräften in einem neuen Feld der Sozialen Arbeit. Qualitative Prozeßanalyse zur Erfassung systemischer Kompetenz. Frankfurt a. M.: Peter Lang.

Rieforth, J. (2020). Wunschkompetenz. Von der Fähigkeit, das eigene Leben sinnvoll zu gestalten. Göttingen: Vandenhoeck & Ruprecht.

Rieforth, J. & Beermann, A. (2017). Selbsterfahrung und Supervision. Zwei Königswege zur Entwicklung professioneller Identität. In: Konfliktdynamik 6 (2), 104–113.

Rieforth, J. & Graf, G. (2014). Tiefenpsychologie trifft Systemtherapie. Eine besondere Begegnung. Göttingen: Vandenhoeck & Ruprecht.

Rippel, J. (2019). Systemische Kreativität – der inspirierende Zugang zur Innovation. Oder die Wiederentdeckung der Intuition in der Wirtschaft durch Systemaufstellungen. Heidelberg, Neckar: Auer (Verl. für systemische Forschung).

Ritscher, W., Foertsch, D., Levold, T. & Bauer, P. (Hg.). (2017). Erkunden, erinnern, erzählen: Interviews zur Entwicklung des systemischen Ansatzes. Göttingen: Vandenhoeck & Ruprecht.

Rohr, D., Hummelheim, A. & Höcker, M. (Hg.). (2016). Beratung lehren: Erfahrungen, Geschichten, Reflexionen aus der Praxis von 30 Lehrenden. Weinheim, Basel: Beltz Juventa.

Rogers, C. R. (2018). Entwicklung der Persönlichkeit. Psychotherapie aus der Sicht eines Therapeuten. Unter Mitarbeit von Reinhard Tausch. 21. Auflage. Stuttgart: Klett-Cotta.

Rosenbaum, D. & Lutz, W. (2018). Therapeutische Veränderung. In: Wirtz, M. A. (Hg.). Dorsch – Lexikon der Psychologie. Göttingen: Hogrefe.

Rosner, S. (2007). Systemaufstellung als Aktionsforschung. Grundlagen, Anwendungsfelder, Perspektiven. München, Mering: Hampp (Systemische Organisationsberatung und Aktionsforschung, Bd. 1).

Rössl, L. (2009). Die Transformation des Heilens: Aufstellungsarbeit, Schamanismus und Globalisierung. Heidelberg: Carl Auer Verl.

Roth, G. (2015). Bildung braucht Persönlichkeit. Wie lernen gelingt. überarbeitete und erweiterte Auflage. Stuttgart: Klett-Cotta.

Rufer, M. (2013). Erfasse komplex, handle einfach. Systemische Psychotherapie als Praxis der Selbstorganisation – ein Lernbuch. 2. Aufl. Göttingen: Vandenhoeck & Ruprecht.

Ruhnau, E. (Hg.). (2012). Systemische Aufstellungen in der Mediation. Beziehungen sichtbar machen. Stuttgart: Concadora-Verl. (Mediation in der Praxis).

Ruppert, F. (2009). Berufliche Beziehungswelten: Das Aufstellen von Arbeitsbeziehungen in Theorie und Praxis. Heidelberg: Carl Auer.

Ruppert, F. (2018). Trauma, Bindung und Familienstellen. Seelische Verletzungen verstehen und heilen. Siebte Auflage. Stuttgart: Klett-Cotta (Leben lernen, 177).

Sachse, R. (2016). Therapeutische Beziehungsgestaltung (2., aktualisierte und ergänzte Auflage). Göttingen: Hogrefe.

Salovey, P., Brackett, M. & Mayer, J. (2004). Emotional Intelligence: Key Readings on the Mayer and Salovey Model. New York: Dude Publishing.

Satir, V. (1985). Familienbehandlung. Kommunikation und Beziehung in Theorie, Erleben u. Therapie. 5. Aufl. Freiburg im Breisgau: Lambertus-Verl.

Satir, V. (2016). Selbstwert und Kommunikation. Familientherapie für Berater und zur Selbsthilfe. 22. Auflage. Stuttgart: Klett-Cotta (Leben lernen, 18).

Satir, V. & Baldwin, M. (1988). Familientherapie in Aktion. Die Konzepte von Virginia Satir in Theorie u. Praxis. 3. Aufl. Paderborn: Junfermann (Reihe Innovative Psychotherapie und Humanwissenschaften, 37).

Sautter, C. & Sautter, A. (2020). Aufstellen – systemisch richtig! Was Sie über Aufstellungen wissen sollten und wie Sie sich darauf vorbereiten können. Ravensburg: Verl. für systemische Konzepte.

Schäfer, T. (2016). Was die Seele krank macht und was sie heilt. Die psychotherapeutische Arbeit Bert Hellingers. München: Knaur MensSansa.

Schaller, J. & Schemmel, H. (Hg.). (2013). Ressourcen: Ein Hand- und Lesebuch zur psychotherapeutischen Arbeit. Tübingen: DGVT.

Schandry, R. (2016). Biologische Psychologie. Mit Online-Material. 4., überarbeitete Auflage. Weinheim, Basel: Beltz.

Schaper, N., Reis, O., Wildt, J., Horvath, E. & Bender, E. (2012). Fachgutachten zur Kompetenzorientierung in Studium und Lehre Projekt nexus. HRK-Fachgutachten ausgearbeitet für die HRK von Niclas Schaper unter Mitwirkung von Oliver Reis und Johannes Wildt sowie Eva Horvath und Elena Bender. Hg. v. Hochschulrektorenkonferenz (HRK). Online verfügbar unter https://www.hrk-nexus.de/fileadmin/redaktion/hrk-nexus/07-Downloads/07-02-Publikationen/fachgutachten_kompetenzorientierun g.pdf.

Scheibler, F. & Pfaff, H. (Hg.). (2003). Shared decision-making. Der Patient als Partner im medizinischen Entscheidungsprozess. Weinheim, München: Juventa-Verl. (Materialien).

Schiepek, G. (2020). Psychotherapie und Beratung in komplexen Systemen: Welche Kompetenzen brauchen wir? In: P. Bauer & M. Weinhardt (Hg.). Systemische Kompetenzen entwickeln. Grundlagen, Lernprozesse und Didaktik. Göttingen: Vandenhoeck & Ruprecht, S. 36–51.

Schiepek, G., Eckert, H. & Kravanja, B. (2013). Grundlagen systemischer Therapie und Beratung. Psychotherapie als Förderung von Selbstorganisationsprozessen. Göttingen, Bern, Wien: Hogrefe (Systemische Praxis, Bd. 1).

Schiepek, G., Tominschek, I. & Heinzel, S. (2014). Self-organization in psyhotherapy: testing the synergetic model of change processes. In: Frontiers in Psychology. 02. Oktober 2014, Article 1089, 1–11.

Schiepek, G., Aichhorn, W., Schöller, H. & Kronberger, H. (2018). Prozessfeedback in der Psychotherapie. Psychotherapeut, 63, 4, S. 306–314.

Schiersmann, C. (2012). Beraten als Förderung von Selbstorganisationsprozessen. Theoretische Überlegungen und empirische Zugänge. Familiendynamik, 38, 1, 22–31.

Schiersmann, C. & Haas, M. (2012, Januar). Kompetenzprofil für professionelle Beratung – ein Rahmenmodell. Redebeitrag auf der Abschlusskonferenz „Kompetenzen in der Beratung“, Berlin. Verfügbar unter http://www.beratungsqualitaet.net/upload/Menu_Operational/Veranstaltungen/Dokumentationen/KOMPETENZ_MHAAS19.1.12.pdf

Schiersmann, C. & Thiel, H.-U. (2012). Beratung als Förderung von Selbstorganisationsprozessen – eine Theorie jenseits von Schulen und Formaten. In: Schiersmann, C. & Thiel, H.-U. (Hg.). Interdisziplinäre Beratungsforschung, Bd. 5, Beratung als Förderung von Selbstorganisationsprozessen: Empirische Studien zur Beratung von Personen und Organisationen auf der Basis der Synergetik, S. 14–78, Göttingen: Vandenhoeck & Ruprecht.

Schiersmann, C. & Weber, P. (Hg.). (2013). Beratung in Bildung, Beruf und Beschäftigung. Eckpunkte und Erprobung eines integrierten Qualitätskonzepts. Bielefeld: Bertelsmann.

Schindler, H. (2017). Die systemische Familiendynamikaufstellung nach Bert Stierlinger wird nicht bezahlt. Wohin bewegen sich die Familienaufsteller? In: systema 31 (1),

25–33. Online verfügbar unter https://www.ifw-mitgliederverein.de/files/mitgliederverein/systhema/2017/1-2017/Systhema%201_2017_Schindler.pdf

Schlippe, A. von & Schweitzer, J. (2012). Lehrbuch der systemischen Therapie und Beratung I: Das Grundlagenwissen. Göttingen: Vandenhoeck & Ruprecht.

Schlippe, A. von & Schweitzer, J. (2014). Lehrbuch der systemischen Therapie und Beratung II. Das störungsspezifische Wissen. 5. Aufl. Göttingen: Vandenhoeck & Ruprecht.

Schlippe, A. von & Schweitzer, J. (2016). Lehrbuch der systemischen Therapie und Beratung I: Das Grundlagenwissen. Göttingen: Vandenhoeck & Ruprecht.

Schlötter, Peter (2005): Vertraute Sprache und ihre Entdeckung - Systemische Aufstellungen auf dem Prüfstand. Der Forschungsfilm über Systemaufstellungen. Youtube-Video. Online verfügbar unter https://www.youtube.com/watch?v=YBlr4yzXJXQ.

Schlötter, P. (2015). Die unbewusste Zeichensprache. Weltsprache Systemaufstellungen. Nachweis in China 2015. Ein Kurzfilm über ein Forschungsprojekt von Dr. Peter Schlötter. Youtube-Video. Online verfügbar unter https://www.youtube.com/watch?v=YTl_b6HluTg

Schlötter, P. (2016). Vertraute Sprache und ihre Entdeckung. Systemaufstellungen sind keine Zufallsprodukte - der empirische Nachweis. 3., Aufl. Heidelberg, Neckar: Carl-Auer Verl.

Schmidt-Deiss, M. (2019). Psychotherapieforschung. Historie, Methoden, aktuelle Entwicklungen. München: Grin Verl.

Schmidt-Traub, S. (2003). Therapeutische Beziehung – ein Überblick. Psychotherapeutische Praxis, 3(3), 111–129.

Schmied, E. & Grawe, K. (2013). Die funktionale Rolle von Ressourcenaktivierung für therapeutische Veränderungen. In J. Schaller & H. Schemmel (Hg.). Ressourcen. Ein Hand- u. Lesebuch zur psychotherapeutischen Arbeit, S. 165–178. Tübingen: DGVT.

Schneider, J. R. (2016). Herkunft, Schicksal und Freiheit. Das Gruppenunbewusste in Familiensystemen und Familienaufstellungen. Heidelberg: Carl-Auer Verl.

Schneidhofer, T. & Fasching, C. (2009). Phänomen, Konstruktion, oder einfach egal? Theorie und Praxis der Aufstellungsarbeit in Österreich. In: Praxis der Systemaufstellung 10 (1), 64–71.

Schöttker, D. (Hg.). (2003). Philosophie der Freude. Von Freud bis Sloterdijk. Leipzig: Reclam (Reclam Bibliothek Leipzig, 20079).

Schubert, C. (Hg.). (2015). Psychoneuroimmunologie und Psychotherapie. 2. Auflage. Stuttgart: Schattauer.

Schubert, C. & Amberger, M. (2016). Was uns krank macht – was uns heilt. Aufbruch in eine neue Medizin: das Zusammenspiel von Körper, Geist und Seele besser verstehen. Munderfing: Fischer & Gann.

Schultheis, F. (Hg.). (2008). Humboldts Albtraum. Der Bologna-Prozess und seine Folgen. Konstanz: UVK-Verl.-Ges.

Schulz von Thun, F. (2013). Miteinander reden, Band 3: Das „Innere Team" und situationsgerechte Kommunikation. 28. Aufl., Hamburg: Rowohlt TB.

Schumacher, E. (2016). Montessori-Pädagogik verstehen, anwenden und erleben. Eine Einführung. Weinheim, Basel: Beltz (Pädagogik).

Schütze, F. (2014). Professionalität auf der Basis von Fallanalyse – Sozialarbeit als Profession. In: M. P. Schwarz, W. Ferchhoff & R. Vollbrecht (Hg.). Professionalität: Wissen – Kontext. Sozialwissenschaftliche Analysen und pädagogische Reflexionen zur Sturktur bildenden und beratenden Handelns [Festschrift für Prof. Dr. Bernd Dewe]. Bad Heilbrunn: Klinkhardt, S. 140–161.

Schwarz, M. P., Ferchhoff, W. & Vollbrecht, R. (Hg.). (2014). Professionalität: Wissen – Kontext. Sozialwissenschaftliche Analysen und pädagogische Reflexionen zur Sturktur bildenden und beratenden Handelns [Festschrift für Prof. Dr. Bernd Dewe]. Bad Heilbrunn: Klinkhardt.

Seligman, M. & Csikszentmihalyi, M. (2000). Positive Psychology: An Introduction. In: The American psychologist 55, S. 5–14.

Siller, G. (2008). Professionalisierung durch Supervision: Perspektiven im Wandlungsprozess sozialer Organisationen. Wiesbaden: VS.

Singer-Brodowski, M. (2016). Transformative Bildung durch transformatives Lernen. Zur Notwendigkeit der erziehungswissenschaftlichen Fundierung einer neuen Idee. Münster: Waxmann.

Skiera, E. (2011). Reflexive Selbsterfahrung als Weg zur Seele. Übungen zur Vertiefung der Beziehung zu sich selbst, zum Anderen und zur Natur. Bad Heilbrunn: Klinkhardt (Schriftenreihe zur Humanistischen Pädagogik und Psychologie).

Smith, E. & Grawe, K. (2013): Die funktionale Rolle von Ressourcenaktivierung für therapeutische Veränderungen. In Schaller, J. & Schemmel, H. (Hg.). Ressourcen: Ein Hand- und Lesebuch zur psychotherapeutischen Arbeit. 2. Aufl., S. 111–122, Tübingen: DGVT.

Spangler, G. & Schieche, M. (2009). Psychobiologie der Bindung. In: G. Spangler & P. Zimmermann (Hg.). Die Bindungstheorie. Grundlagen, Forschung und Anwendung. 5., durchges. Aufl. Stuttgart: Klett-Cotta, S. 297–310.

Spangler, G. & Zimmermann, P. (Hg.). (2009). Die Bindungstheorie. Grundlagen, Forschung und Anwendung. 5., durchges. Aufl. Stuttgart: Klett-Cotta.

Sparrer, I. (2014). Wunder, Lösung und System. Lösungsfokussierte systemische Strukturaufstellungen für Therapie und Organisationsberatung. 6., überarb. Aufl. Heidelberg: Carl-Auer-Verl. (Strukturaufstellungen).

Sparrer, I. (2016). Systemische Strukturaufstellungen. Theorie und Praxis. 3. Auflage. Heidelberg: Carl-Auer Verlag GmbH (Strukturauftstellungen).

Specht, J. (2014). Suche kochenden Betthasen. Was wir aus wissenschaftlichen Studien für die Liebe lernen können. Reinbek bei Hamburg: Rowohlt-Taschenbuch-Verl. (Rororo, 61086 : rororo-Sachbuch).

Staats, H. (2017). Die therapeutische Beziehung – Spielarten und verwandte Konzepte. Psychodynamik kompakt. Göttingen: Vandenhoeck & Ruprecht.

Stefanic, K. (2007). Kommunikationstheoretische Aspekte in der systemischen Aufstellungsarbeit. Eine Fallstudie zum Prozess der subjektiven Wirklichkeitswahrnehmung und -konstruktion sowie deren nachhaltiger Veränderung beim Klienten mittels Familienaufstellung und Brettaufstellung. Diplomarbeit, Wien. Verfügbar unter https://www.hausarbeiten.de/document/149180

Steinbrink, N. (2015). Was ist wissenschaftlich? Essay, Zentrum für Wissenschaftstheorie der Westfälischen Wilhelms-Universität Münster.

Steiner, R. (1923). Eurythmie, was sie ist und wie sie entstanden ist. Penmaen-mawr, 26. August 1923, Vortrag.

Steinert, C. & Leichsenring, F. (2016). Psychodynamische Psychotherapie in Zeiten evidenzbasierter Medizin. Göttingen: Vandenhoeck & Ruprecht (Psychotherapie und Psychologie).

Stern, D. N. & Vorspohl, E. (2012). Veränderungsprozesse. Ein integratives Paradigma. Frankfurt am Main: Brandes & Apsel.

Stern, D. N. & Vorspohl, E. (2014): Der Gegenwartsmoment. Veränderungsprozesse in Psychoanalyse, Psychotherapie und Alltag. 4. Aufl. Frankfurt am Main: Brandes & Apsel.

Stichweh, R. (1994). Wissenschaft, Universität, Professionen. Soziologische Analysen. Frankfurt am Main: Suhrkamp (Suhrkamp-Taschenbuch Wissenschaft, 1146).

Stichweh, R. (2019). Wissenschaft, Universität, Professionen. Soziologische Analysen, Bd. 2. Bielefeld: Transcript (Science Studies).

Stingl de Vasconcelos Guedes, T. (2011). Begehrtes Wissen. Eine systemtheoretische Reflexion zu Wissens- und Entscheidungskulturen in Organisationen. Dissertation. Universität Wien, Wien. Publizistik- und Kommunikationswissenschaft. Online verfügbar unter http://othes.univie.ac.at/15758/1/2011-07-08_9125977.pdf

Straus, S. E., Glasziou, P., Richardson, S. W. & Haynes B. R. (Hg.). (2018). Evidence-based medicine: How to practice and teach EBM, 5. Aufl., Amsterdam, London, New York: Elsevier.

Strauß, B. & Schauenburg, H. (Hg.). (2017). Bindung in Psychologie und Medizin. Grundlagen, Klinik und Forschung. Ein Handbuch. Stuttgart: Kohlhammer.

Streit, P. & Wohlkönig, M. (2014). Die Macht der Positivität Struktur und Wirkungsweise Positiv-Psychologischer Interventionen. The Power of Positivity. In: Psychologie in Österreich 2 (3), S. 128–135.

Strunk, G. & Schiepek, G. (2014). Therapeutisches Chaos. Eine Einführung in die Welt der Chaostheorie und der Komplexitätswissenschaften. Göttingen: Hogrefe (Systemische Praxis, Bd. 2).

Stucki, C. & Grawe, K. (2007). Bedürfnis- und Motivorientierte Beziehungsgestaltung. Hinweise und Handlungsanweisungen für Therapeuten. Psychotherapeut, 52, S. 16–23.

Stuhlmann, T. (2010). Sigmund Freud – Das Unbehagen in der Kultur. Die freudsche Kulturtheorie – Antagonismus zwischen Kultur und Individuum. München: GRIN.

Stumm, G. (Hg.). (2009). Wörterbuch der Psychotherapie. 2. erw. Aufl. Wien, New York, NY: Springer.

Sulz, S. K. (Hg.). (2003). Von der Balintgruppe zur interaktionellen Fallarbeit: Patientenzentrierte Selbsterfahrung zur Aus- und Weiterbildung und als Qualitätssicherung. München: CIP-Medien.

Sydow, K. von & Borst, U. (Hg.). (2018). Systemische Therapie in der Praxis. Weinheim, Basel: Beltz.

Systemische Gesellschaft. (2004). Potsdamer Erklärung zur Systemischen Aufstellungsarbeit. Berlin. Online verfügbar unter https://systemische-gesellschaft.de/wp-content/uploads/2014/01/potsdamer_erklaerg_aufstellarbeit.pdf

SySt®-Institut. (2020). Wurzeln und Quellen. Verfügbar unter www.syst.info/de/wurzeln- und-quellen

Takeuchi, H. & Nonaka, I. (2012). Die Organisation des Wissens. Wie japanische Unternehmen eine brachliegende Ressource nutzbar machen. 2. Aufl. Frankfurt am Main: Campus Verlag (Business 2012).

Taubner, S. (2016). Konzept Mentalisieren. Eine Einführung in Forschung und Praxis. 2. Auflage. Gießen: Psychosozial-Verlag (Bibliothek der Psychoanalyse).

Tausch, R. (2011). Sinn in unserem Leben. Bedeutsam für seelische Gesundheit, Leistungsfähigkeit und Lebensqualität. In: Positives Management : zentrale Konzepte und Ideen des Positive Organizational Scholarship. Wiesbaden: Gabler, S. 73–88.

Taylor, E. W. & Cranton, P. (2012). The Handbook of Transformative Learning. Theory, Research, and Practice. New York, NY: Wiley, J.

Thielbörger, R. (2014). Systemische Arbeit mit Familien: Ein kritischer Vergleich zwischen Bert Hellinger und Virginia Satir. Bachelorarbeit 2011. München: Grin Verl.

Tilden, T. (2018). Das Tandem-Projekt in Modum Bad. Ein Erfahrungsbericht über die Integration von Forschung in die klinische Praxis. In: Familiendynamik 43 (4), S. 320–330.

Tillmanns, F. (2019). Das Offensichtliche und das Verborgene: Aufstellung und Präsenz – Erde, Wasser, Feuer, Luft und Äther – spirituelle Impulse für Aufstellungsprozesse. Wien: Morawa Lesezirkel.

Tippelt, R. & Hippel, A. von (Hg.). (2011). Handbuch Erwachsenenbildung/Weiterbildung. Springer VS: Wiesbaden.

Tramm, T. & Naeve-Stoß, N. (2018). Praxisphasen im Lehramtsstudium: es kommt darauf an, was man daraus macht: Erfahrungen mit dem Kernpraktikum an der Universität Hamburg. In: Schlicht, J. & Moschner, U. (Hg.). Berufliche Bildung an der Grenze zwischen Wirtschaft und Pädagogik: Reflexionen aus Theorie und Praxis, S. 285–306, Wiesbaden: Springer VS.

Trautner, H. M. (2003). Allgemeine Entwicklungspsychologie. Stuttgart: Kohlhammer.

Trost, A. (2018). Bindungswissen für die systemische Praxis. Ein Handbuch. Göttingen: Vandenhoeck & Ruprecht.

Trost, A. (2019). Autonomie durch Resonanz – Mentalisieren und die TZI. Themenzentrierte Interaktion, 33,2, S. 128–137. Göttingen: Vandenhoeck & Ruprecht.

Tschacher, W. & Grawe, K. (1996). Selbstorganisation in Therapieprozessen. Die Hypothese und empirische Prüfung der „Reduktion von Freiheitsgraden“ bei der Entstehung von Therapiesystemen. Zeitschrift für Klinische Psychologie, 25, 1, 55-60.

Tschacher, W., Ramseyer, F. & Grawe, K. (2007). Der Ordnungseffekt im Psychotherapieprozess. Replikation einer systemtheoretischen Vorhersage und Zusammenhang mit dem Therapieerfolg. Zeitschrift für Klinische Psychologie und Psychotherapie, 36, 1, 18–25.

Tschacher, W., Storch, M., Hüther, G. & Cantieni, B. (2017). Embodiment. Die Wechselwirkung von Körper und Psyche verstehen und nutzen. Bern: Hogrefe.

Tschuschke, V. (2009). Wirkfaktoren, spezifische Wirkfaktoren, unspezifische. In: G. Stumm (Hg.). Wörterbuch der Psychotherapie. 2., erw. Aufl. Wien, New York, NY: Springer, S. 783–785.

Uexküll, T. von (1963). Grundfragen der psychosomatischen Medizin. Reinbek: Rowohlt (Rowohlts deutsche Enzyklopädie, 179/180).

Ulsamer, B. (1999). Ohne Wurzeln keine Flügel. Die systematische Therapie von Bert Hellinger. München: Goldmann (Ganzheitlich heilen).

Ulsamer, B. (2020). Beruflicher Erfolg und Herkunftsfamilie: Wo Führungsstärke, aber auch Selbstsabotage und Burnout ihre Wurzeln haben. Einsichten durch Familienaufstellungen. Independently published.

Varga von Kibéd, M. & Sparrer, I. (2018). Ganz im Gegenteil. Tetralemmaarbeit und andere Grundformen systemischer Strukturaufstellungen – für Querdenker, und solche die es werden wollen. 10. Auflage. Heidelberg: Carl-Auer-Systeme (Systemaufstellungen).

Victor, P. P. (2018). Psychotherapieforschung um Spannungsfeld zwischen Ressourcen- und Problemorientierung. Dissertation, Witten, Herdecke.

Vogel, A. & Pestalozzi, J. H. (2016). Die Pädagogik Johann Heinrich Pestalozzi's. In wortgetreuen Auszügen aus seinen Werken. Nachdruck der Ausgabe von 1882. Norderstedt: Hansebooks GmbH.

Wagner, E. & Russinger, U. (2016). Emotionsbasierte systemische Therapie. Intrapsychische Prozesse verstehen und behandeln. Stuttgart: Klett-Cotta (Leben lernen, 285).

Wallin, D. J. (2016). Bindung und Veränderung in der psychotherapeutischen Beziehung. Lichtenau/Westfalen: Probst Verl.

Wampold, B. E. (Hg.). (2018). How to Use Research to Become More Effective Therapists.

Wampold, B. E. (2020). Wie Forschung das Therapieren noch effektiver machen kann. In: P. Bauer & M. Weinhardt (Hg.). Systemische Kompetenzen entwickeln. Grundlagen, Lernprozesse und Didaktik. Göttingen: Vandenhoeck & Ruprecht, S. 17–35.

Wampold, B. E. & Imel, Z. E. (2015). The Great Psychotherapy Debate: The Evidence for What Makes Psychotherapy Work (Counseling and Psychotherapy). Auflage: 2 Rev ed. (10. Juni 2010): Taylor & Francis Inc.

Watkins, J. C. (2018). The Generic Model of Psychotherapy Supervision: An Analogized Research-Informing Meta-Theory. In: Journal of Psychotherapy Integration 28, 521–536.

Weber, G. (Hg.). (2001). Derselbe Wind lässt viele Drachen steigen. Systemische Lösungen im Einklang. Heidelberg: Carl Auer.

Weber, G. (2013). Systemaufstellungen. Neue Ansätze und ihre Wirkung; Original-Vorträge.

Weber, G. (Hg.). (2017). Zweierlei Glück. Das klassische Familienstellen Bert Hellingers. 18. Auflage. Heidelberg: Carl-Auer Verl. (Systemaufstellungen).

Weber, G., Schmidt, G., Simon, F. B. & Varga von Kibéd, M. (2016). Aufstellungsarbeit revisited. … nach Hellinger? 3. Auflage. Heidelberg: Carl-Auer Verl. (Systemaufstellungen).

Weber, G. & Rosselet, C. (2016). Organisationsaufstellungen: Grundlagen, Settings, Anwendungsfelder. Heidelberg: Carl Auer.

Weigel, S. (2018). Jenseits des Todestriebs: Freuds Lebenswissenschaft an der Schwelle von Natur- und Kulturwissenschaft. Frankfurt am Main: Universitätsbibliothek Johann Christian Senckenberg.

Weinberger, J. (1995). Common factors aren't so common: The common factors dilemma. Clinical Psychology: Science and Practice, S. 45–69.

Weiner, I. B. (Hg.). (2013). Handbook of psychology. 2nd ed. Hoboken, N.J: Wiley.

Weinhardt, M. (2018). Kompetenzorientiert systemisch beraten lernen. Gebrauchsanweisung für die eigene Professionalisierung. Göttingen: Vandenhoeck & Ruprecht (Leben. Lieben. Arbeiten: systemisch beraten).

Weinhardt, M. (2020). Systemische Professionalisierung als Lern- und Bildungsprozess: Fachliche Entwicklungsaufgaben lösen, Professionalisierungskulturen gestalten. In: P. Bauer & M. Weinhardt (Hg.). Systemische Kompetenzen entwickeln. Grundlagen, Lernprozesse und Didaktik. Göttingen: Vandenhoeck & Ruprecht, S. 121–131.

Weinhold, J. (2016). Wie wir zueinander stehen: Verkörperte Lernprozesse in Systemaufstellungen. In: Polit, K. M. & Walsdorg, H. (Hg.). Performative Lernkulturen: Ritual – Tanz – Theater. Wiesbaden: Harrassowitz.

Weinhold, J. (2017). Familienaufstellungen wissenschaftlich betrachtet: Ein Forschungsbericht. In: Stachowske, R. (Hg.). Leben ist Begegnung: Systemische Therapie und Beratung. S. 355–370. Kröning: Asanger.

Weinhold, J., Bornhäuser, A., Hunger, C. & Schweitzer, J. (Hg.). (2014). Dreierlei Wirksamkeit. Die Heidelberger Studie zu Systemaufstellungen. Heidelberg: Carl-Auer.

Weiß, P. & Heinz, A. (2015). Qualität therapeutischer Beziehung. Aktion psychisch Kranke, Bd. 41, Köln: Psychiatrie Verlag.

Wiest, F. & Varga von Kibéd, M. (Hg.). (2003). Das Feld der Ähnlichkeiten. Systemaufstellungen und Homöopathie. Heidelberg: Carl-Auer.

Wild, B. (Hg.). (2018). Humor in Psychiatrie und Psychotherapie: Neurobiologie – Methoden – Praxis. Stuttgart: Klett-Cotta.

Willke, H. (2011). Einführung in das systemische Wissensmanagement. 3., überarb. und erw. Aufl. Heidelberg: Carl-Auer.

Widulle, W. (2012). Gesprächsführung in der sozialen Arbeit: Grundlagen und Gestaltungshilfen. 2. Aufl., Wiesbaden: Springer VS.

Willutzky, U. & Teismann, T. (2013). Ressourcenaktivierung in der Psychotherapie. Fortschritte der Psychotherapie: Band 52. Göttingen: Hogrefe.

Wirtz, M. A. (Hg.). (2017). Dorsch – Lexikon der Psychologie. 18., überarbeitete Auflage. Bern: Hogrefe.

Wirtz, M. A. (Hg.). (2018). Persönlichkeitstheorien, humanistische. In: Dorsch – Lexikon der Psychologie. Online verfügbar unter https://portal.hogrefe.com/dorsch/persoenlichkeitstheorien-humanistische/ (abgerufen am 02.04.2018).

Woithe, A. (2018). Transformationspotenziale der Textil- und Bekleidungsindustrie innerhalb einer Ressourcenbetrachtung. Dissertation. Münster: Lit Verlag (Nachhaltigkeit und Management, Band 15).

Wöller, W. & Albus, C. (Hg.). (2005). Tiefenpsychologisch fundierte Psychotherapie. Basisbuch und Praxisleitfaden. 2., überarb. und erw. Aufl. Stuttgart: Schattauer.

Xiao Feng, Pang (2014). Water-Molecular Structure and Properties. New Jersey: World Scientific.

Yalom, I. D. & Geuter, U. (2010). Existenzielle Psychotherapie. 5., korr. Auflage. Bergisch Gladbach: EHP.

Zimprich, D. (2017). Qualitative Veränderungen – Antworten des Entwicklungspsychologen. In: Musiktherapeutische Umschau. Forschung und Praxis der Musiktherapie 38 (4). Online verfügbar unter https://doi.org/10.13109/muum.2017.38.4.345.

Zlatkin-Troitschanskaia, O. (Hg.). (2009). Lehrprofessionalität. Bedingungen, Genese, Wirkungen und ihre Messung. Weinheim, Basel: Beltz (Beltz-Bibliothek).

Znoj, H. & Grawe, K. (2004). Wirkfaktoren der allgemeinen Psychotherapie. In: H. Lang (Hg.). Was ist Psychotherapie und wodurch wirkt sie? Würzburg: Königshausen und Neumann, S. 199–210.

Znoj, H., Nick, L. & Grawe, K. (2004). Intrapsychische und interpersonale Regulation von Emotionen im Therapieprozess. Zeitschrift für Klinische Psychologie und Psychotherapie, 33, 4, S. 261–269.

Zuber-Skerritt, O. (2012). Professional development in higher education: A theoretical framework for action research. London: Routledge.

Zuber-Skerritt, O. & Teare, R. (2013). Lifelong Action Learning for Community Development: Learning and Development for a Better World. University of Montréal. Sense Public: Montréal, Canada.

Zwicker-Pelzer, R. (2010). Beratung in der sozialen Arbeit. Bad Heilbrunn: Klinkhardt.

## Über die Autorin

Dr. Astrid Beermann ist wissenschaftliche Mitarbeiterin am Center für lebenslanges Lernen an der Carl von Ossietzky Universität Oldenburg. Neben ihrer Tätigkeit in Forschung, Lehre und Weiterbildung arbeitet sie als Supervisorin, Coach, Organisationsentwicklerin, Mediatorin, Einzel-, Paar- und Familientherapeutin sowie als Dozentin in freier Praxis.

**Meine Verbindung zu Systemaufstellungen**

Meine erste Begegnung mit Systemaufstellungen war Anfang 1996 während einer Selbsterfahrungswoche in einer Vollzeitweiterbildung in analytisch orientierter Familienberatung und Familientherapie in Marburg. In diese Weiterbildung war eine berufspraktische Tätigkeit integriert, die ich in einer Frühförder- und Beratungsstelle für Eltern mit entwicklungsauffälligen Kindern absolviert habe. Auch nach der Weiterbildung blieb ich vorerst in diesem Kontext tätig. Berufsbegleitend schloss ich dann beim Institut für Familientherapie Weinheim (IFW) eine mehrjährige Weiterbildung in systemischer Therapie und Beratung und später auch in Supervision und Organisationsberatung an. Zum „Weinheimer Modell“ bzw. Weiterbildungscurriculum gehörte ein zehntägiges Selbsterfahrungsseminar, in dem die damaligen Lehrtrainer ebenfalls mit Systemaufstellungen arbeiteten. In dieser Zeit – Mitte bzw. Ende der 1990er-Jahre – erhielt Bert Hellinger mit seiner innovativen Form des Familienstellens viel Aufmerksamkeit. Und so wollte auch ich ihn und seine Arbeit gern einmal „live“ erleben. So besuchte ich viermal Seminare mit ihm selbst als Seminar- und Aufstellungsleiter. Das erste Mal war ich eine von hunderten Teilnehmenden in einer riesigen Halle in Frankfurt am Main. Ein anderes Mal in einer kleineren in Bad Nauheim, dann in der Habichtswaldklinik in Kassel und wieder mit sehr vielen Menschen auf einem großen Kongress in Würzburg. So habe ich mich immer weiter mit dem Thema Systemaufstellungen beschäftigt und im Jahr 2000 selbst an einer umfassenden Weiterbildung in Systemischen Familienaufstellungen und Systemischen Struktur- und Organisationsaufstellungen in der damaligen Psychosomatischen Klinik Rastede (Kleeblattklinik) bei Friedrich und Dagmar Ingwersen, Gunthard Weber, Albrecht Mahr, Jacob Schneider, Ursula Franke, Matthias Varga von Kibéd, Insa Sparrer und Heidi Baitinger teilgenommen. Auch in den weiteren Jahren danach habe ich immer wieder an einzelnen Aufstellungsseminaren insbesondere bei Gunthard Weber teilgenommen und weitergelernt. So bin ich mit Systemaufstellungen „von innen und außen“ relativ vertraut geworden. Für mich ist ihre Anwendung und der Austausch über sie bis heute ein sehr interessanter Prozess. Ganz besonders viel lernen konnte ich in der Zusammenarbeit mit Joseph Rieforth an der Universität Oldenburg. Vor allem dort erhielt ich in vielen Weiterbildungsgruppen die Möglichkeit, Systemaufstellungen selbst anzuwenden und dabei viele weitere interessante Erfahrungen und Erkenntnisse sammeln und mich im Umgang mit ihnen weiter entwickeln zu können.